中国公共法律服务

2023年｜第2辑

杨凯◎主编

本书为2021年度国家社会科学基金重大项目
“民事司法程序现代化问题研究”的阶段性研究成果
（项目批准号：21&ZD205）

人民法院出版社

图书在版编目（CIP）数据

中国公共法律服务. 2023年. 第2辑 / 杨凯主编. --
北京 : 人民法院出版社, 2023.11
ISBN 978-7-5109-3946-4

Ⅰ. ①中… Ⅱ. ①杨… Ⅲ. ①法律－工作－研究－中国 Ⅳ. ①D92

中国国家版本馆CIP数据核字(2023)第200787号

中国公共法律服务（2023年第2辑）
杨　凯　主编

策划编辑　张　奎
责任编辑　马　倩
出版发行　人民法院出版社
地　　址　北京市东城区东交民巷27号（100745）
电　　话　（010）67550526（责任编辑）　67550558（发行部查询）
65223677（读者服务部）
客服QQ　2092078039
网　　址　http：//www.courtbook.com.cn
E－mail　courtpress@sohu.com
印　　刷　三河市国英印务有限公司
经　　销　新华书店

开　　本　787毫米×1092毫米　1/16
字　　数　304千字
印　　张　18
版　　次　2023年11月第1版　2023年11月第1次印刷
书　　号　ISBN 978-7-5109-3946-4
定　　价　68.00元

学术委员会（编辑委员会）

第2辑
2023年

目录

CONTENTS

卷首语

1 弦歌不辍 芳华待灼（杨 凯）

特 稿

4 加快推进武汉区域国际仲裁中心建设（吴汉东）

融合发展理论

9 论民事司法程序与公共法律服务体系建设的制度同构
——以数字化去中心解纷与中心化审判制度协同的基本逻辑为中心视角（杨 凯）

47 公共法律服务与诉讼服务体系的协作进路（王 江）

64 论诉讼服务体系建设中公共法律服务职能定位（王 帆）

诉讼公共服务

77 全域诉讼服务体系应用场景建构路径
——以基层法院公共法律服务功能为中心（黄小丹 魏 薇）

98 人民法庭诉讼服务职能的回归与自洽（蔡小丹）

诉讼与公证

112 诉讼与公证协同创新问题研究（福建省厦门市思明区人民法院课题组）

基层社会治理

139 人民法庭与诉讼服务中心职能交叉的分工与协同（钟萍萍 李 晨）

公共服务新视野

154 诉前调解成本分析（肖安定）

170 公共法律服务：破产预重整制度优化进路（王丽菊）

188 减量增效：执源治理视域下解决执行难路径的审视与完善
——以H区人民法院审执案件为分析样本（方 珺 陈雅真）

新时代枫桥经验

212 绍兴“枫桥式人民法庭，共享法庭”公共法律服务体系创建（高 娟）

科技应用前沿与产品创新

229 数字化背景下公共法律服务平台支撑系统的设计与实施（吴海涛 周伟强）

242 新时代公共法律服务平台应用建设研究
——以“律兜”实践为例（金为铠 江桔娴）

251 公共法律服务与AI的融合之路（王小强）

省厅（局）特色经验展示

256 现代公共法律服务体系建设的实践与探索
——以四川省样本看中国式现代化公共法律服务高质量发展（蒋兴清 黎洋丞）

公共法律服务中心建设

267 服务实体经济 打造公共法律服务创新平台
——以成都时代公共法律服务创新与发展中心做法为例（曹 帅）

"China Public Legal Services"Collection (Volume 2 in 2023)Table of Contents

Founding words

1 "The String Songs Are Endless The Youth Is Waiting to Be Burned" (Yang Kai)

Feature Article

4 Accelerate the Construction of Wuhan Regional International Arbitration Center (Wu Handong)

Integrated Development Theory

9 On the Institutional Isomorphism of Civil Judicial Procedures and the Construction of the Public Legal Service System—Taking the Basic Logic of Digital Decentralized Dispute Resolution and the Coordination of the Centralized Trial System as the Central Perspective (Yang Kai)

47 Collaboration Approach Between Public Legal Services and Litigation Service System (Wang Jiang)

64 Positioning of Public Legal Service Functions in the Construction of Litigation Service System (Wang Fan)

Litigation Public Service

77 The Application Scenario Construction Path of the All-Area Litigation Service System—Centered on the Public Legal Service Function of Grassroots Courts (Huang Xiaodan , Wei Wei)

98 The Return and Self-Consistency of the Litigation Service Function of the People's Court (Cai Xiaodan)

Litigation and Notarization

112 Research on Collaborative Innovation Issues of Litigation and Notarization (Research Team of Siming District People's Court , Xiamen City , Fujian Province)

Grassroots Social Governance

139 Division of Labor and Coordination Among the Overlapping Functions of the People's Court and the Litigation Service Center (Zhong Pingping , Li Chen)

A New Perspective on Public Services

154 Pre-Litigation Mediation Cost Analysis (Xiao Anding)

170 Public Legal Services: Optimizing the Bankruptcy Pre-Reorganization System (Wang Liju)

188 Reduce Volume and Increase Efficiency: Examination and Improvement of Ways to Solve Enforcement Difficulties From the Perspective of Enforcement Governance—Taking the Enforcement Cases of H District Court as the Analysis Sample (Fang Jun , Chen Yazhen)

Maple Bridge Experience in the New Era

212 The Establishment of Public Legal Service System of "Maple Bridge People's Court/Shared Court" in Shaoxing City (Gao Juan)

Cutting-edge Technology Application and Product Innovation

229 Design and Implementation of Public Legal Service Platform Support System in the Digital Context (Wu Haitao , Zhou Weiqiang)

242 Research on the Application and Construction of Public Legal Service Platform in the New Era—Taking the Practice of "LvDou" as An Example (Jin Weikai , Jiang Juxian)

251 The Integration Road of Public Legal Services and AI (Wang Xiaoqinag)

Provincial Department (Bureau) Characteristic Experience Display

256 The Practice and Exploration of the Construction of Modern Public Legal Service System—A Case Study of Chinese path to Modernization of High Quality Development of Public Legal

Service in Sichuan Province (Jiang Xingqing , Li Yangcheng)

Construction of Public Legal Service Center

267 Serve the Real Economy and Create a Public Legal Service Innovation Platform—Taking the Practice of "Chengdu Times Public Legal Service Innovation and Development Center" as An Example (Cao Shuai)

Recueil de communications « Services juridiques publics chinois » (Deuxième numéro en 2023) Table des matières

Avant-propos du rédacteur en chef

1 "La jeunesse s'épanouit avec des chants continus" (Yang Kai)

Article vedette

4 Accélération de la construction du centre régional d'arbitrage international de Wuhan (Wu Handong)

Théorie du développement intégré

9 Homogénéisation dans la procédure civile et le système des services publics juridiques – la coordination entre la résolution numérique des litiges de manière décentrée et le procès de manière centrée (Yang Kai)

47 La collaboration entre les services juridiques publics et le système des services contentieux (Wang Jiang)

64 Positionnement des fonctions du service public juridique dans la construction du système des services contentieux (Wang Fan)

Contentieux des services publics

77 La construction du système des services contentieux dans tous les domaines – la fonction du service juridique public des tribunaux de base (Huang Xiaodan, Wei Wei)

98 Le retour et l'auto-cohérence de la fonction du service contentieux des tribunaux populaires (Cai Xiaodan)

Contentieux et notarisation

112 Recherche sur les questions d'innovation collaborative en matière de litige et de notarisation (équipe de recherches du tribunal populaire du district de Siming de la ville de Xiamen)

Gouvernance sociale de base

139 Division et coordination du travail entre le tribunal populaire et le Centre du service des contentieux (Zhong Pingping, Li Chen)

Nouvelle perspective sur les services publics

154 Analyse sur les coûts de médiation (Xiao Anding)

170 Services juridiques publics :amélioration du système de pré-réorganisation des faillites (Wang Liju)

188 Réduire la quantité et accroître la qualité: la difficulté et l'amélioration de l'exécution des décisions de justice – analyse sur l'exécution des décisions de justice par le tribunal populaire du district H (Fang Jun, Chen Yazhen)

Expérience Maple Bridge dans la nouvelle ère

212 Création d'un système des services juridiques publics « Maple Bridge people's court / shared court » à Shaoxing (Gao Juan)

Applications technologiques de pointe et innovation de produits

229 Conception et mise en œuvre du système de support de la plateforme des services juridiques publics dans le contexte de la numérisation (Wu Haitao ,Zhou Weiqiang)

242 Recherche sur l'application et la construction des plateformes des services juridiques publics dans la nouvelle ère – l'exemple de la pratique du « Ludou » (Jin Weikai, Jiang Juxian)

251 L'intégration des services juridiques publics et de l'IA (Wang Xiaoqiang)

Les expériences spécifiques menées par les départements(bureaux)provinciaux

256 La mise en pratique et l'étude sur le système moderne de services juridiques publics – e développement de haute qualité des services juridiques publics modernes de style chinois à travers des pratiques menées par la province du Sichuan (Jiang Xingqing ,Li Yangcheng)

Construction d'un centre des services juridiques publics

267 Servir l'économie réelle et créer une plateforme d'innovation du service juridique public – l'exemple du « Centre de développement innovant des services juridiques publics à l'ère de Chengdu » (Cao Shuai)

卷首语

弦歌不辍　芳华待灼

杨　凯*

立冬时节，《中国公共法律服务》第 2 辑凝聚着公共法律服务领域的实践新知，承载着业界的期许，如约而至。在这个历史与现实交织的时点，回顾过往，满是绿树成荫的丰茂，着眼当下，尽是数不尽的甘甜。中国公共法律服务发展至今，历经春生夏长，迎来属于自己的金色季节。

中国公共法律服务在推进全面依法治国中找到生根点。党的十八大报告提出“科学立法、严格执法、公正司法、全民守法”的新十六字方针，表明中国特色社会主义法治体系建设进入了新阶段。新十六字方针确立了我国全面依法治国新阶段的四大目标，为法治建设指明了方向。党的十九届四中全会审议通过的《中共中央关于坚持和完善中国特色社会主义制度推进国家治理体系和治理能力现代化若干重大问题的决定》，进一步提出要“加快形成完备的法律规范体系、高效的法治实施体系、严密的法治监督体系、有力的法治保障体系，加快形成完善的党内法规体系，全面推进科学立法、严格执法、公正司法、全民守法，推进法治中国建设”。现代公共法律服务多元化规范体系在中国特色社会主义法治体系建设中处于法治基础建构和普及促进法治的重要地位，加快推进公共法律服务多元化规范体系建设主要是为了致力于“全民守法”法治原则的价值实现，当前的基层社会治理亟待通过现代公共法律服务多元化规范体系建设，进一步促进基层社会的“全民守法”。

---

* 华东政法大学“经天学者”特聘教授。

中国公共法律服务在法学教育改革创新中找到生长点。公共法律服务体系所具有的服务导向和服务产品主体定位，使其简单、直接、经济、优质，便捷普惠，并极易传播推广。这个新兴交叉学科有望成为新法学应用体系的领航之舰，对当前的法理学、宪法和行政法学、诉讼法学、司法制度等学科领域产生巨大的吸引力、整合力与影响力。对法律实务和应用法学研究而言，其更具有建设性的意义，相信随着中国特色现代公共法律服务学科体系、学术体系和话语体系的建立，高等院校的法学教育和法律实务部门的各个领域都将会迎来一场颠覆性的蜕变，以更接地气、更实用的教育模式和行为方式，更好地服务社会经济发展。

中国公共法律服务在法治社会共同缔造中找到着力点。党的二十大报告擘画了法治建设的宏伟蓝图，即“基本实现国家治理体系和治理能力现代化，全过程人民民主制度更加健全，基本建成法治国家、法治政府、法治社会”。因为根植在中华大地的沃土，公共法律服务体系使得法律的精神与中国社会实际深度融合，使得法治国家、法治政府和法治社会在这一个载体平台关键节点达成高度一致。在公共法律服务体系建设创造性调动基层活力和各方力量实现协同共治的过程中，中华传统法律文化与现代性相结合，普惠性与智能化高度融合，形成新时代独具特色的治理模式。最朴素的“无讼”理论追求在这个复杂多元的现代社会中得以实现，人与人之间的关系既亲密和谐又相对独立，公共法律服务体系既发挥着法律维护秩序、自由与公平的价值，又润物无声地实现着规则意识的普及，实现国家治理体系和治理能力现代化核心竞争力的提升。

中国公共法律服务在法治共同体生态圈中找到融合点。公共法律服务领域的学术研究为国家治理体系和治理能力现代化提供了一个上佳场域，其直接关系到基层社会的矛盾纠纷化解、国家的长治久安和社会的安定有序。中国式现代化公共法律服务体系建设的重点在于为社会公众提供公益性和公共性的法律服务，特别是为基层社会的广大老百姓提供“普惠均等、优质高效”的法律服务，让基层社会的矛盾纠纷化解在萌芽阶段，让越来越多的人民群众知晓、认同和信任法律，让法治文明和法律精神根植在每个老百姓的心中。在中国式现代化公共法律服务体系研究中，我们寻找到新时代公共法律服务全新领域的学术体系、话语体系和学科体系构建路径。

中国公共法律服务在中国式法治现代化中找到闪光点。公共法律服务的建设与发展深植于中国特色社会主义发展的土壤。党的十九届四中全会指出："中国特色社会主义制度是党和人民在长期实践探索中形成的科学制度体系。"我国政治制度的本质是支持和保证人民当家作主，充分发挥我国社会主义制度尤其是集中力量办大事等优越性。我国政治制度具有"坚持全国一盘棋，调动各方面积极性，集中力量办大事的显著优势"，我国现代公共法律服务体系建构正是体现了我国社会主义制度为人民服务的宗旨和集中力量办大事的优势。建设覆盖城乡的现代公共法律服务体系作为推进全面依法治国的重要抓手，在法治轨道上推进国家治理体系和治理能力现代化过程中，发挥着重要的法治体系建设的制度引领作用。中国特色覆盖城乡的现代公共法律服务体系建设作为法治现代化的重要标志，在建设公共服务现代化进程中处于非常重要的地位。

行远自迩，笃行不怠。在新发展阶段，我国发展面临新的战略机遇、新的战略任务、新的战略阶段、新的战略要求、新的战略环境，需要应对的风险和挑战、需要解决的矛盾和问题比以往更加错综复杂。中国公共法律服务历经生根、发芽、成长、发展、繁荣，收获的同时，也为走向新征程播撒火种。"芳林新叶催陈叶，流水前波让后波"，《中国公共法律服务》将矢志不渝耕耘公共法律服务实践的沃土，传承和弘扬中国公共法律服务最新的发展理念、理论、思想和实践，为中国式法治现代化进程贡献智慧与力量。

特 稿

加快推进武汉区域国际仲裁中心建设

吴汉东[*]

国际仲裁是解决跨境纠纷的首选方式。当前，国际仲裁中心建设呈千帆竞发态势，伦敦、巴黎、纽约等传统国际仲裁中心竞争愈加激烈，新加坡、中国香港等城市奋起直追积极创建国际仲裁中心，已明显呈后来居上之势。

在我国，北京、上海、海南，以及粤港澳地区正积极试点建设国际仲裁中心，重庆、西安等则力求在区域国际仲裁中心建设竞争中抢占一席之地。武汉作为继北京、上海外全国第3家被授权挂牌区域国际仲裁中心的城市，积极谋划、主动作为，加快建设具有全球影响力的区域国际仲裁中心。

一、建设武汉区域国际仲裁中心意义重大

建设区域国际仲裁中心是贯彻党的二十大“统筹推进国内法治和涉外法治”精神的重要途径。党的二十大报告指出，要坚持统筹推进国内法治与涉外法治。当前仲裁已经成为国家和商事主体争夺国际经贸规则界定权和解释权的重要方式。建设区域国际仲裁中心为仲裁制度国际化和本土化融合提供重要平台，不仅有助于我国仲裁行业与国际积极接轨，以更加敏锐的目光洞悉国际仲裁规则，以更加开放的态度使用国际规则，而且有助于我国积极参与国际仲裁规则推陈出新，不断增强我国涉外法治话语权和规则制定权。

* 作者单位：武汉仲裁委员会、中南财经政法大学。

建设区域国际仲裁中心是武汉国家中心城市建设的重要抓手。建设区域国际仲裁中心，即意味着面向国际宣示城市的国际化、法治化文明发展目标，积极参与国际仲裁规则完善迭代、对接国际规则和对标国际最高标准及仲裁市场更高水平对外开放、吸纳境外仲裁机构及人才入驻，是城市法治建设成果的外展窗口和诚信文化的交流平台，对于树立城市国际法治坚定维护者和积极建设者形象，提升武汉国际影响力和竞争力具有重要意义。可以说，区域国际仲裁中心建设在国家中心城市建设中具有重要的标识性作用。

建设区域国际仲裁中心是武汉宜商环境建设的最好背书。“法治是最好的营商环境。”习近平总书记强调：“坚持把非诉讼纠纷解决机制挺在前面。”世界银行 2022 年“宜商环境”评价将“争议解决”列为新的十个一级指标之一。仲裁是民商事纠纷解决非诉机制的核心。构建区域国际仲裁中心，整合全球纠纷解决资源，优化国际仲裁制度机制，搭建沟通交流合作平台，本身即代表该地争议解决指标在全球的优异性，具有带动所在地高端服务产业持续增长的功能，是对武汉市场化、法治化、国际化宜商环境的最好背书。

二、武汉打造区域国际仲裁中心的显著优势

武汉交通区位优越、商贸产业发达、法务人才资源富集、经济体量适中，仲裁基础良好，在打造区域国际仲裁中心上具有得天独厚的优势。

交通区位优越。武汉是中国的地理中心，素有“九省通衢”的美誉，是中国内陆最大的水陆交通枢纽和长江中游航运中心，其高铁网辐射大半个中国，是华中地区唯一可直航全球五大洲的城市。得天独厚的位置以及便捷的交通运输条件，为国际商事活动往来和涉外仲裁业务发展提供了可能，为仲裁员集聚和当事人往来提供了便利，使得武汉成为华中地区乃至全国理想的仲裁地点。

商贸产业发达。清代开埠以来，武汉迅速成长为商事重镇；近年来正致力于建设全国性的经济中心和商贸物流中心、国际交往中心和国际消费中心。中部国际经贸合作高地雏形初现，外向型经济实力稳步提高。“商事旺，仲裁兴”，伴随工商业的发达产生的商事纠纷增多，为仲裁这一纠纷解决方式的落地与发展提供了良好的经济基础。

法学人才资源丰富。武汉高校林立、科研院所众多，特别是法学资源富集，

有深厚悠远的法学理论支撑和源源不断的法学人才储备。武汉仲裁委成功入选教育部、司法部涉外法治人才国际仲裁硕士研究生联合培养仲裁机构名单，武汉同时入选的高校有武汉大学和中南财经政法大学，为打造区域国际仲裁中心奠定了良好的涉外法治人才储备基础。

经济体量适中。国际上发达的仲裁中心往往不在经济体量最大的国家或地区，而是一些本身体量不大但相对中立、法律服务水平高的区域，比如瑞士、新加坡、中国香港等。武汉城市功能体系完备，产业结构合理，市场主体多元，具有作为第三方仲裁机构的独特优势，可为当事人选择中立的仲裁机构提供稳定预期。

政策资源扶持。武汉仲裁事业发展和区域国际仲裁中心建设得到部委、省市相关政策文件的支持。2022年8月，武汉国际仲裁中心正式挂牌成立，成为继北京、上海之后全国第三家国际仲裁中心。《法治湖北建设规划（2021—2025年）》提出，要“加强武汉国际性区域仲裁中心建设”。武汉市2022年政府工作报告也明确提出“推进区域性国际仲裁中心建设”。部委、省市政策的倾斜支持为武汉打造区域国际仲裁中心提供了有力的政治保障、政策保障和组织保障。

仲裁基础良好。武汉仲裁委是华中地区最具影响力、在全国具有广泛声誉的仲裁机构。先后组建国际仲裁院、知识产权仲裁院、金融仲裁院、海事仲裁院、“一带一路”（中国）仲裁院、互联网仲裁院、融勤仲裁院、数字经济仲裁院等。从受理案件数量、金额及当事人地区分布来看，2022年，受理仲裁案件14082件，标的额达216.04亿元，受案标的额比去年同期增长43%，在15个副省级城市中位列第三。一方或双方当事人为武汉市外的案件占比达到60%以上。近年来，办理涉外仲裁案件超500件，案件当事人遍布美国、英国等20多个国家和地区，专业化和国际化水平不断提升，在国际上认可度和声誉与日俱增。

三、抢抓机遇、积极作为，加快推进武汉区域国际仲裁中心建设

习近平总书记高度重视仲裁工作，强调“加快涉外法治工作战略布局，协调推进国内治理和国际治理，更好维护国家主权、安全、发展利益”，提出“培育一批国际一流的仲裁机构、律师事务所，把涉外法治保障和服务工作做得更

有成效”。这些重要论述为新时代中国仲裁事业发展提供了重要指引。

多措并举着力提升武汉仲裁公信力、影响力、硬实力。大力提高武汉仲裁公信力。建立规范透明的仲裁员指定规则，实行仲裁员信息披露制度、仲裁员回避制度，加强仲裁员监督管理，健全完善案件核阅制度、专家咨询制度，确保裁决公平公正。全面扩大武汉仲裁影响力。持续推进仲裁法治宣传，以多种形式开展“武仲大讲堂”“仲裁直通车”“仲裁六进”，走访调研企业，帮助企业梳理风险点，提高社会公众法治意识，提高仲裁约定率。着力提升武汉仲裁硬实力。打出“快、活、引、和、减”仲裁服务组合拳。以高效快捷的方式解决当事人急难愁盼，完善“速裁快审”机制，对小额案件和确认案件实行“快裁快结”，对无争议部分进行“先行裁决”。以灵活变通的方式，探索“保函置换保全”机制，通过松绑担保财产盘活企业资金流。以典型案例和专家经验引导当事人防范风险，确立案例裁判指引机制，逐步完善“首案裁决”指引标准。以“调解 + 仲裁 + 诉讼”机制为当事人定分止争，积极融入社会治理，探索形成“调解前移”“调裁对接”“委托调解”等机制。

聚焦服务国家开放和区域发展，积极构建仲裁新发展格局。坚持国际化发展，发挥国际仲裁体系下中国仲裁的主场优势，建设区域国际仲裁高地，为武汉建设“国家中心城市、国内国际双循环枢纽”，营造市场化、法治化、国际化营商环境贡献仲裁力量。抓住“中部崛起”等国家战略机遇，聚焦推进长江经济带、长江中游城市、武汉都市圈等中心工作，积极发挥武汉仲裁示范引领作用，发起建立长江经济带仲裁机构远程庭审合作联盟、中部三省会城市仲裁协作机制，形成仲裁服务武汉都市圈“一盘棋”格局。

聚焦全球化趋势，积极完善仲裁服务机制。精准服务“一带一路”倡议，成立“一带一路”（中国）仲裁院，建立“一带一路”争端仲裁专家库。强化仲裁理论研究成果转化，组织专家编写《“一带一路”国家工程的合规与风控实务》等系列丛书，制定《中国（湖北）自由贸易试验区示范仲裁规则》，参与组建武汉东湖高新区（武汉自贸区）进出口企业服务联盟，以“中国主场”为战略目标，为“走出去”企业提供法律保障。与斯德哥尔摩商会仲裁院、新加坡国际仲裁中心、香港国际仲裁中心等国际知名仲裁机构，在仲裁员推荐、联合调解等方面建立了协作机制。

聚焦涉外法治人才培育，积极打造国际仲裁人才培育体系。成功入选涉外法治人才联合培养仲裁机构名单，已与武汉大学、中南财经政法大学、上海政法学院、罗马第一大学建立战略合作，形成高校理论教学与机构实践教学合力，力争培养一批高端涉外法律服务人才，为我国涉外法治贡献力量。着力强化涉外仲裁能力，武汉仲裁委现有仲裁员1146名，其中具有涉外案件办理能力的仲裁员392人，占比34%；具有涉外案件服务能力的工作人员占比达50%。

聚焦国际商事交流，增强武汉仲裁国际影响力。积极承办"东湖国际法律论坛"，汇聚来自中央国家机关、国际组织、工商界、智库、高校、律所等多家机构的知名专家学者，紧贴国际法治与我国对外开放中的热点难点问题进行深入研讨，为共同推进中国高水平对外开放贡献智慧。主办"武仲杯"国际商事仲裁模拟仲裁庭比赛，促进各高校、仲裁机构及仲裁从业人员交流合作，推广和宣传商事仲裁。

融合发展理论

论民事司法程序与公共法律服务体系建设的制度同构

——以数字化去中心解纷与中心化审判制度协同的基本逻辑为中心视角 *

杨 凯 **

内容提要：传统的基层社会矛盾纠纷化解难题与民事司法程序公共服务功能供给不足之间的制度张力日趋凸显，传统的民事司法诉讼程序制度越来越难以适应社会治理数字化发展现实需要，亟待从“诉非衔接、诉非联动”体制机制数字化协同创新和底层制度逻辑重构的双重维度，来进一步完善数字化纠纷解决流程中去中心解纷与中心化审判的衔接。在基层社会治理法治化体系建构的整体构架中，在数字化制度运行中融贯公共法律服务体系非诉讼程序制度与民事司法诉讼程序制度的底层逻辑，将公共法律服务体系制度建设与民事司法程序制度进行深度融合对接和一体化制度同构，能够在实质意义上破解基层社会矛盾纠纷化解难题，这是通过“诉源治理”有效防范社会重大风险的现实路径选择。

关键词：公共法律服务；民事司法程序；数字化协同

---

* 基金项目：本文系 2021 年度国家社科基金重大项目“民事司法程序现代化问题研究”（项目批准号：21&ZD205）的阶段性研究成果。

** 作者单位：华东政法大学公共法律服务研究院、司法部与华东政法大学部校共建“公共法律服务协同创新与数字治理研究基地”。

引 言

2017年10月，党的十九大报告正式提出建设“智慧社会”。“智慧社会”的概念被正式提出，智慧城市、智慧街道、智慧政务、智慧公安、智慧法院、智慧检务已经成为法治国家与社会建设的基本架构。[①] 在国外，20世纪70年代布鲁斯·布坎南和托马斯·海德里克探讨了人工智能与法律推理的冲突与互动关系；[②] 在我国，20世纪80年代钱学森先生就预测了人工智能在法律中的运用可能。[③]2021年修订的《民事诉讼法》规定的在线诉讼有效性成为民事司法程序数字化的合法性依据。与此同时，民事纠纷调解也逐步走向了在线化发展。人工智能司法、区块链司法，甚至元宇宙司法等概念异彩纷呈，然而由于对网络平台存在信任缺乏，在线纠纷解决平台应用情况并不乐观。[④] 我国司法仍停留在电子化和网络化的阶段，距离数据化和科技化仍有差距。以电子卷宗为例，电子卷宗深度应用所提供的智能辅助功能还不能做到覆盖审判执行全流程和全国法院应用全覆盖，还不够智能化、人性化。[⑤] 目前对司法大数据的数字化应用主要还是囿于司法审判管理决策和审判绩效的质量效率的考核评价方面，民事司法诉讼程序数据和非诉讼程序数据的一体化深度挖掘应用仍然不足。

在我国社会治理司法制度体系和社会矛盾纠纷解决机制的整体构架中，占较大比例的民事司法程序制度目前面临着较多的现实困境和难题。一方面，难以有效应对和妥善解决社会转型时期尤为凸显的大量基层社会矛盾纠纷，人案比矛盾突出的体制机制运行困境始终困扰着民事司法程序制度；另一方面，难以满足社会公众对所有的正当权益都能在民事司法程序中得以实现的期待。面对现实的困境和基层社会矛盾纠纷化解难题，究竟由何种解纷机制的主体来主

---

① 郑戈:《数字社会的法治构型》，载《浙江社会科学》2022年第1期。

② Bruce G. Buchanan and Thomas E. Headrick, Some Speculation about Artificial Intelligence and Legal Reasoning, Stanford Law Review, Vol. 23, No.1, 1970, p. 40.

③ 参见钱学森:《现代科学技术与法学研究和法制建设》，载《政法论坛》1985年第3期。

④ 参见谢鹏远:《在线纠纷解决的信任机制》，载《法律科学（西北政法大学学报）》2022年第2期。

⑤ 参见许建峰、黄国栋等 《全面建设智慧法院 促进审判体系与审判能力现代化》，载《行政管理改革》2019年第5期。

导基层社会矛盾纠纷化解难题？市域、县域社会治理体系究竟需要建构何种模式的多元化矛盾纠纷解决机制？究竟采取何种程序设计才能保障社会矛盾纠纷解决机制有效顺畅运行？从近十年来民事诉讼案件数量持续增长的发展态势我们只能得到制度体系不恰的否定回答，[①] 目前并未在实质意义上建构能够多元化有效化解基层社会矛盾纠纷的解纷机制，各政法机关和基层组织之间实际上也未在多元化制度建构和运行机制上形成实质性的基本制度逻辑。数字正义是人类发展到数字社会对公平正义更高水平需求的体现，是数字社会司法文明的重要组成部分。[②] 在当今中国社会经济高速发展对民事司法程序制度的公共服务功能诉求和期待不断提升的情况下，传统的民事司法程序制度越来越难以适应市域、县域社会治理体系现代化转型的现实需要，亟待从基本制度逻辑重构和体制机制协同创新两个层面来予以改革完善，从而适应新时代民事司法程序制度所面临的现代化转型压力。

2021 年 12 月 24 日，全国人大常委会通过的《关于修改〈中华人民共和国民事诉讼法〉的决定》的第 15 条优化了“诉非对接”中的司法确认制度，为“诉非对接”的形式、期限、管辖提供了制度基础。2021 年 12 月 27 日，最高人民法院审判委员会通过的《人民法院在线调解规则》明确了在线调解框架体系，确立了诉前与诉中依托在线调解平台开展调解活动规则适用范围和制度内涵、在线调解组织和人员、在线调解程序、在线调解行为规范等，为全国法院深入推进一站式多元纠纷解决工作提供制度保障。[③] 尽管具备了制度框架，但要真正使上述系列诉讼程序与非诉讼程序对接制度有效运转，需要建立系列从线上到线下的公共法律服务与民事诉讼程序对接机制。基层社会治理法治化体系建构是当前和今后一个时期亟待深入研究探索的重要社会实践命题和法学理论课题。我们需要从理论基础及理论创新层面来展开研究，如何建构更为经济、更为高效、更受社会公众认同的基层社会矛盾纠纷多元

---

① 参见张海燕:《法院“案多人少”的应对困境及其出路——以民事案件为中心的分析》，载《山东大学学报（哲学社会科学版）》2018 年第 2 期。

② 马明亮:《区块链司法的生发逻辑与中国前景》，载《比较法研究》2022 年第 2 期。

③ 钱晓晨、刘雪梅、徐德芳:《〈人民法院在线调解规则〉理解与适用》，载《人民司法》2022 年第 10 期。

化解决机制。[①] 鉴于市域、县域社会治理现代化转型对于民事司法程序制度的现实需求，针对加快推进公共法律服务体系建设和民事司法程序制度改革目前存在的现实困境，本文立足于中国现代公共法律服务多元化规范体系建设与民事司法程序制度改革双重制度体系功能的融合发展，力图论证打通现代公共法律服务多元化规范体系与民事司法程序的基本制度逻辑，探寻现代公共法律服务多元化规范体系建构与民事司法程序的制度同构，以及二者“一体化”制度同构的司法改革实践路径。

一、民事司法程序参与基层社会数字化治理中所面临的现实难题

随着数字社会发展，数字空间的分布式存在导致社会风险上升，物理空间的流动性加剧导致管理任务艰巨，双重空间的依存度递增导致治理机制超载，社会治理模式也呈现数字化转型趋势。[②] 与此同时，数字化司法与纠纷解决机制解放了线下模式中抑制的诉求，加剧了民事司法诉讼程序制度长期处于超负荷运转的状态，民商事诉讼案件一直以来都处于高位运行态势，民事审判法官队伍不堪重负，人案矛盾凸显，案件质量和效率下行，二审改判和发回重审案件数量激增，“案结事不了”矛盾导致“涉诉信访上访”比例也居高不下。现代公共法律服务体系作为非诉讼程序制度虽然已经全面构建完成，但同样难以主导多元化解纷机制妥善解决基层社会矛盾纠纷化解难题。长期以来，基层社会矛盾纠纷化解难题仍然还是聚焦于民事司法诉讼程序，而对非诉讼程序则较难习惯和接受，公共法律服务实体和热线、网络三大平台通过非诉讼程序实质意义妥善化解的基层社会矛盾纠纷数量有限。民事司法诉讼程序体系制度和公共法律服务体系非诉讼程序制度同属于国家治理体系的公权力司法制度范畴，各自都有完备的体系制度规范和程序运行机制，但二者都难以单独主导和统筹协调整体多元化解纷机制，目前都各自面临着社会转型和经济发展所带来的市域、县域治理中的社会矛盾纠纷化解难题。国家治理现代化的首要标准就是公权力

① 参见宋朝武、罗曼：《基层治理现代化与人民调解制度的改革路径》，载《暨南学报（哲学社会科学版）》2019年第3期。

② 戴丽：《数字社会治理现代化转型的有效路径》，载《改革与战略》2021年第7期。

运行的制度化和规范化。[①] 这两套同属于司法体制的社会纠纷解决程序机制，在基层社会矛盾纠纷难题破解的社会实践中都呈现出冰火两重天的尴尬境遇，基于基层社会治理需求，各地各级纷纷出台“诉非衔接机制”和“诉非联动机制”改革实践项目。最近几年，关于非诉讼程序与诉讼程序的衔接与联动机制改革实践经验较多，但始终没能在两种程序制度的基本逻辑建构上全面打通，因而还不是标本兼治的“诉源治理”。

最高人民法院已经主导建成“一站式”多元解纷机制和现代诉讼服务体系，但“单兵突进”难题依然还是现实难题。施行了 8 年时间的立案登记制度并未在实质意义上完全解决“立案难”问题。因为，民事诉讼程序与非诉讼程序的衔接与联动机制的制度协同才是破解基层社会矛盾纠纷难题的关键。登记立案制度仅仅是解决了面上的“立案难”问题，进而却又派生出“送达难、审理难、执行难、涉诉信访难”等诸多难题，基层社会矛盾纠纷化解难题依然困扰着民事司法程序制度。民事诉讼当事人普遍反映程序周期长、诉讼成本高等问题，法官则困扰于“案多人少、裁判标准难统一、大量重复劳动、难以应对涉诉信访和缠访缠诉”等难题。2022 年是司法部主导的公共法律服务体系建设收官之年，全国公共法律服务体系三大平台所面临的却正好是与民事司法程序悖反的难题，参与基层社会矛盾纠纷化解效率不高，人民调解和行政调解没有实质上与司法调解在程序上实现程序一体化，司法行政基层治理工作与基层党政综治工作同质化混同，在地方党政综治工作和法院司法程序的双重挤压中，难以找到参与破解基层社会矛盾纠纷化解难题的突破口。

（一）民事司法程序视阈中的基层社会矛盾纠纷发展态势

根据最高人民法院工作报告统计数据，2013~2022 年 10 年间，在全国一审刑事、行政、商事、民事案件审结数据统计中，一审民事案件一直保持着较高的增长比例。[②] 案件受理数量多的基层法院的人案矛盾比较突出，一个明显的

---

① 参见俞可平:《走向善治——国家治理现代化的中国方案》，中国文史出版社 2016 年版，第 59 页。

② 根据历年来最高人民法院工作报告公开数据进行数据分析整理，由于 2012 年之前人民法院工作报告民事案件数据统计分类不同，故选择 2012~2021 年全国一审刑事、行政、商事、民事案件数据及再审案件数据进行比较分析。

诉讼表象就是受理案件数量较多的基层法院诉讼服务中心类似好的三甲医院，门庭若市，人满为患，甚至需要提前预约排队叫号。而同区域设立的基层公共法律服务中心却相对较为冷清，这种现状在于两种纠纷解决机制的程序和制度功能存在差异。民事诉讼案件数量并非越多越好，相反大量类型化民事案件应有一定降幅才是正常的。民事诉讼案件数量 10 年高位运行实际上证明了目前的市域、县域社会治理体系中，实质意义上还没有从制度设计的层面优化设置更便捷的替代性纠纷解决机制，来前置性消化和过滤如此之多的基层社会矛盾纠纷引发的民事诉讼案件，大量的基层社会矛盾纠纷主要还是直接通过民事诉讼司法途径来解决。2013~2022 年，全国法院审结的一审案件数逐年攀升，其中，民商事一审案件的数量持续呈现较高的增幅，且一直处于高位运行状况（见图 1）。

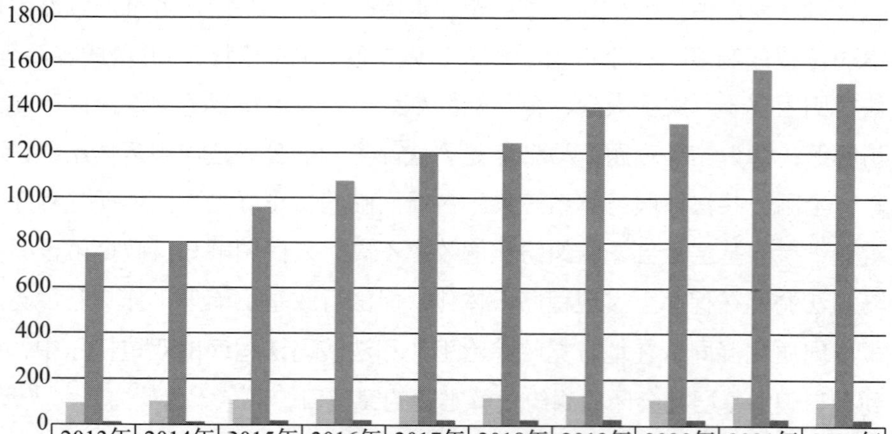

	2013年	2014年	2015年	2016年	2017年	2018年	2019年	2020年	2021年	2022年
■刑事案件	95.4	102.3	109.9	111.6	129.7	119.8	129.7	111.6	125.6	103.9
■民商事案件	751.1	801	957.5	1076.4	1197.5	1243.5	1393	1330.6	1574.6	1513.9
■行政案件	12.1	13.1	19.9	22.5	23.7	25.1	28.4	26.6	29.8	28.5

图 1 2013—2022 年全国法院一审案件数（万件）

在 2013~2022 年全国审结一审诉讼程序案件中，民商事案件数量合计占全部一审诉讼案件比例呈现逐年上升趋势（见图 2）。据此可以发现，民事司法程序已成为法院审判二作的重要内容和市域、县域社会治理中基层社会纠纷解决机制的主渠道。

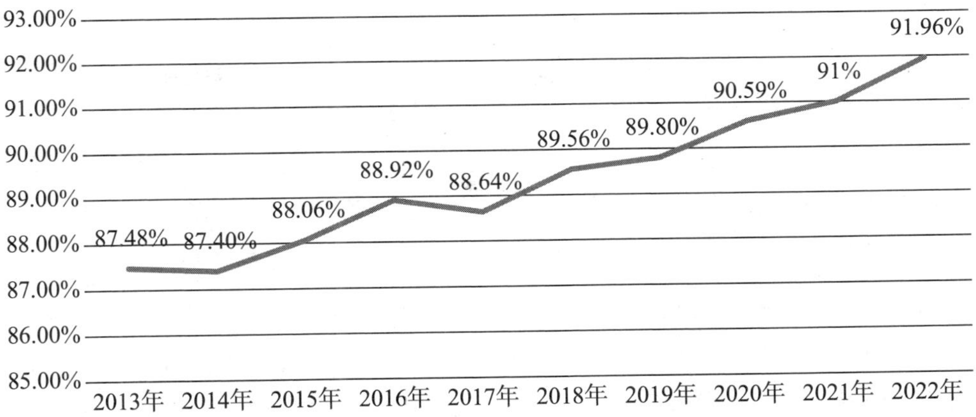

图 2　全国法院一审审结民商事案件占比变化趋势

在转型社会时期经济社会生活中，各种基层社会矛盾纠纷呈现出大规模持续增长的发展态势。截至 2023 年 6 月 6 日，在中国裁判文书网检索裁判日期自 2012 年 1 月 1 日至 2023 年 6 月 6 日的裁判文书公开的各类文书共计 140231078 份，其中，共有民事案件裁判文书 85777005 份，刑事案件裁判文书 9894483 份，行政案件裁判文书 3016622 份，执行案件裁判文书 40267735 份。民事案件裁判文书占比 62%。如此海量的民事诉讼文书数量印证了市域社会治理中基层社会矛盾纠纷日益凸显的发展态势（见图 3）。

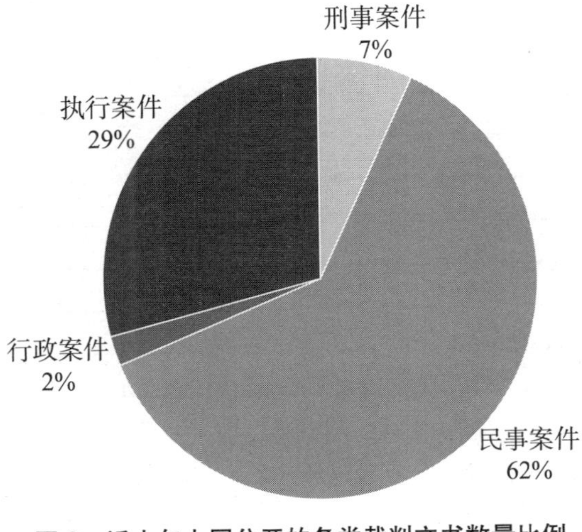

图 3　近十年上网公开的各类裁判文书数量比例

从中国裁判文书网2012~2021年公开的刑事附带民事判决书的内容和司法统计数据来看，由于普通民事纠纷引发刑事案件的占比，尤其是因民事纠纷引发重大恶性刑事案件的占比较高。基于近十年的刑事附带民事案件统计数据可以发现基层社会矛盾纠纷凸显的发展态势（见图4）。对于因民事纠纷引发刑事案件的积极应对治理方式，可以考虑将非诉讼程序与民事司法程序相结合进行集中专项治理模式，完全可以将现代公共法律服务多元化规范体系建构与民事司法程序制度紧密结合起来，共同进行类型化案件的大数据分析研判和“诉非衔接、诉非联动”专项集中整治。[①] 当前市域和县域社会治理中的基层社会矛盾纠纷化解难题破解更需要的是建构立体、便捷、科学、多层次的多元化解渠道，仅凭民事司法程序制度体系难以单独完全妥善地解决好大量的基层社会矛盾纠纷。中基层法院民事商事案件的“繁简分流”改革向内挖潜已达极致，亟待通过“诉非衔接、诉非联动”机制改革向外延伸和拓展，将民事司法诉讼程序的“繁简分流”制度延伸和拓展到非诉讼程序，将现代诉讼服务体系和一站式多元化解纷机制与公共法律服务体系进行“一体化”制度同构，只有将民事司法诉讼程序与公共法律服务多元化规范体系非诉讼程序进行全方位的衔接和联动，才能真正建构“一站式多元化解纷机制和现代诉讼服务体系”的基本制

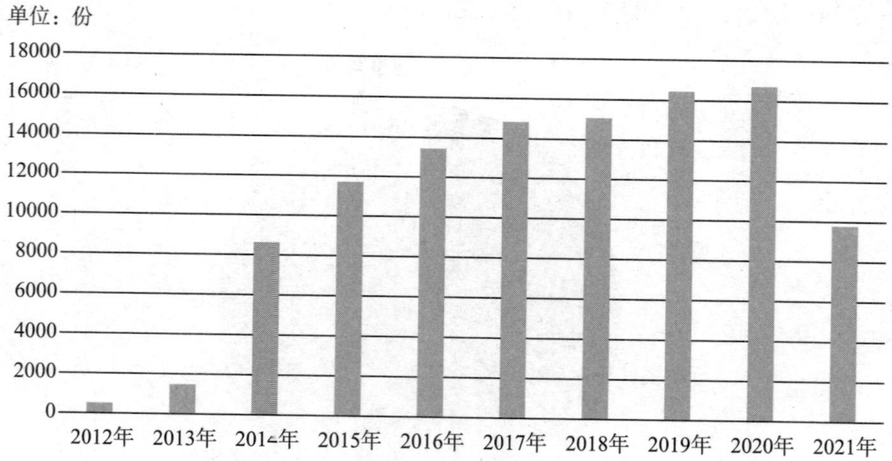

图4 近十年刑事附带民事案件裁判文书数量

① 参见杨凯：《论公共法律服务与诉讼服务体系的制度协同》，载《中国法学》2021年第2期。

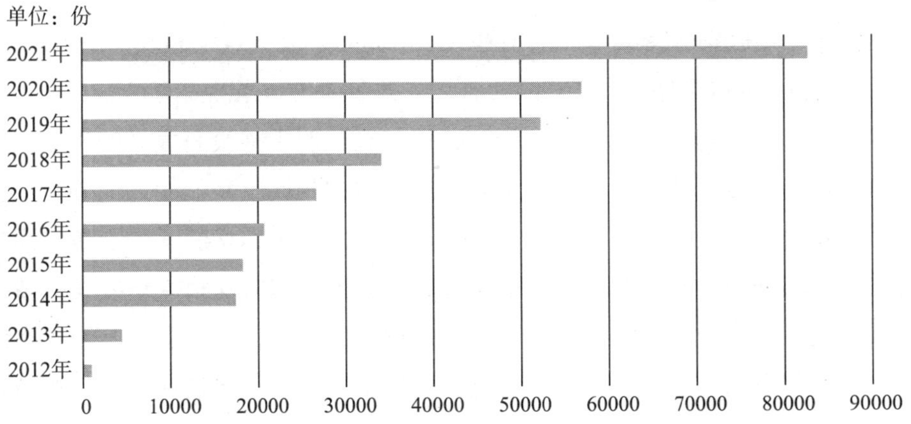

图 5　近十年民事再审裁判文书数量

度逻辑。公共法律服务多元化规范体系通过非诉讼程序的法律服务“软法”治理方式，特别是公共法律服务体系的非诉讼程序在线法律服务模式，能够以精准普法和法治宣传等方式协同民事司法诉讼程序同步展开积极应对和“诉非衔接、诉非联动”专项集中整治。中国裁判文书网公开的 2012~2021 年民事再审判决书和裁定书的数量也呈现出持续上升的趋势，从审判监督程序视角同样可以看出基层社会矛盾纠纷化解难题破解在民事司法程序中的艰难。

（二）立案登记制度实践凸显基层社会矛盾纠纷化解“去中心化”需求

自 2015 年 5 月 1 日立案登记制度施行 8 年以来，这项制度根本改变了传统的严格立案审查运行机制，提升了保护当事人诉权行使的便捷度，在一定程度上缓解了民事司法程序的传统难题之一“立案难”。虽然立案登记制度移除了传统的告状难“关卡”，但由于法院人案矛盾突出、结案率考核以及敏感案件难办三重压力等诸多原因，在实际运行机制上仍然存在着较多的现实问题。关于人案比矛盾突出、命题真伪的争论正好可以从立案登记制度改革视阈中寻找求证的路径。立案程序是当事人行使诉权和法院行使审判权的首次交集，建构何种立案制度，关系到当事人民事诉权的正当行使和正当民事权利救济的保障。从形式法治意义的“法律之治”到形式法治和实质法治相统一的“良法善治”，[①]对于经济发达地区案件持续增加的中基层法院而言，立案登记制改革任重道远，加剧了法官人均办案数量，矛盾更加凸显，“案多人少”当然是真命题；对于经济落后地区和边远地区中基层法院而言，这一改革似乎并没有太大的影响，命题当然证伪。与西方法治发达国家法院人案比数据相比，我们的人均办案数量实际上差距很大，也证明“案多人少”并不是中国民事诉讼特有的现象，而是经济发展附加的一种司法程序制度的常态，一些国家法院法官人均办案数量甚至是我们的数倍，为了降低司法审判和法律援助的成本，许多国家开展了在线审判、数字化审判、自动化裁决的尝试，近年来，英国开展的在线法院改革将节约成本确定为最重要的目标，根据英国高等法院女王法庭发布的数字，其索赔案件数量从2007年的18505起稳步下降到2017年的8400起。[②]近几年民事诉讼立案数量的持续增长并没有想象中那么可怕，很多中基层法院在法官员额减少或者难以增加的情况下，采取各种积极的改革应对措施，诸如：“繁简分流”机制，“类案集中审理”机制，“快审速裁”机制，“多元化调解衔接”机制，“诉非衔接、诉非联动”机制，提升法官队伍职业技能和司法能力等，这些积极应对措施很好地缓解了民事诉讼案件数量持续增加的困难和压力。

数字社会对传统国家权力运行的边界构成明显挑战，权力的专属性被稀释和“去中心化”。[③]数字逻辑中权力去中心化也激发了矛盾纠纷化解的“去中心化”需求，非诉程序就是典型的“去中心化”纠纷方式，基层社会矛盾纠纷的复杂性凸显了对“去中心化”纠纷的需求。民事司法诉讼程序是化解基层社会民事矛盾纠纷的最后手段，但并不是唯一方式，也不是最佳选择。一个国家矛盾纠纷解决机制受这个国家历史的、传统的、体制的各方面因素影响。在中国特色社会主义法治体系制度建设的推进过程中，一些特殊的社会矛盾纠纷并不适合用司法的方式解决，基层自治范围的纠纷处理也不太适合司法渠道。中基

---

① 张文显：《中国法治40年：历程、轨迹和经验》，载《吉林大学社会科学学报》2018年第5期。

② Christopher Hodges，Delivering Justice，in X. Kramer et al. eds. New Pathways to Civil Justice in Europe：Challenges of Access to Justice，Springer Nature Switzerland AG Press，2021，p.91.

③ 周尚君：《数字社会对权力机制的重新构造》，载《华东政法大学学报》2021年第5期。

层人民法院对超出其解纷能力的大量基层社会矛盾纠纷大包大揽，对于基层社会矛盾纠纷化解并没有实质意义的裨益，还会消耗司法资源和影响司法公信。从施行8年的立案登记制度改革的司法统计数据变化来看，不仅持续加剧民商事审判“人案比矛盾”，也很大程度上改变了司法机构、法官员额、人员编制、司法辅助人员、财政经费预算、司法装备、信息化建设投入等司法资源的配置。法官员额的资源配置有限，而法官助理、书记员等司法辅助人员的配置改变较大，流动性也增大，还有司法辅助事务的外包也大量增加。有的中基层法院甚至根本性改变了原有的司法资源配置。立案登记制的施行与传统的审判绩效考核评价机制中的一些不合理考评指标产生较大冲突，要保持不合理审判绩效考评指标的优异，必然会变相改造和挤压立案登记制的正常运行，立案登记制对于法院内部立案庭与业务庭的配合衔接带来较多问题。审判业务庭无法承受集团案件、系列案件等大量涌入的案件压力时，必然会要求立案庭拦住登记立案“入口”。每逢接近年底的年度绩效考核时，基本上是让立案庭和诉讼服务中心用尽各种办法拖延到来年再立案。[①] 同时，审判模式的变革在一定条件下还会削弱控辩的平等地位，在线审判模式的不当应用甚至不利于审判中心主义的诉讼制度改革。[②]

民事案件数量激增也拉长了当事人从送达到排期开庭阶段的等待时间，不少案件不得不一再延长审限。实行立案登记制改革本来的目的是解决长期困扰老百姓行使诉权难的现实问题，真正解决问题的方法应当是标本兼治，而立案登记制改革对于根本性问题的解决并未实质性触及，虽然放开了民事诉讼制度的前端入口，但是却忽略了民事诉讼制度的中端及终端的应对机制传统构架的一体化改革。由过去的“立案难”转化成“送达难、审理难、执行难、信访难”等。传统的“立案难”根源其实是案外因素和社会影响压力，实质意义上的“立案难”，仅凭登记立案模式的单独改革无法触及制度根源。应对“案多人少”需要立法、司法、行政发挥诉讼制度内外合力，去除社会治理“泛行政化”，形成以行业或专业为中心的民事纠纷分流模式。[③] 我们完全可以考虑在下一步立

---

① 《最高人民法院对年底不立案问题零容忍》，载光明网 https://m.gmw.cn/baijia/2021-11/24/1302692477.html，最后访问时间：2022年5月25日。

② 魏斌：《智慧司法的法理反思与应对》，载《政治与法律》2021年第8期。

③ 张卫平：《“案多人少”困境的程序应对之策》，载《法治研究》2022年第3期。

案登记制的深化改革和配套完善改革路径中，将司法行政机关主导的公共法律服务中心与法院主导的诉讼服务中心进行“一体化”的体系制度同构配套改革。

（三）从送达难、审理难、执行难分析基层社会治理纠纷解决的改革路径

市域处于省域和县域之间，是承上启下、连接城乡的枢纽，[①] 诉讼模式现代化转型和现代型社会矛盾风险防范化解无法脱离市域治理的框架。法院民事诉讼案件“送达难”问题是一个老生常谈的话题，真正破解“送达难”困扰依旧举步维艰。近几年来为解决“送达难”问题采取了较多的应对方式方法和改革举措，然而并未真正解决民事案件送达实际难题。法律规定的六种民事送达方式依旧存在“送达难”的各种制约因素。究其缘由，一是缺失司法诉讼程序征信机制建构；二是目前的民事诉讼送达机制制度安排的目标在于确保民事诉讼程序运行，而缺失对民事诉讼当事人民事诉讼程序权益的同等保护法益目标，没有从制度设计的根源上实质意义解决民事送达现实难题。实行立案登记制后，民事送达工作同时还面临着任务加重、周期延长、成本加大等新的挑战。

当前诉讼证据裁判规则理念还没有完全转化为民事诉讼庭审实质化改革的基本审理规则，尚未找到证据法自身内含价值冲突的化解机制，[②] 真正求解民事诉讼“审理难”依然面临诸多困境。证据裁判规则理念的形成需要从公共法律服务体系非诉讼纠纷解决机制的起点源头就开始培养。民事诉讼案件开庭审理的审前程序虚化与异化、庭审审理过程中的庭审调查程序和法庭辩论程序的虚化与异化、庭审驾驭能力的不足、当庭宣判率偏低等都是民事诉讼案件亟待解决的“审理难”问题。“审理难”还体现在缺失调解先行程序和程序转换机制规范上，民事诉讼案件调解贯穿诉前、审前、一审、二审和再审程序，执行程序有“执行和解”，涉诉信访还有“案外协调”，庭审程序和调解程序的重合叠加导致庭审实质化难以实现，“审理难”实际上是难在两种程序的多维交织和转换规范上。

目前中基层法院立案大厅的“一站式”诉讼服务中心基本上都设置有立案登记前的诉前先行调解程序。实行立案登记制后，中基层法院为应对持续增长

---

① 徐汉明：《市域社会治理现代化：内在逻辑与推进路径》，载《理论探索》2020年第1期。
② 吴洪淇：《证据法体系化的法理阐释》，载《法学研究》2019年第5期。

的大量民商事案件和执行案件，积极开展“诉源治理”，通过“一站式”诉讼服务中心建构主导多元化替代性纠纷解决机制运行。法院主导登记立案前的先行调解有其司法程序控制权、判断权和强制执行权上的主导便利，但如何保障其他司法机关、调解组织、社会组织、法律服务机构等全部解纷主体都能全面协同配合，如何保障诉前调解的程序规范性，如何将“枫桥经验”这一化解社会基层矛盾的成功模式植入民事诉讼程序之中，这些都还存在着制度和程序上的困境。此外，民事诉讼裁判文书说理不充分的问题和民事裁判文书质量瑕疵问题也是一个持续性难题。真正的司法公开应当是裁判理由的公开，这也是求解“审理难”要着重解决的问题。

由于我国强制执行程序制度和机制不健全，整个社会的征信体系尚未完全建立起来，真正解决“执行难”问题还有较大距离，“执行难”还是长期困扰民事司法程序的现实难题。在党政机关和其他司法机关及社会各界的大力支持下，近三年时间全国法院系统几乎倾尽全力开展“执行难”攻坚战，执行工作取得了较好的成绩，“执行难”问题也在一定程度上得以缓解。但是，这种缓解是在诉讼程序结束之后投入大量人力物力财力的强制执行结果，并没有形成被执行人自觉履行执行义务的司法程序制度效应。长期以来，生效民商事案件申请强制执行案件的执结率和执行到位率实际上一直维持在 30% 左右，要达到最高人民法院制定的“三个 90% 和一个 80%”执行工作绩效考核的核心指标，仍然有一定距离和较大难度。“执行难”对于被执行人而言，主要是因为被执行人诉讼程序终结以后确实没有履行能力的“执行不能”难题；对于法院而言，则更多的是在诉前和诉讼程序中错失执行时机，以及“执行乱”、执行工作履职不能和履职不到位等现实问题。

民事司法程序制度体制机制改革中所提出的“诉非衔接、诉非联动”机制改革目前面临着的现实问题主要是难以形成制度层面的深层次衔接和联动，基本上只是停留在联合挂牌揭牌层面，实质上还是“各自为政、各行其是、各司其法”，都还是基于本系统的程序运行机制为中心，人民法院有自己的诉讼服务中心，司法行政机关有自己的公共法律服务中心，检察机关有自己的检察服务中心，公安机关有警务服务中心，地方党政机关也有综合治理中心、矛盾调解中心、信访中心等。基层社会矛盾纠纷解决机制的“多中心”运行格局决定了民事司法程序制度运行的诸多困境和难题。人民法院的诉讼服务中心目前被法院体制和基层社会治理现实需求共同挺在了基层社会矛盾纠纷解决的第一线，这种系统职能错位的运行机制和现状，实际上是不符合民事司法诉讼程序制度运行特殊规律的。市域治理在手段上更强调系统综合，主体上多元会合，提高组织化、法治化、平台化、数字化水平，使矛盾纠纷“全链条解决”。[①]

二、民事司法程序与公共法律服务体系数字化同构的基本逻辑

法治通过实现规范化治理进行社会控制，对于公共领域来说是一种善的制度安排。[②]在市域社会治理现代化转型的改革进程中，将现代公共法律服务多元化规范体系建设与民事诉讼制度改革相结合进行“一体化”协同创新，并在司法制度的改革中进行制度同构。这一市域治理现代化中的公共法律服务体系建构全新视角，对于结合民事司法程序制度改革研究破解基层社会矛盾纠纷难题，具有较为现实的司法改革方法论指导意义，对于现代社会治理体系在理论和实践创新层面的研究也具有全新视域的指导意义。当前，处于社会转型时期和风险社会的中国各种矛盾冲突急剧增长，尤其是基层社会治理难题更为突出。人民法院必须通过司法审判制度的多元化衔接机制和协同创新的一体化制度同构，与市域治理范畴的公共法律服务体系建设相结合，以裁判理念为中心和支撑，以多元化纠纷解决机制来整体调整和平衡基层社会矛盾纠纷中的纷繁复杂利益冲突，加快推进市域治理现代化转型，与司法行政机关充分协同配合，充分发挥政法公共服务职能，为社会提供正义的司法产品。运用“总体战”思维指导统筹和协调民事诉讼制度改革，与公共法律服务体系制度功能全新定位相融合，共同建立和完善政法机关一体化协同创新的现代公共法律服务体系。

（一）数字化民事司法诉讼程序制度与公共法律服务体系建设的价值趋同

民事诉讼制度的价值追求主要包括妥当（适正）、公正、迅速、经济，其是人们对民事诉讼制度的理想和期望。[③]民事纠纷化解机制的数字化转型需要诉

---

① 王阳、熊万胜：《市域社会治理现代化的结构优势与优化路径》，载《中州学刊》2021年第7期。

② 参见［美］波斯纳：《超越法律》，苏力译，中国政法大学出版社2001年版，第24页。

③ 张卫平：《论民事诉讼制度的价值追求》，载《法治现代化》2021年第5期。

讼程序与非诉程序在价值共识的前提下进行制度重构与流程再造。数字化的诉讼制度改革与非诉程序发展与妥当、公正、迅速、经济的理念契合，数字案件治理模式为裁判适度统一和便捷高效化解纠纷提供了技术支撑。我国的民事诉讼制度改革已经持续进行了二十余年，民事诉讼制度改革从20世纪末的“民事审判方式改革”聚焦民事诉讼程序和证据改革，到具有较强技术性的针对内设机构改革和人员编制及激励措施等多方面改革在内的四个“五年规划纲要”，再到2014年以来的新一轮司法改革，以回归司法权本质、遵循司法运行规律为目标着力采取了一系列改革举措，并注重司法人员的专业化和职业化建设。如前文所述，新一轮司法改革中员额制改革的推行和司法责任制的落实，带来的法官职业化与立案登记制改革后诉讼大众化之间的矛盾，使得民事诉讼领域人案矛盾进一步凸显。这些矛盾和困境将司法制度与司法改革置于更广阔的社会空间中，而亟待与基层社会治理体系中的现代公共法律服务多元化规范体系深度衔接与统合。

我国《民事诉讼法》在近几年的几次修订过程中，充分借鉴了大陆法系和英美法系有关的理论成果和制度安排。在当前司法改革的时代背景下，从法学研究方法的风格和研究主体来看，可以将现有的法学研究划分为法学理论研究和法学实务研究。而法学理论研究传统阵营又大致可以分为实体法研究和诉讼程序法研究，虽然现在的法学理论研究方法日趋多元化，但仍以规范研究方法为主流，遵循现有的法律规范及其解释从法学理论和制度结构方面分析研究。[①]现阶段开展的民事诉讼制度改革和我国《民事诉讼法》的历次修订，主要的诉讼制度改革和修法目标，还是希冀通过对社会转型时期民事司法程序的运行模式和民事诉讼模式进行规范结构的制度调整，找寻在民事诉讼程序框架内建构一个能够适应当代中国转型社会发展的规范结构的民事纠纷解决体制。然而，这一改革目标一直在基层社会矛盾纠纷破解难题的长期困扰中举步维艰。自2019年党中央、国务院加快推进现代公共法律服务体系建设法治建设体制改革顶层设计的全面贯彻实施，[②]地方政府和政法机关公共服务职能的“一体化”建

① 参见张卫平:《民事诉讼法学方法论》，载《法商研究》2016年第2期。

② 参见中共中央办公厅、国务院办公厅于2019年6月23日印发的文件《关于加快推进公共法律服务体系建设的意见》(中办发〔2019〕44号)。

构得以制度协同，[①] 法院的民事司法诉讼程序制度与司法行政机关的公共法律服务体系的制度同构终于具备根本性改变体制机制障碍的党中央文件政策依据和地方立法的政策基础。

纵观前述最高人民法院近十年工作报告中的民事诉讼审判案件的统计数据，民事案件数量最大，类型多样，涉及社会生活的方方面面，民事司法诉讼程序制度在解决转型时期基层社会治理中日益凸显矛盾纠纷中已经占据重要地位，发挥重要作用。民事司法诉讼程序与公共法律服务体系中的非诉讼程序有着非常强的程序衔接契合度。无论是调解、公证、仲裁、司法鉴定，还是法律援助、司法救助等公共法律服务程序都与民事司法诉讼程序制度有着密切的关联度。我国的《民事诉讼法》万次立法修订和持续开展“诉非衔接、诉非联动”机制改革、“诉源治理”改革等都是针对基层社会治理难题，我们必须直面这个共同的难题。因此，必须思考一个共同的问题：我们为什么要如此频繁修订《民事诉讼法》？为什么要如此持续开展“诉非衔接、诉非联动”和“诉源治理”？这样的举措是否能够解决基层社会矛盾纠纷化解难题？这些改革举措和《民事诉讼法》修法的社会效果是什么？这些举措会如何改变社会公众对基层社会矛盾纠纷妥善化解的心理和行为预期？这些举措的“改革红利和法益”是什么？这些改革举措的正当理由究竟是什么？对这些问题的回答肯定存在着一定的分歧，但正是由于这种共同的问题意识和目标价值思考，不同的司法机关、不同的纠纷解决主体在分歧和沟通过程中，最终建构符合中国社会传统的现代法律体系。因此，加快推进现代公共法律服务多元化规范体系建设的价值目标，与民事司法诉讼程序制度在促进“全民守法”和中国特色社会主义法治体系建设中的制度价值是基本一致的。

（二）基层社会矛盾纠纷化解与基层社会治理模式的数字化同步转型

数字治理双向沟通政府与社会民众，为社会“赋权”，为政府“赋能”，提高社会对制度的回应能力。[②] 基层社会矛盾纠纷化解难题破解的关键节点在于

---

① 参见杨凯：《构建政法机关一体化协同创新的现代公共法律服务体系》，载《民主与法制时报》2020年3月13日理论版。

② 孙少芹、任家庆：《数字治理何以提升治理效能：基于社会公众的微观条件过程》，载《科学与管理》2022年第3期。

多元化纠纷解决机制在不同司法体系制度的制度协同，而制度协同的基础在于不同司法体系制度基本逻辑的打通。实质意义上破解基层社会矛盾纠纷化解难题的基础和前提，在于能够形成多元化纠纷解决机制的全社会整体合力，必须能够将政法机关与地方党政机关、基层自治组织、社会组织、行业协会、法律服务机构、公益组织、志愿者和社工队伍等多元解纷资源有效地凝聚和聚合起来，形成整体合力才能在实质意义上破解基层社会治理难题。当代中国社会基层治理中的矛盾纠纷解决难题破解必须重点考量“我国国家治理体系的突出特点是党领导下的政法系统统一领导，并遵循适用《政法工作条例》”。[①] 同时，也要全面结合所在地域的传统文化、民间习惯、风俗人情，以及多元化矛盾纠纷解决机制制度建构的法治社会伦理基础。现代公共法律服务多元化规范体系建构首先应当凸显加强党的领导的重要制度引领作用，通过党的领导体制优势和地方党委政府的资源统筹优势，依靠地方政法委的统筹领导完成全社会多元解纷资源的统筹协调和统合汇聚，不断促进公共法律服务体系非诉讼程序与民事司法诉讼程序的有效衔接，聚合全社会多元化解纷力量推进公共法律服务领域的“供给侧”和“需求侧”改革，将社会矛盾纠纷解决的优势资源更好地匹配到基层社会治理全域，不断提升基层社会治理公共法律服务的质量，不断拓展基层社会治理公共法律服务的领域范畴，用更多元化的公共法律服务产品体系全方位促进基层社会矛盾纠纷的数字化源头治理。

现代公共法律服务多元化规范体系中的非诉讼程序在基层社会矛盾纠纷化解中的其实具有非常重要的作用，对于民事司法诉讼程序也有着非常重要的协同配合职能作用。公共法律服务体系的非诉讼程序与民事司法诉讼程序制度之间必须将基本逻辑打通，才能真正发挥全社会解纷资源的聚合力量，在基层社会治理的全闭环、全流程形成积极而妥善化解基层社会矛盾纠纷的良性运行机制，把基层社会矛盾纠纷化解在基层，化解在萌芽状态。同时，也通过多元化纠纷解决机制分流和化解一部分民事诉讼案件，彻底改变大量社会矛盾纠纷目前主要聚集在民事司法程序的现实困境。民事司法诉讼程序与公共法律服务体系非诉讼程序的“一体化”制度协同，对于充分发挥民事司法程序促进基层社会治理功能具有非常重要的协同促进作用。在基层社会治理过程中，采用公共

---

① 参见黄文艺:《新时代政法改革论纲》，载《中国法学》2019 年第 4 期。

法律服务体系非诉讼程序和民事司法诉讼程序“一体化”相衔接的运行模式，能够使社会公众用更为便捷的方式和更加普惠的成本获取切实解决问题的法律服务，能够使社会公众更便捷高效地触达非诉讼法律服务和司法程序，能够最大限度将法律精神和法治原则普及传导到全社会，进一步夯实基层社会治理的法治基础，充分实现法治的理性秩序价值目标。

目前的公共法律服务体系的非诉讼程序不匹配民事司法诉讼程序就像诉讼程序不匹配非诉讼程序一样，社会公众对于非诉讼程序的现实需求也许会多于对诉讼程序的需求。然而，诉讼程序以及诉讼服务体系目前被直接挺在了基层社会大量矛盾纠纷解决的第一线，这是由“诉非衔接”两种程序制度的供给和需求现状造成的。非诉讼程序体系在基层社会治理法治体系中的全面建构，将非常有助于从制度体系层面推进基层法治体系建设，有助于将两种程序制度体系更好地运用于基层社会治理，有助于全面提升基层社会治理的现代化水平，有助于正确构建基层社会治理中的法治思维、底线思维、危机意识、风险意识，合理建构基层社会治理中的公开、公正、透明、稳定、可预期的基层社会法治环境。现代公共法律服务多元化规范体系的非诉讼程序与民事司法诉讼程序的“一体化”制度同构，能够让广大人民群众切实感受到“诉非衔接”两种程序法律服务的可靠、便利与实用。通过多元化和规范化的“诉非衔接”两种程序的制度同构，切实发挥公共法律服务的非诉讼程序公共服务功能，是推进基层社会治理现代化的长远之计。公共法律服务体系多元化规范建构的法律价值包括人权、秩序、自由、正义和效率，如对当事人的隐私保密，即隐私权的保护。在公共服务职能方面，“诉非衔接、诉非联动”机制改革与《民事诉讼法》立法修改不仅能有力推进国家治理现代化，推动公共法律服务规范化运作，也有助于改进基层社会治理方式，更全面提升整体法律服务能力和水平的法治基础。在未来公共法律服务全国统一立法理论基础方面，全国统一立法的要素包括法律关系、法律主体、客体和内容的独特性与差异性，进而实现法律的平等性与公平性。中国式现代化公共法律服务多元化规范体系的合理化建构是破解基层社会矛盾纠纷化解难题的现实选择。

党的十八大报告提出“科学立法、严格执法、公正司法、全民守法”的新十六字方针，[①] 表明中国特色社会主义法治体系建设进入了新阶段。新十六字方针确立了我国依法治国新阶段的四大目标。党的十九届四中全会审议通过的《中共中央关于坚持和完善中国特色社会主义制度 推进国家治理体系和治理能力现代化若干重大问题的决定》，进一步提出要“加快形成完备的法律规范体系、高效的法治实施体系、严密的法治监督体系、有力的法治保障体系，加快形成完善的党内法规体系，全面推进科学立法、严格执法、公正司法、全民守法，推进法治中国建设”。[②] 推进现代公共法律服务多元化规范体系建设的重要作用在于“全民守法”这一环节，是为了实现“全民守法”的原则而确立的综合措施，对法治建设具有重大实践意义。现代公共法律服务多元化规范体系在中国特色社会主义法治体系建设中处于法治基础建构和普及促进法治的地位作用，加快推进公共法律服务多元化规范体系建设主要是致力于“全民守法”法治原则的价值实现，当前的基层社会治理亟待通过现代公共法律服务多元化规范体系建设进一步促进基层社会的“全民守法”。

（三）民事诉讼程序改革与公共法律服务体系建设的“中心化”数字聚合

大数据时代，随着在线成为常态，海量的数字资源急速增长，[③] 带来了社会矛盾纠纷治理中的数字资源信息过载、信息异构等难题。[④] 一体化的民事诉讼程序与公共法律服务建设能够将“去中心”的多源异构纠纷经验知识进行“中心化”数字聚合，数字聚合是提升在线诉讼服务和公共法律服务质量的基础。全面推进基层社会治理现代化转型的改革实践证明，目前法院的民事司法诉讼程序制度不可能单凭法院之力破解基层社会矛盾纠纷化解难题。学者实证研究的首要建议，就是以妥善解决、合理解决为目标，全面动员并充分利用各种纠纷

---

① 《十八大报告解读：新 16 字方针开启依法治国新时代》，载中新网 https: //www.chinanews.com.cn/gn/2012/11-15/4331458.shtml，最后访问时间：2022 年 3 月 11 日。

② 《习近平：关于〈中共中央关于坚持和完善中国特色社会主义制度 推进国家治理体系和治理能力现代化若干重大问题的决定〉的说明》，载中国共产党新闻网 http: //theory.people.com.cn/n1/2019/1225/c40531—31522817.html，最后访问时间：2022 年 3 月 11 日。

③ 根据国际数据公司（IDC）发布信息，2025 年全球数据体量将达到 163ZB，相当于 2016 年的 10 倍。

④ 周琴、孙小江：《大数据背景下数字资源聚合及服务推荐研究》，载《数码世界》2019 年第 9 期。

解决机制，而非一再强调正规司法与诉讼。[①] 对于现代公共法律服务多元化规范体系建设而言，一种制度的确立基本上是知识的、经济的、政治的过程。[②] 经过近十年来全国各地各级人民法院的民事诉讼程序制度改革和司法行政机关的公共法律服务多元化规范体系建构的探索经验，在基层社会治理体系中已经证成“诉非衔接、诉非联动”两种程序进行制度同构的必要性和紧迫性。在2019年1月召开的中央政法工作会议上，习近平总书记强调：“政法机关承担着大量公共服务职能，要努力提供普惠均等、便捷高效、智能精准的公共服务。要深化公共法律服务体系建设，加快整合律师、公证、司法鉴定、仲裁、司法所、人民调解等法律服务资源，尽快建成覆盖全业务、全时空的法律服务网络。”基于习近平总书记强调整个政法机关都具有公共服务职能的公共法律服务新的概念内涵，[③] 人民法院诉讼服务实际上也属于公共法律服务范畴，民事司法诉讼程序体系制度和民事诉讼法的理论研究，理应积极回应中国特色现代公共法律服务多元化规范体系建构的改革实践，将公共法律服务体系的非诉讼程序与民事司法诉讼程序在制度基本逻辑上合二为一，融为一体，将“去中心化”的社会治理经验知识在一体化纠纷进程中进行“中心化”数字聚合。

人民法院诉讼服务体系提供的司法公共服务实际上也是公共法律服务多元化规范体系建构中的一部分，法院诉讼服务中心与公共法律服务中心的功能和程序制度亟待在基本逻辑上达成一致，将“诉非衔接、诉非联动”两种程序的“诉非对接”进行体系化的制度同构。但目前人民法院的民事司法诉讼程序的公共服务职能仍然有一定的局限性，亟待与现代公共法律服务多元化规范体系进行制度同构，方能“一体化”建构和发挥两种程序制度的公共服务职能。将现代公共法律服务多元化规范体系的非诉讼程序与民事司法诉讼程序在制度层面相结合进行“一体化”制度同构，既是防范和化解社会重大风险的现实路径，也是增强基层社会治理体系和治理能力现代化，全面提升国家法治核心竞争力

---

① 左卫民：《“诉讼爆炸”的中国应对：基于W区法院近三十年审判实践的实证分析》，载《中国法学》2018年第4期。

② ［英］玛丽·道格拉斯：《制度如何思考》，张晨曲译，经济管理出版社2013年版，第57页。

③ 《习近平出席中央政法工作会议并发表重要讲话》，载新华网http：//www.xinhuanet.com/politics/2019-01/16/c_1123999899.htm，最后访问时间：2022年3月11日。

的关键。[1]针对传统民事司法诉讼程序制度和目前法院诉讼服务中心的痛点，结合立案登记制改革后的民事司法诉讼服务综合配套改革的难点，在民事司法诉讼程序改革中及时引入现代公共服务功能设置和公共法律服务多元化规范体系建构非常必要。

将民事司法诉讼程序制度设计的功能定位与基层社会矛盾纠纷的非诉讼解决程序的制度体系同构，是创新基层社会治理方式有效提升法治化治理水平的优化路径选择。基层社会治理的重要任务就是妥善化解多元矛盾纠纷，而民事司法程序作为参与基层社会治理的重要主体，既供给民事司法程序的公共服务，也在公共服务中提升民事司法诉讼程序整体司法效率。当前正处于整体社会结构转型调整的关键时期，各社会主体之间的利益格局急剧变动使得社会矛盾纠纷急剧增加；同时，立案登记制度实施以来，由于民事诉讼的门槛降低导致民事诉讼纠纷激增，人案比矛盾和“案结事不了”矛盾加剧，唯有通过现代公共法律服务多元化规范体系建构才能实质意义通过“诉非对接”合理调配全社会纠纷解决资源，通过多元化纠纷解决机制提高非诉讼服务程序和司法诉讼程序的双向运作效率。近几年来，全国各地法院广泛建构“诉前调解 + 多元化调解 + 快审速裁”诉讼服务机制，实际上就是在诉讼服务中心运用非诉讼程序引流和导流民事诉讼案件，通过前置非诉讼程序缓解民事法官办案压力和民事诉讼的对抗性，克服民事司法诉讼程序解纷机制固有的被动性、局限性以及成本高、耗时长等弊端，节约司法资源。

公共法律服务体系建设实际上就是民事司法诉讼程序制度改革与基层社会治理模式的“一体化”制度体系功能同构。现代公共法律服务多元化规范体系建构需要司法审判机关的审判公共法律服务体系的支持与供给，人民法院的民商事审判工作在民事诉讼和基层社会矛盾纠纷解决中发挥着非常重要的职能作用。人民法院民事司法程序制度具备提供公共法律服务的理论基础和现实基础，既正当又不可或缺且势在必行。法院民事司法程序参与现代公共法律服务多元化规范体系建设，是民事司法程序承担社会责任的必经之道。“法院作为国家公权力部门，完成自身审判工作的同时，必然承担着部分社会职能”，[2]人民法院

① 参见杨凯：《让公共法律服务成为核心竞争力重要标志》，载《新华文摘》2019 年第 13 期。

② 李少平：《人民法院诉讼服务理论与实践研究》，法律出版社 2015 年版，第 199 页。

除了承担化解矛盾纠纷定分止争的功能以外，还应当同时承担公共法律服务的职能，在精准普法宣传、促进基层社会治理、预防社会风险和危机等方面更多承担社会治理责任，通过提供专业化、规范化、标准化、多样化、便捷化的公共法律服务，让广大人民群众在非诉讼程序和诉讼程序的“一体化”公共法律服务中更便捷高效感受到法律的公正和公信，进而提高全社会的法律思维和法治能力，充分彰显人民法院民事司法程序的公共法律服务职能。通过民事司法程序中的严格公正文明司法审判工作更好地保障当事人的合法权益，使民事司法程序在定分止争的同时也能发挥精准普法宣传和防范社会风险的公共服务职能，均等普惠地为全社会提供无差别的司法便民服务。

（四）民事诉讼程序制度与基层社会治理现代化转型的数字化同频共振

近年来随着社会经济的迅速发展和持续近三年的疫情影响，高风险社会和危机社会同时到来，过去的基层社会治理模式和结构在今天也随之发生着深刻的变革，社会流动性不断增强，各种迁徙增加和境外人员增多，传统的社会组织单元逐渐瓦解，而自由和个性化的社群活动形态日益成为一种新常态。社会治理模式和结构的变化对当前基层社会治理领域提出了更加严峻的挑战，基层社会治理体系和治理能力的现代化转型迫在眉睫。在过去的基层社会治理体制的基本构架中，基层政权较为习惯运用行政管理的治理模式，基层政权的行政管理模式与司法程序之间难以在各自体系制度的基本逻辑达成一致，所以传统的基层社会治理模式在或者影响和或者依赖司法程序的两极迂回，而不能与民事司法程序制度形成基层社会治理层面的制度协同，随着现代公共法律服务多元化规范体系建设在基层社会治理法治体系的植入和发展，随着全面依法治国背景下推进基层社会治理体系和治理能力现代化，要实质意义破解基层社会矛盾纠纷化解难题，就必须逐渐改变基层政权偏好行政管理的传统基层社会治理模式和结构，将公共法律服务非诉讼程序与民事司法程序机制改革相结合，体系化完成多元化纠纷解决机制的制度同构，通过“诉非衔接、诉非联动”打通两种程序制度的基本逻辑，整合全社会矛盾纠纷化解力量，在基层社会治理中全方位深度开展民间矛盾排查和“诉源治理”，方能真正破解基层社会治理中的矛盾纠纷化解难题。

基层社会治理承担着处理基层广大人民群众多元化的利益诉求和化解矛盾

纠纷的职责。围绕基层社会治理中的诸多矛盾纠纷化解，矛盾纠纷十分复杂烦琐，仅靠民事诉讼化解渠道和社区行政监管难以达到矛盾纠纷妥善化解的实际效果。在基层社会治理体系和治理能力现代化的多中心治理模式整体设计构架中，基层政权组织迫切需要基层司法制度更多运用公共法律服务多元化规范体系制度共同破解基层社会矛盾纠纷化解难题，通过基层社会治理中的“诉源治理”共同促进基层社会治理法律效果与社会效果的统一。基层社会广大人民群众对基层社会治理体系制度公共法律服务功能的新需求、新期待日益提高，亟待优化整合基层社会治理整体资源积极应对现实困境和难题，逐步形成以法律为核心的基层社会治理法治文化体系。现代公共法律服务多元化规范体系建构中的村居法律顾问制度，有利于不断强化和完善基层普法法治宣传工作，通过普法法治宣传使广大基层人民群众的法律意识和法治理念进一步提高。当前基层社会治理中正在大力推进的村居法律顾问制度是提升基层治理体系和治理能力现代化的关键环节，必须进一步加大精准普法、法治宣传推广力度，推进公共法律服务深入田间地头，到达千家万户，促进基层广大人民群众更加高效便捷触达和获取公共法律服务产品内容，全面提升基层社会治理公共法律服务的便捷性和广泛性。如今，法律援助的覆盖范围仍然有限，与在线法院建设同构的公共法律服务建设的目的之一就是保护当事人的诉权，帮助他们以最小成本实现正义，补足律师不在场的诉讼能力。[①] 人民法院民事司法程序和司法行政机关公共法律服务体系各自条线的矛盾纠纷化解机制，在基层社会治理领域还是具有一定的局限性，唯有共同建构“一体化”的制度协同创新机制才是基层社会治理实践中亟待解决的全新现实问题。

立足于当代中国社会治理实践而产生的现代公共法律服务多元化规范体系建构，不仅是中国特色基层社会治理法治现代化道路选择的全新时代命题，也是国家治理体系和治理能力现代化背景下基层社会治理法治化理论创新的全新社会实践样本。当代中国的基层社会治理法治化体系建构和模式的道路选择，还是要沿袭和传承百年大党求索百年法治的中国之路、中国之治、中国之理，[②] 要在现代化公共法律服务体系建设和民事司法诉讼程序制度改革的同频共振实

① ［英］布里格斯勋爵：《生产正义方式以及实现正义途径之变革——英国在线法院的设计理念、受理范围以及基本程序》，赵蕾译，载《中国应用法学》2017 年第 2 期。

② 参见黄文艺：《伟大政党创造法治伟业》，载《法治日报》2022 年 5 月 25 日第 2 版。

践中探寻制度同构的全新定位和制度建构的基本逻辑，要在共同社会治理功能的基础上实现两个系统的层级同构。如果仅要求建立抽象的协同联动，而不在具体系统的层级对接上进行制度设计，将难以形成有效的运行路径。公共法律服务与民事司法审判具有同样的基层社会治理功能，但缺乏有效的系统对接。当前，在公共法律服务系统内，仅有关于五级平台公共法律服务体系的建设规范和窗口设置等具体工作运转的规范，尚缺乏对各级公共法律服务的社会治理功能目标的梳理。层级功能的不明，也导致了公共法律服务平台建设出现了功能重复、市级以上平台虚化、基层平台资源不足、各级角色定位不清、治理视野片面化等现实问题，目前五级公共法律服务平台的社会治理功能趋同，而参与基层社会治理的方式碎片化、阵地化。应当将县区以下的基层公共法律服务平台的治理目标整合，在立足于共同社会治理职能基础上建立四级公共法律服务与民事司法诉讼程序对接的社会协同治理功能设定。其中：县区以下基层共同治理目标为解决个案矛盾纠纷，全面反馈辖区社会矛盾纠纷信息；市级共同治理目标为加强社会综合治理，降低矛盾纠纷化解成本，促进纠纷化解的专业化；省级共同治理目标为制定规则、统筹配置省内纠纷化解资源、开展跨域及跨界合作；中央的共同治理目标为清理和制定基层社会治理的规范性文件、建立部际协同机制、确定重点治理对象和法律服务资源引导发展方向，针对民事司法审判和服务基层社会治理的协同应用需求设计服务平台应用场景和对接端口。仅以截至2020年12月的数据为例，中国网民达10.32亿人，互联网普及率达73%，手机网民10.29亿人，在线办公规模4.69亿人。[①] 网络接入率的提高，为我国诉讼服务和公共法律服务的平台对接提供了数字生态基础，域外在线法院改革具有代表性的模式包括：英国的HMOC模式，其流程包括线上评估、线上纠纷调解、线上审判三个递进式纠纷分流过程；[②] 加拿大的CRT模式分为四个步骤，包括提供自动化辅助工具告知双方法律地位、促进双方自动协商、人

① 《第49次中国互联网络发展状态统计报告》，载中国互联网络信息中心 http://www.199it.com/archives/1405773.html，最后访问时间：2023年5月31日。

② Prince S, Encouragement of mediation in England and Wales has been futile: is there now a role for online dispute resolution in settling low-value claims?, International Journal of Law in Context, Vol. 15, Issue 2, 2020, pp.1-16.

工介入调解、法官审判；[①] 美国犹他州的 ODR 模式，其由执业律师助理机制演变而来，第一步是线上调解模块，按照设定好的内容填写问答再进行调解沟通，第二步是法官审理模式。[②] 以上域外经验都是以线上自动化或人工调解为前置程序，为我国在线诉调机制和平台对接模式优化提供的有益参考。

三、数字化民事司法程序与公共法律服务体系建设的制度同构

党的十八届三中全会提出："全面深化改革的总目标是完善和发展中国特色社会主义制度，推进国家治理体系和治理能力现代化。"[③] 推进基层社会治理体系和治理能力现代化，就是要在习近平法治思想指引下全面推动基层政权建设整体体系制度的科学化和法治化，实现基层社会治理党政、司法、社会各项事务治理制度化、规范化、程序化，善于运用制度和法律妥善化解大量基层社会矛盾纠纷，推进基层政权组织建设中多中心治理体系的"一体化"制度同构，全面提升基层政权组织科学执政、民主执政、依法执政的水平和能力。习近平法治思想是顺应实现中华民族伟大复兴时代要求应运而生的重大理论创新成果，是习近平新时代中国特色社会主义思想的重要组成部分，是新时代全面依法治国的根本遵循和行动指南。[④] 习近平法治思想指引下的中国特色现代公共法律服务多元化规范体系，是在全面推进依法治国背景下基层社会治理法治化道路长期实践经验集成基础上的法治理论创新，从治国理政的领域基本方略，到特色社会主义的全局性基本方略，法治在社会主义现代化强国建设中的意义越来越突出。[⑤] 习近平法治思想是一个系统完备、逻辑严密、内在统一的法治理论体系，既是观察和思考法治现象的世界观，又是有效应对和解决法治难题的方

---

① Shannon Salter, Online Dispute Resolution and Justice System Integration: British Columbia' s Civil Resolution Tribunal, Windsor Yearbook of Access to Justice , Volume 34, Issue 1, 2017, p.112—129.

② Deno Himonas, Utah' s Online Dispute Resolution Program, Dickinson Law Review, Volume 122, Issue 3, 2018, p.122.

③ 《图解新闻：一张图读懂十八届三中全会公报》，载人民网 http: //politics.people.com.cn/n/2013/1112/c1001—23519973.html，最后访问时间: 2023 年 3 月 20 日。

④ 王晨:《坚持以习近平法治思想为指导 谱写新时代全面依法治国新篇章》，载《中国法学》2021 年第 1 期。

⑤ 张文显:《习近平法治思想的基本精神和核心要义》，载《东方法学》2021 年第 1 期。

法论，既是对以往法治建设经验的理性提取，又是未来法治建设前景的科学擘画。[①] 基层社会治理作为国家治理的一部分，对国家治理具有至关重要的作用。现代公共法律服务多元化规范体系是基层社会治理的重要手段，也是基层社会治理体系全新基础构架的主要内容。如果社会解决纠纷的主渠道全部或主要采用司法诉讼方式，那么解决社会纠纷的成本就会很高，效果也难以达到恢复性司法的目标。从基层社会治理体系合理的基本架构来看，我们迫切需要将现代公共法律服务多元化规范体系的非诉讼程序与民事司法程序进行“一体化”制度同构。

自2014年10月23日党中央在十八届四中全会报告正式提出“公共法律服务体系建设”概念以来，在近几年的历次党中央全面依法治国委员会会议和党中央政法工作会议上，习近平总书记对于强化基层社会治理和加快推进公共法律服务体系建设都从不同层面和不同视角作出过多次重要论述和指示。习近平总书记在全面依法治国委员会会议上和中央政法工作会议上多次强调，要加快推进公共法律服务体系建设和加快推进社会治理现代化。中共中央办公厅、国务院办公厅于2019年6月23日印发的文件《关于加快推进公共法律服务体系建设的意见》明确了人民法院具有公共法律服务职能。[②] 加快推进现代公共法律服务体系建设是强化基层社会治理模式现代化转型的重要路径与方法。中国式现代化公共法律服务多元化规范体系作为一个司法资源、公共资源、人力资源合理配置的全新运行机制，将政务资源、司法资源、行政公共服务资源、社会资源整合配置在一起，能够在基层社会矛盾纠纷化解难题求解中与民事司法诉讼程序制度相结合形成最优化的整体合力。民事司法诉讼程序制度深化改革与加快推进现代公共法律服务体系建设相结合，能够有效推进基层社会治理体系和治理能力现代化。党的十九届四中全会将坚持和完善中国特色社会主义制度、推进国家治理体系和治理能力现代化作为未来一段时期的重大战略目标。结合基层社会治理实践特色探索理论创新的路径选择，将加快推进现代公共法律服务多元化规范体系建设与构建高质量的民事司法诉讼程序制度相结合，是实质

---

① 黄文艺:《习近平法治思想中的未来法治建设》，载《东方法学》2021年第1期。

② 参见中共中央办公厅、国务院办公厅于2019年6月23日印发的文件《关于加快推进公共法律服务体系建设的意见》(中办发〔2019〕44号)，载新华网http: //www.gov.cn/xinwen/2019-07/10/content_5408010.htm，最后访问时间: 2023年3月13日。

意义破解基层社会矛盾纠纷化解难题的路径选择。

（一）人民法院诉讼服务体系与公共法律服务体系的数据平台同构

法院诉讼服务中心和司法公共法律服务中心同属现代公共法律服务多元化规范体系的三大平台之一的实体平台，都能够发挥为人民群众提供高效便捷、普惠均等的公共法律服务功能，其法律服务的内容和产品体系的体验感和获得感是加强“诉非对接”双中心实体平台建设的重要目标。两种程序的热线平台（12348、12368）都是法律服务便民的重要渠道，热情周到的热线平台服务有助于提高服务平台的知晓率、首选率和满意率。人民法院网和司法行政的法律服务网的两种网络平台同样都是公共法律服务的门户网站，直接体现着一个区域内法律服务的能力和水平；作为法律服务的资源库和统一指挥协调的枢纽中心，两种网络后台都有大量法律服务的数据沉淀，能够为各自条线三大平台的体系化建设全面夯实制度建构基础。将两种程序服务中心制度建构的基本逻辑“一体化”打通进行“双中心融合”，将两种程序体系制度通过制度层面的“诉非衔接、诉非联动”进行协同创新，相互进行赋能和职能拓展延伸，进一步推进现代公共法律服务多元化规范体系建构，基层社会矛盾纠纷化解难题的源头性治理。将人民法院诉讼服务体系的“一站式”职能衔接到基层公共法律服务体系，及时发现并解决那些适宜通过柔性方式进行处理的基层社会矛盾纠纷，从而在基本制度逻辑同构的基础上实现民事司法诉讼程序的关口前移，充分发挥法院和司法行政机关制度协同的整体公共服务职能。在深化“立案登记制改革、繁简分流改革、诉非衔接、诉非联动等改革”等司法体制机制综合配套改革的同时，应当进一步改革公共法律服务体系的财政预算体制机制，形成与民事诉讼制度和公共法律服务体系一体化协同创新新机制相匹配的专项财政经费保障制度安排。

将公共法律服务体系与民事司法程序实施服务体系进行制度同构，应当首先考察非诉讼程序和诉讼程序特定司法场域制度逻辑的历史发展沿革，才能正确厘定诉讼服务中心和公共法律服务中心“诉非衔接、诉非联动”一体化制度同构的公共服务制度功能和范畴。正如布迪厄看来：“每一个子场域都具有自身的逻辑、规则和常规，司法领域作为一个相对独立的场域，有其自身行动的内在逻辑，进入司法场域必须合乎这个场域本身的规则。”[①]“当其失去效用时，场域就到达了边界。”[②]同时，诉讼服务中心和公共法律服务中心的协同发展也并不是完全封闭独立的实践，而是法院和司法行政机关共同回应基层社会治理现实的重要体现。

法院主导的诉讼服务中心改革实践与司法行政机关主导的公共法律服务中心建设发展历程不尽相同，人民法院诉讼服务中心是一个渐进式的发展历程，其发展经历了探索期、维形期、确立期等探索发展阶段，每一阶段的制度逻辑表达和目标任务不同，但改革的理论基础始终建立在“司法为民”的原则之上。从诉讼服务中心发展沿革看，原有的立案大厅改造升级成诉讼服务中心，建立诉讼服务中心的初始动因源于“能动司法”理念，早期的目的主要在于推进司法“便民服务”，随着公共法律服务多元化规范体系概念内涵的动态发展和不断丰富，诉讼服务中心的法律服务功能日益完善，从诉讼服务中心便民化的工作模式发展为注重多元解纷的工作模式。诉讼服务中心公共法律服务功能的“多元解纷机制”定位，充分体现了司法理性的制度逻辑，通过将非诉讼程序与诉讼程序相结合，运用多元化纠纷解决机制和“诉源治理”机制妥善化解基层社会矛盾纠纷，真正把多元化矛盾纠纷化解非诉讼程序挺在前面，而不是把民事司法程序挺在前面。真正把基层社会矛盾纠纷化解在源头和萌芽初始阶段，把有限的司法资源用于新颖复杂典型诉讼案件。人民法院立案庭成立的初衷在于统一对诉讼案件的起诉进行严格立案审查，并决定是否立案受理，这是立案庭设立的最基础制度功能。但随着最高人民法院《关于进一步加强司法便民工作的若干意见》等司法文件的出台，原来设立立案庭的制度基本逻辑已经从严格的立案审查职能逐渐转化为“诉非衔接、诉非联动”机制和司法诉讼程序的公共法律服务职能，诉讼服务体系的全新建设理念和职能定位发展也在逐渐改变着立案庭原有的制度逻辑。

结合司法改革项目实践的标准统计数据，人民法院诉讼服务中心的法律服务工作事项多达60余项，总体可以归纳为六个领域的法律服务职能：一是诉

---

① See Pierre Bourdieu, The Force of Law: Toward a Sociology of the Judicial Field. The Hastings Law Journal, 1987 (38), p.808.

② 参见［法］皮埃尔·布迪厄、［美］华康德：《实践与反思——反思社会学导论》，李猛、李康译，中央编译出版社1998年版，第150页。

讼咨询导引和案件引流服务职能，二是诉前调解和多元化解纷职能，三是繁简分流和“快审速裁”职能，四是一站式诉讼服务职能，五是精准普法宣传职能，六是告诉申诉和信访上访处理职能。诉讼服务中心便于发展现代基层社会矛盾纠纷调解处理机制，实现多元化纠纷解决机制的资源整合和功能衔接。[①] 因此，人民法院诉讼服务中心的公共法律服务体系制度的功能大体上可以划分为繁简分流、多元解纷、诉讼服务三大模块。同时，相应建立“诉调对接中心”、人民法院在线调解平台、诉讼服务中心、诉讼服务网及移动终端、12368 诉讼服务热线等各类平台。截至 2022 年 5 月 31 日，人民法院调解平台接入 3504 家法院，70735 个专业调解组织，313677 名专业调解员。[②] 特别值得研究和推介的是法院与公证机构合作建立的诉讼与公证协同创新工作模式。这一协同创新模式改革实践将民事诉讼送达、执行案件和执行诉讼保全中的见证和存证、执行财务管理等司法审判辅助性事务委托给公证机构来负责办理，充分发挥公证机构与法院诉讼服务中心的协同创新作用，依托诉讼服务中心和公证机构共同拓展司法与公证的便民服务窗口网点，邀请公证员担任法院的特邀调解员，创新性地实现了诉讼与公证的无缝衔接和密切配合，充分发挥了公证在司法改革中的功能和作用。同时，促使其公共法律服务职能延伸并突出法律服务功能。

2022 年 5 月 25 日，最高人民法院发布《最高人民法院关于加强区块链司法应用的意见》，提出构建人民法院与司法行政部门跨链协同应用，支持律师资质、信用报告在线查询及核验，人民法院与检察、公安、司法行政等部门的跨链协同提高案件在线流转效率和数据互信水平，建立调解协议不履行自动触发审判立案、执行立案等业务规则和智能合约程序，增强调解程序司法权威，支持多元纠纷化解。截至 2020 年年底，全国 2942 家公证机构共办理公证业务数 1173 万余件。[③] 司法行政行业的公证机构与法院诉讼服务中心的一体化协同创

---

① 参见廖永安:《中国调解的理念创新与机制重塑》，中国人民大学出版社 2019 年版，第 40 页。

② 载人民调解平台 http：//tiaojie.court.gov.cn/，最后访问时间：2022 年 5 月 31 日。

③《司法部相关负责人就〈关于优化公证服务 更好利企便民的意见〉答记者问》，载司法部政府信息公开网 http：//www.moj.gov.cn/pub/sfbgw/zwxxgk/fdzdgknr/fdzdgknrjdhy/202105/t20210528_424665.html，最后访问时间：2023 年 5 月 31 日。

新合作，有效解决了民事诉讼中的现实难题，这种创新的合作模式令人耳目一新，不仅实现了司法审判机关与司法行政机关的职能协同与配合，而且充分发挥了各自的资源优势，促进了公共法律服务职能的实现和服务质量的提升。例如，厦门市鹭江公证处善于改革创新，拥有较为丰富的实践经验和技术支撑。该公证处联合厦门海沧区人民法院合作研发电子送达新模式，运用该公证处研发的公证云系统进行电子送达的在线存证，为简易程序的电子送达提供服务。当送达人电话联系受送达人时，通话以录音方式留存，存放在鹭江公证处的云端服务器，成为无法变更和有时间记录的音频文件并在服务器中永久保存，文件编号存入法院卷宗，如果当事人有异议或要求核查，可以将其调出并核实，公证处同时提供书面公证服务，可以将录音内容转化为文本格式。诉讼服务中心与公共法律服务中心的一体化协同创新型公共法律服务，作为一张错综复杂并且互联互通的法律服务产品内容与产品服务大网中的一个节点，其存在具有不可替代的现实价值。发挥预防和调理的作用，将矛盾纠纷发现在萌芽、消灭在初始阶段，则能有效控制矛盾纠纷的蔓延趋势并减少其对社会治理体系形成的压力和挑战。

元宇宙是整合多种新技术产生的下一代互联网应用和社会形态，基于扩展现实技术和数字孪生实现时空拓展性，其“全仿真”的虚拟社会空间超越了既有的虚拟现实场景对时空的“有限脱域”，其基于区块链、物联网、人工智能、沉浸式显示技术等技术基础实现虚拟的人机交互与经济增值，在社交系统、生产系统、经济系统上形成虚实共生，每个用户可进行编辑和内容生产。[①]元宇宙模式下，可以实现主体在诉讼的沉浸式交互，纠纷当事人可以在这一虚拟空间中对纠纷解决规则获得沉浸式的体验，从而引导人们按照法律的指示化解纠纷。[②]证据以数字化形态的进行存证、示证、质证，加入多元化纠纷解决的风险评估与模型决策，使得公共法律服务的各类型平台窗口更加流畅地介入诉前与诉讼程序的对接，从而打破线下诉讼的传统优势。“基于5G网络传输、量子算力、物联网等技术在未来的发展元宇宙世界有望对线上用户的数量进行极限扩张，保障用户永续在线、数字内容实时更新。”[③]同时，其沉浸式虚拟环境技术

---

① 赵国栋、易欢欢、徐远重：《元宇宙》，中译出版社2021年版，第6页。
② 张卫平：《元宇宙与纠纷解决：应用图景及规制想象》，载《政法论丛》2022年第2期。
③ 曹建军：《“元宇宙”司法与纠纷解决的智能化》，载《政法论丛》2022年第2期。

有助于解决情感对立的当事人人身安全威胁、远程跨域管辖困境、众多诉讼主体的法庭有限空间问题等线下场景中的难题，接近真实场景的交互体验有利于将从村规民约等民间软法中提炼的纠纷解决规则和价值观念嵌入解纷平台，凝聚原子化结构中的社会共识，并将平行世界中提炼的新的纠纷化解规则反作用于现实世界，通过虚实交互更深层次推进现代化矛盾纠纷的“诉源治理”。

（二）公共服务和民事诉权理论融入基层社会治理体系的数治法理同构

数字法学是现代法学适应数字时代变革发展的转型升级，它通过迁移、改造、更新和创生实现了对现代法学的理论重建，展现着信息中枢、数字行为、算法秩序、节点治理等数字生活逻辑，为数字时代的法律发展和秩序构建提供理论解说和规范指引。[①] 数字社会治理模式下，需要对传统的公共服务和民事诉权理论结合基层社会治理体系进行数治法理同构。新中国成立初期，我国民事司法诉讼程序制度还是借鉴苏联的民事司法程序制度的法律规范文本和民事诉讼制度理论体系，同时，也传承中华法系的民事司法程序文化和继承革命根据地产生的马锡五审判方式。经过长期探索实践，1982 年《中华人民共和国民事诉讼法（试行）》颁布，1991 年《中华人民共和国民事诉讼法》正式颁布并施行，经过 900 余个司法解释和 2007 年、2012 年、2017 年三次修订，民事诉讼法律体系基本成形。[②] 民事诉讼法体系广义上包含审判和执行体系，而审判体系包括了诉讼和非讼程序，诉讼程序又包括诉前、诉中和诉后程序。司法程序中有委托调解和司法确认两种非讼制度，有学者建议将其与诉讼调解相融合，统一归入多元化纠纷解决机制范畴。[③]

中国法学研究应当始终根植于当代中国社会，应当始终聚焦中国制度和中国问题，在应对和分析中国法治现状与追求法理自洽性和导向价值之间保持应有的张力。[④] 对于诉讼法而言，诉权理论被誉为诉讼法中的“哥德巴赫猜想”，

---

① 马长山：《数字法学的理论表达》，载《中国法学》2022 年第 3 期。

② 参见潘剑锋：《中国民事审判程序体系之科学化革新——对我国民事程序及其相互关系的反思》，载《政法论坛》2012 年第 5 期。

③ 章武生：《非讼程序的反思与重构》，载《中国法学》2011 年第 3 期。

④ 傅郁林：《改革开放四十年中国民事诉讼法学的发展——从研究对象与研究方法相互塑造的角度观察》，载《中外法学》2018 年第 6 期。

经过从古罗马法的“Actio”到中世纪的式微，再到罗马法复兴中“诉权思维”的复苏，直至1856年温德沙伊德提出的请求权（Anspruch）的实体法概念吸收了“Actio”中的实体部分，诞生了现代诉权概念。英美法系由于不趋向对诉权理论的抽象讨论而将重心放在实用性上，因此，对诉权的解释较为简略。[①] 虽然我国承袭大陆法系的诉讼理论，但是对于“诉权”的本土化观念和认识使诉权被认为能够直接保障实体权利不被侵害，诉权的维权功能成为一种理念和理想化的追求，对于诉权本身的理解与传统西方解读有所不同。民事诉权理论的中国化解读，需要关注民事司法程序制度逻辑，聚焦制度功能演化的基本逻辑，注重以职权与职能为核心，理顺民事诉权和诉讼权利之间的关系。中国特色社会主义法治体系中的律师制度、公证制度、仲裁制度、法律援助制度、司法鉴定制度、商事调解制度等均需要适应中国社会的传统文化和经济发展水平，这些非诉讼程序制度的对接与发展，在当代中国基层社会治理体系建设中更多的是需要纳入公共法律服务多元化规范体系建构范畴进行一体化制度同构，基层社会广大人民群众对于民事司法诉讼程序的理解深植于传统文化中击鼓鸣冤和坐堂问案的模式，要全面实现民事诉权理论现代化，需要充分发挥现代民事司法程序的双重制度功能。

司法天然的局限性决定了其能力范围非常有限且受制于很多因素。[②] 司法的相对克制并不意味着司法不作为。[③] 由于社会发展和智力成果的不断增长，依法治理成为社会治理的主要方式。[④] 人民法院主动参与并积极融入基层社会治理是现代化诉讼服务体系的必然要求。[⑤] 司法有限和克制只是司法制度对自身权力边界的客观认知，司法的能动才是对积极融入社会治理体系的应有态度。《关于人民法院推行立案登记制改革的意见》第2项和《最高人民法院关于人民法院登

---

① 参见梁君瑜:《诉权概念的历史溯源与现代扩张》，载《西部法学评论》2018年第1期。

② 陆永棣:《从立案审查到立案登记：法院在社会转型中的司法角色》，载《中国法学》2016年第2期。

③ 石春雷:《立案登记制改革：理论基础、运行困境与路径优化》，载《重庆大学学报（社会科学版）》2018年第5期。

④ 施新洲:《司法权的属性及其社会治理功能》，载《法律适用》2014年第1期。

⑤ 参见2019年6月3日时任最高人民法院院长周强在全国高级法院院长座谈会上的讲话《全面建设现代诉讼服务体系切实提升解决纠纷和诉讼服务能力水平》。

记立案若干问题的规定》第10条均对不予登记立案等情形进行了列举，[①]但部分内容还仍须进一步细化，如“不属于人民法院主管”“违法起诉”，对是否属于人民法院主管范围，应紧密结合司法实践的变化，作出规范指引，如涉及村民自治、国企改制历史遗留问题等，应纳入禁止范围。对是否属于违法起诉，则应从行为人主观上是否存在故意或者重大过失、是否违反范围起诉或者越权起诉、是否造成严重后果等进行确定。在新时代中国特色社会主义法治建设进程中，强化坚持党委领导，强调社会各界协同以及社会公众参与，一直是国家治理和社会治理的一项原则。在当前社会转型利益冲突多样化的现实条件下，调解、仲裁等解决纠纷的方式越来越受欢迎，这在一定程度上对具有严格程序和规范的司法具有替代作用。[②]多元化纠纷解决机制契合基层社会治理的实践需要。虽然通过非诉纠纷程序的多元化解纷机制处理后，仍会有大量的案件进入民事司法程序，在人案比矛盾较为突出的民事司法困境情境下，案件如何在法院内部进行分流以及分流后程序如何处理、处理程序如何优化同样也是当前民事司法程序实践必须着力解决的现实问题。最高人民法院虽然在相关的规范性文件中进行了规定，[③]但实务中仍应从两个方面进一步细化：在繁简的识别机制上，原则上建立以“案由 + 诉求 + 争议焦点”为主的识别机制，在立案阶段设立专门案件分流员，在坚持随机为主、指定为辅的基础上，进行繁简分流、快慢分道；建立与繁简分流相适应的专门审判团队，特别是基层法院，可根据各自实际设立家事、交通、医疗、民间借贷等专门“速裁团队”。配套完善审前准备程序，可在案件分流阶段配套庭前证据交换、诉争焦点归纳、举证时效审查等庭前程序，以调解等减少对立冲突的方式解决案件，区分案件难易程度并将各种制度机制功能有效发挥。[④]

---

① 《关于人民法院推行立案登记制改革的意见》和《最高人民法院关于人民法院登记立案若干问题的规定》列举的不予登记立案的情形包括：危害国家主权和领土完整、危害国家安全、破坏国家统一和民族团结、破坏国家宗教政策等。

② [美] E·博登海默：《法理学：法律哲学与法律方法》，邓正来译，中国政法大学出版社2004年版，第424页。

③ 详见《最高人民法院关于人民法院进一步深化多元化纠纷解决机制改革的意见》第29条和《关于进一步推进案件繁简分流的意见》第2条。

④ 邓和军：《论民事诉讼程序保障的价值目标》，载《河北法学》2012年第7期，转引自王建国：《法治中国视野下立案登记制的回顾与展望》，载《河北法学》2016年第12期。

（三）民事司法程序与公共法律服务体系数字化协同创新的制度同构

1. 全域数字法院与ODR机制的一体化数据治理框架构建。当前，我国智慧法院迈向全域数字化建设阶段，与司法信息化不同的是“全域数字法院”是制度性重塑，更加注重系统集成与数字赋能。[①] 与此同时，非诉讼的ADR机制也转向线上的ODR形式。新冠疫情之后，司法数字化和ODR在全球范围迅速同步推进。法院的数字化在争议解决中起着越来越重要的作用，其有利于促进更快和更低成本获得司法正义，然后数字法院与ODR同样面临的难题是需要注意当事人的认证和识别、数字鸿沟、网络安全和个人数据保护等问题。[②] 为了保障法院程序和ODR在线纠纷解决不损失人们的基本权利，欧洲委员会制定关于在线纠纷的准则，“ODR”（在线解决争议）一词最早出现在20世纪90年代末，随着互联网的扩张特别是网上购物和其他在线交易的发展，其已经走过了20多年，一般认为ODR是电子替代争议解决方式（ADR）的同义词，通常是法院的非诉讼方式。[③] 但是在2021年6月举行的欧洲委员会部长委员会发布的《关于民事和行政法院诉讼中在线争议解决机制的准则》将ODR（Online Dispute Resolution，在线争议解决）泛指包括法院和非法院的民事及行政的线上争议解决方式，指导准则中对法院数字化和ODR对欧盟各国提出了以下关键原则：（1）成员国应确保对ODR的信任；（2）ODR不应为获得司法公正制造实质性障碍；（3）适用于一般法院的程序规则应适用于ODR，除非特定ODR机制的具体性质另有要求；（4）应使用安全机制确定涉及ODR的诉讼程序当事方。[④]《关于民事和行政法院诉讼中在线争议解决机制的准则》体现了在线建设背景下，数字法院的流程再造与ODR应当保持一体同构的数据治理框架。对我国进

---

① 李占国：《全域“数字法院”的构建与实现》，载《中外法学》2022年第1期。

② Marek Świerczyński, Critical evaluation of new Council of Europe guidelines concerning digital courts, Review of European and Comparative Law, Vol. 48, No. 1, 2021, p.133－155.

③ Julia Hörnle, Encouraging Online Alternative Dispute Resolution (ADR) in the EU and Beyond, European Law Review, Vol. 38, No. 2, 2013, pp.187－208.

④ European Committee on Legal Co-operation (CDCJ), Guidelines of the Committee of Ministers of the Council of Europe on online dispute resolution mechanisms in civil and administrative court proceedings - Explanatory Memorandum, https://rm.coe.int/0900001680a2cf97, 16 June 2021.

一步完善在线的诉非对接模式具有启发意义。法院信息化建设最初是围绕着案件管理系统展开的，是将办案流程解构并电子化，该种模式侧重于“管理”，通过程序、期限等要素的流程管控对法官形成约束，进而提升办案质量。然而，该模式对“服务”的关注严重不足。[①] 非诉讼服务体系与诉讼服务体系之间未能取得良好的制度协同效果。究其根本原因还是在于事权分配、资源分配和评价标准的不一致。人民法院诉讼服务中心和司法行政公共法律服务中心的底层逻辑和制度逻辑难以有效弥合，双中心都面临着体制梗阻和运行机制掣肘等痛点、堵点、难点问题。[②] 在线的争议解决方式逐渐从第三方（法官、律师、调解员）主导转变为自动化流程和大数据主导，[③] 因此，需要在流程再造中进一步考虑关键数据治理节点、数据标准、运行规则的决策主体是技术专家、司法专家、各类法律服务工作者，还是以合理方式吸纳社会公众共同参与打造，是未来全域化数字法院建设必须思考的问题。

2. 将基层人民调解制度与民事司法程序的调解制度进行一体化制度同构。基层社会矛盾纠纷化解“枫桥经验”的实质内涵就是国家治理层面的多元纠纷解决机制建立与完善。[④] 传统的人民调解制度今天不能发挥非诉讼程序纠纷解决机制主导作用的原因较多，人民调解属于基层群众的自治行为，其权威性较司法调解和行政调解薄弱，但核心原因还是在于非诉讼程序与民事司法程序之间的基本逻辑未能实现制度同构。虽然最高人民法院出台了《最高人民法院关于人民法院民事调解工作若干问题的规定》《最高人民法院关于审理涉及人民调解协议的民事案件的若干规定》等司法文件来提升人民调解的权威性，但因“诉调对接”不统一、程序冗杂繁复、人民群众固有思维等原因，其并未达到应然效果。法院整体本位是由我国法院在政治结构中的地位决定的，坚持法院整体

---

① 王禄生：《智慧法院建设的中国经验及其路径优化——基于大数据与人工智能的应用展开》，载《内蒙古社会科学》2021 年第 1 期。

② 参见杨凯：《论区块链技术在民事司法程序中的多元化应用——诉讼服务与公共法律服务“双中心融合”规范体系构造为切入点》，载《政法论丛》2022 年第 2 期。

③ Orna Rabinovich-Einy，The Past，Present，and Future of Online Dispute Resolution，Current Legal Problems，Volume 74，Issue 1，2021，pp.125－148.

④ 汪世荣、褚宸舸：《枫桥经验——基层社会治理体系和治理能力现代化实证研究》，法律出版社 2018 年版，第 372 页。

本位是为了适应我国司法社会生态作出的必要选择。[①] 今天的人民调解想要恢复往日“东方经验”的辉煌，必须走协同创新和一体化制度同构的改革路径，民事司法诉讼程序制度也需要以更加包容的姿态和更积极的作为，才能更好地融入基层社会治理法治体系建构之中。

3. 将行政调解与民事司法程序的诉讼调解制度进行一体化制度同构。行政调解的规定散见于《行政复议法实施条例》《行政诉讼法》《国家赔偿法》等法律法规中，主要作用于行政纠纷，对大量的民商事纠纷的调解仅见于《国务院全面推进依法行政实施纲要》第25条，并未作出详细规定。在实践中，主动寻求行政机关化解民商事纠纷的当事人较少，且主要集中于医疗、劳动等领域的纠纷。司法调解属于有偿调解，同时，由于仲裁的针对性较强、收费较高（除了劳动仲裁），大多数可调解纠纷涌入法院系统，法院的解决纠纷承受能力因此处于边缘地带。通过市场的优胜劣汰机制，专业权威优质高效的调解服务因竞争优势而崛起，与诉讼解纷方式并行，将成为大众青睐的解纷方式。所以应当加强各方力量的协作融合。法律有刚性的一面，也有柔性的一面，在社会转型时期，多元化纠纷解决机制就是与社会多元发展的现实状况相一致的。我们更多地需要发挥法律柔性的功能，让更多民间矛盾纠纷在公共法律服务体系的柔性程序中得以妥善地化解，在法治宣传和教化中得以恢复性的化解。中国老百姓讲求圆满，也就是对美好生活的向往，公共法律服务就好比中医治疗方法和预防治疗方法，在其无法有效化解纠纷的前提下，再导入民事诉讼程序。这个协作的流程和方法就好比中西医结合的治疗方法。实际上行政调解的应用与古代“以礼入法”的实质内涵是相似的。[②] 其间尤其需要公共法律服务体系与民事诉讼司法制度之间的协作和融合。这些协作和融合在实践中也有，但只是机构与机构、单位与单位之间的表面结合及简单交互，显然还没有上升到程序制度和规则体系的层面一体化设计和构建，没有深度融合形成制度同构的整体合力。

4. 将律师、公证、仲裁、鉴定、法律援助等法律服务与民事社会诉讼程序制度进行一体化制度同构。习近平总书记关于公共法律服务体系建设重要论述

---

① 参见顾培东:《法官个体本位抑或法院整体本位——我国法院建构与运行的基本模式选择》，载《法学研究》2019年第1期。

② 参见瞿同祖:《中国法律与中国社会》，中华书局1981年版，第329页。

提出的“两全、两快”发展方针，就是要求整合公共法律服务全业务范畴司法资源的整体合力，整合政法机关公共服务的整体合力，形成基层社会治理范围全覆盖的公共法律服务体系。这一制度体系建构目标模式可以借鉴中国古代的“官法同构”和“六事法体系”制度建构模式。[①] 一是法院和司法行政机关协同创新建设公共法律服务协作中心。法院诉讼服务中心可以引入仲裁、公证、法律援助中心的公益律师、提供代书或讲解服务的法律服务志愿者、心理咨询师和婚姻家庭咨询师等专业调解员、人民陪审员、提供法言法语和群众土话的翻译服务志愿者、提供诉讼辅导的法律院校志愿者学生、退休法官（检察官、立法工作者、警察、公务员等）等非审判人员社会力量，配备专门的工作区或值班窗口。在群众有相关需求时能够获得及时回应，真正实现“让群众少跑腿”。并且，对于法律服务志愿者和公益律师，可建立“正能量榜单”激励机制，加大对提供志愿服务和公益服务人员的宣传，弘扬志愿服务的正能量，激励更多的不同背景专业人员加入。二是充分调动整合人民法院和司法行政机关双方的“人才智库”力量。法律服务的主体还是专业人才主体，司法资源最重要的就是人才资源，公共法律服务体系建设需要建构法官队伍、律师队伍、公证员队伍、仲裁员队伍、人民调解员队伍等专业法律服务队伍人才智库，建立良好的人才聚集机制，有效集聚社会上的法律职业共同体来积极参与和研究公共法律服务。

5. 实行法治宣传、法治教育、法律文化、法律便捷等的一体化共建共治共享制度同构。加快推进和完善公共法律服务体系的重要一环在于普法宣传。人民群众作为法治宣传的受众，同时，作为公共法律服务的消费者，既有权享受服务，也有权监督服务，对公共法律服务产品的质量、定价及成效提出意见建议，在参与中积极反馈用户体验和用户需求。[②] 公共法律服务体系建设也是法律文化体系的建设，如何在全社会建构法律文化的体系，需要我们更多地将普法宣传与基层社会治理中的法律文化建设相结合，形成社会公众的法律文化、法治文化认同。公共法律服务的供给主体组成除了政法机关，还有人民群众，在群众中产生调解员、志愿者，通过多元的方式调动群众参与公共法律服务的积

---

① 朱勇：《论中国古代的六事法体系》，载《中国法学》2019 年第 1 期。

② 李蕊：《公共服务供给权责配置研究》，载《中国法学》2019 年第 4 期。

极性，培养一支来自群众又服务群众的公共法律服务人才队伍，保障公共法律服务的可持续供给。

结 语

在现代社会数字化发展的时代背景下，民事司法程序与非诉纠纷解决机制的在线化发展，均亟待在数字化纠纷解决机制的建构中进一步完善公共法律服务产品的供应链条，通过数字化制度协同创新构建基层社会治理的合理制度框架。加快推进公共法律服务多元化规范体系建构与改革完善民事司法诉讼程序制度都是夯实依法治国群众基础的重要途径。制度创新不仅是社会治理创新的开端，更是社会治理创新的总结与提升。[①] 市域、县域治理现代化转型的制度建构需要合理构建公共法律服务体系与民事司法诉讼程序一体化制度同构的基层社会治理体制机制，全面构建数字化背景下制度协同创新的全新治理格局，转型升级多元共治模式，从实质意义上破解基层社会矛盾纠纷化解难题。

① 魏礼群：《中国社会治理通论》，北京师范大学出版社2019年版，第300页。

公共法律服务与诉讼服务体系的协作进路*

王 江**

内容提要： 为破除诉讼服务与公共法律服务体系的“双中心”运行之弊，司法实践中通过探索出“角色融合”“场景融合”“驻点融合”“平台融合”“整体融合”五种模式以求二者的协同融合，但各类模式均有利弊。即便是较为成熟的“矛调中心”，亦未能实现法律资源的有效统筹。从理论上看，诉讼服务与公共法律服务体系的协作应符合国家治理体系发展的历史趋势，要发挥各服务机构或主体通力协作“1+1>2”的协同效应，更要克服“貌合神离”弊病。为此，宜从二者可协作的点位入手，建构“综合法律服务中心”，下辖综合办公室、业务管理办公室和信息化保障部门，内设法律事项办理、法律信息查询和矛盾纠纷化解三大平台，以此作为诉讼服务与公共法律服务体系协作进路。

关键词： 诉讼服务；公共法律服务；综合法律服务中心

引 言

2018 年司法部发布的《关于深入推进公共法律服务平台建设的指导意见》对全面建成公共法律服务平台及推进三大平台融合发展作出具体部署，2019 年 3 月，中央深化改革委员会第七次会议审议通过《关于加快推进公共法律服务

* 基金项目：本文系 2021 年度国家社科基金重大项目“民事司法程序现代化问题研究”（项目批准号：21&ZD205）的阶段性研究成果。

** 作者单位：浙江省绍兴市中级人民法院。

体系建设的意见》，对加快推进公共法律服务提出了进一步要求。近年来，由党委领导、政府主导、社会参与的公共法律服务体系取得长足发展，学者将其定义为：由政府主导、社会力量参与，旨在保障公民、法人和社会组织法律需求为目的而组织提供的必要服务设施、各类服务产品、各项服务活动以及其他相关服务事项。[①]而诉讼服务则指法院在开庭之外的审判辅助性事务，包括立案、交退费、查询咨询、法官联络、诉讼保全、诉前调解、风险评估等。依托于技术发展和观念革新，诉讼服务与公共法律服务体系“双中心”运行格局在不断改良，为加强公共法律服务与诉讼服务体系的制度融合，各地协同创新打造协同融合的实践范例亦不在少数，亟待总结和思考。本文针对诉讼服务与公共法律服务融合模式，从全国范围内选取具有代表性的法院模式，总结提炼出“角色融合”“场景融合”“驻点融合”“平台融合”以及“整体融合”五种模式，并剖析各种模式之利弊，为法院诉讼服务与公共法律服务协作路径——“综合法律服务中心”提供论证基础，最终创造性提出“综合法律服务中心”的协作进路，并按照“顶层设计——框架结构——平台规则”的逻辑进行全方位论述。

一、实践探珠：诉讼服务与公共法律服务体系协同融合的模式分析

从传统的管理型政法工作中心向服务型政法工作中心转型过程中，提供高质量的法律服务产品成为现代政法工作的重要导向，各地针对诉讼服务与公共法律服务的融合模式有不同尝试：

（一）角色融合：塑造法官、行政人员的“交叉身份”

以服务供给主体为标准，最常见的是法官和行政人员之间的角色交叉。如2013年，宁夏回族自治区盐池县委在健全完善诉讼和非诉讼相衔接机制中探索

---

① 杨凯：《公共法律服务：市域治理体系和治理能力现代化新视野》，载《现代法治研究》2020年第1期。

建立的法官、村官“双助理”联动工作机制（见图 1）。[①] 类似还有“法治村长”模式，如广西壮族自治区平乐县将承担普法宣传、法律服务、调解矛盾及畅通舆情等任务的村级两委专职干部打造成为农村公共法律服务体系中最基层服务主体。[②] 安徽临泉从公检法司选派在职干警到全县 395 个村（社）担任“法治村长”。[③]

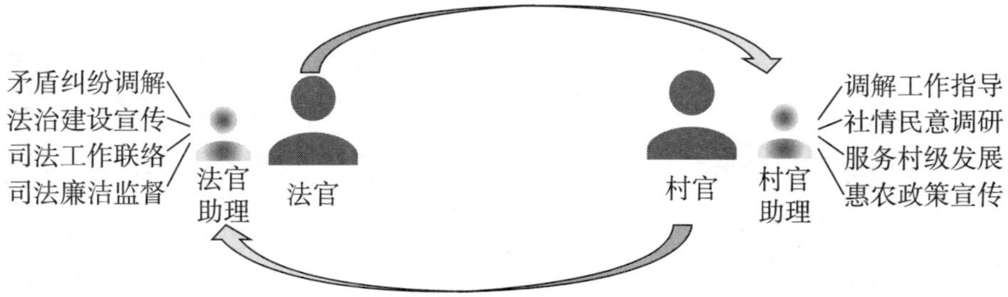

图 1　法官与村官的“角色交叉”

（二）场景融合：觅求法律服务走心用情的“桑梓之地”

诉讼服务和公共法律服务体系都致力于提供合适的法律服务产品，而场景思维是分析法律服务产品供给是否符合用户需求特征的重要路径之一。[④] 源发于湖南省娄底市的“涟源屋场会”本是以“群众说事、屋场共治”为理念，以党员干部向基层群众收集意见、倾听心声为目标的场所，现已实现功能整合化和网络化，包括“四个在线”法律服务平台，即在线业务查询、在线法律咨询、在线以案释法、在线人民调解，成为公共法律服务的重要载体。[⑤] 此外，广东

---

① “双助理”工作机制是指，各乡镇行政村支书（主任）或社区居委会主任担任区法院的法官助理，反之，各乡镇、街道办聘请区法院法官担任村支书（主任）、居委会主任助理。参见《关于转发县法院〈盐池县法院建立法官村官双助理工作联动机制的实施方案〉的通知》《法官村官双助理工作联动机制考核暂行办法》。

② 莫小松、马艳、曹长青：《广西桂林平乐开启依法治村智慧之门》，载《法治日报》2021 年 1 月 24 日第 2 版。

③ 代群、张紫赟：《安徽临泉：“法治村长”化解执行难》，载《瞭望》2018 年第 39 期。

④ 场景是通过搜集和分析在特定场景下的需求与动机及其所驱使的行为，寻找产品与服务在其中的嵌入点，利用嵌入场景的服务和产品解决用户的某一痛点。谭天、汪婷：《接入、场景、资本：社交媒体三大构成》，载《中国出版》2018 年第 8 期。

⑤ 《“屋场会”开启基层治理新格局——涟源市坚持和发展“枫桥经验”做好人民调解工作》，载 https://www.sohu.com/a/444564257_120214188，最后访问时间：2023 年 5 月 26 日。

省广州市萝岗区人民法院萝岗人民法庭也是通过场景融合实现司法与治理的贯通融彻，其借力“怀抱祖德”“慎终追远”“饮水思源”“报本返始”的传统祠堂文化，将乡俗民情与国家法律有机结合，有效植入祠堂文化、乡规村约、民俗习惯，激发当事人潜在的内约力，从而化解农村本土矛盾纠纷。[①]

（三）驻点融合：以点扩面形成交互派驻的“放射效应”

诉讼服务主体与公共法律服务主体之间相互派驻，通过资源的统筹调配可延展服务广度和深度。一是“法院主导统筹型”（见图2），如江西省永新县人民法院创建“法律矛盾联合调解中心”，将39家县直单位全部纳入，形成以法院为主导、各部门多元参与的联合化解工作机制，2020年综治中心入驻法院，并在乡镇设立法官联络点，实现解纷力量从县直机关向乡镇、村居和网格员的扩展。[②]二是“法院对外辐射型”（见图3），如四川省都江堰市人民法院，其与司法局、市律协分会合作，在市司法局公共法律服务中心及全市所有的法律服务所设立人

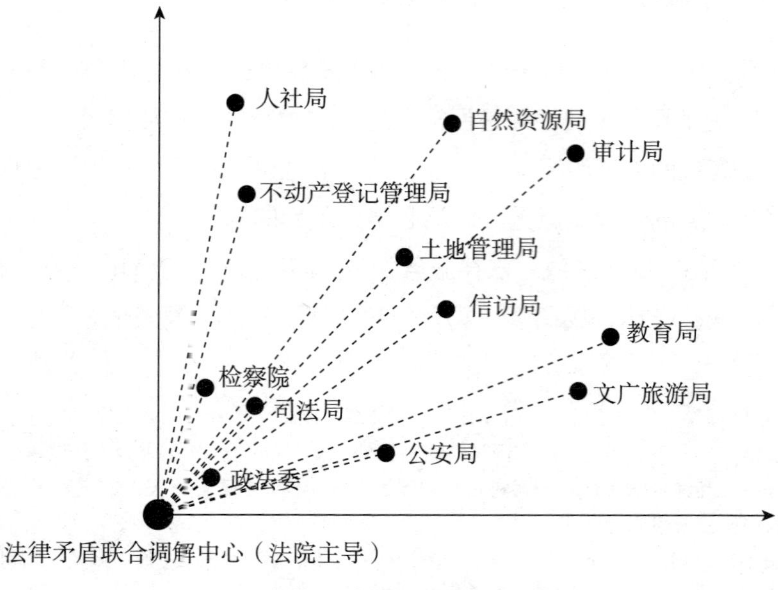

图2 法律矛盾联合调解中心示意图

---

① 叶三方：《设在祠堂里的法庭——记广州市萝岗区萝岗人民法庭》，载《中国审判》2007年第12期。

② 胡佳佳、张慧斌、刘荟：《调处矛盾有力延伸服务有方——江西永新县法院构建“五心合一”平台解纷争工作纪实》，载《人民法院报》2021年4月25日第1版。

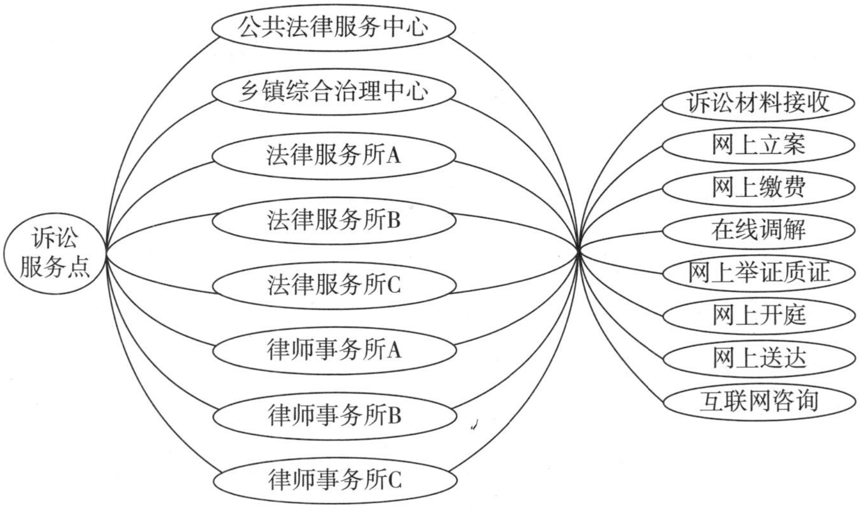

图 3　诉讼服务点示意图

民法院“诉讼服务点”，由律所引导和辅助当事人及其他诉讼参与人办理网上立案、诉讼材料接收、在线调解、互联网庭审、咨询答疑等诉讼服务。[①]

（四）平台融合：打造功能复合服务多元的“纵横格局”

随着数字治理时代的到来，无论是线下实体平台的增容扩效，还是线上平台的功能拓展都在推动形成功能集聚的服务格局。整体融通如湖南的“如法网”，通过整合公证、法律援助、调解、鉴定、仲裁、法考等 11 项服务内容打造综合性法律服务平台。[②] 局部协作如福建省漳州市中级人民法院打造的“执来执往”App，通过司法执行与网格执行的高效对接，借助“全域网格执行”工作，整合网格员、农村警务助理的执行网格团队。[③] 最常见的则是公共法律服务中心与法院协作搭建综合类的法律服务中心，如贵州省贵阳市南明区人民法院“三横七纵”工作法：“三横”是在区级公共法律服务中心、乡（街道）公共

---

① 王鑫、胡思行:《延伸诉讼服务触角助推纠纷诉源治理——都江堰法院“诉讼服务点”进驻律所》，载《人民法院报》2020 年 5 月 1 日第 4 版。

② 《湖南打造“互联网 + 公共法律服务”湘字品牌将法律服务送到老百姓掌心上》，载 www.hnssft.gov.cn，最后访问时间: 2021 年 5 月 27 日。

③ 林娟娟、戴玲玲:《民生无小事枝叶总关情——漳州法院深化诉非联动妥处涉民生案件见闻》，载《人民法院报》2020 年 9 月 29 日第 4 版。

法律服务工作站、村（居）公共法律服务工作室三级中心、站、点设置法律咨询等六项服务，并设置诉讼服务、诉调对接窗口；“七纵”则是针对七类特定服务对象设立横向服务站。①

（五）整体融合：建构体系完整多维协同的“矛调中心”

以矛调中心为代表的整体融合是诉讼服务和公共法律服务一体化的又一路径。绍兴法院依托“枫桥经验”发源地优势，构建“一体两翼三维度”的新型诉讼服务机制：“一体”是指基层人民法院成建制入驻县级社会矛盾纠纷调处化解中心（信访超市），打造纠纷分类分流，诉调对接、非审判诉讼程序、繁简分流四个层次的纠纷处理机制。“两翼”之一是指选聘具有专业审判经验的退休法官、检察官等组建金牌调解团队入驻县级矛调中心；“两翼”之二是指在全市基层法院推广多项纠纷诉前阻断机制、司法保障机制，通过非审判程序为诉前纠纷化解提供有力保障。“三维度”指诉源、执源、访源三维度协同的纠纷闭环处理模式，推动形成“一门联审”“一窗受理”“一张清单”的治理新模式。再如鄞州区瞻岐镇依托综治工作中心，改造升级信访接待大厅、信访调解室等功能区，并将矛调中心与镇公共事务服务中心、综合信息指挥室、司法所等同楼办公，形成群众接待、矛盾调解、法律服务、劳动仲裁（监察）和综合指挥、集中办公六位一体的格局。②

对于各种模式的考察维度和优缺点可总结如下表：

表1　诉讼服务与公共法律服务协同融合的模式分析

融合模式	考察维度	优点	缺点
1. 角色融合	特长兼容	法官能亲临一线了解基层治理之需，通过矛盾纠纷化解、诉讼环节优化等兼顾法律效益和社会效益，而行政官员角色的司法化则更能提高调解的专业技能、提升法律素养，促进基层法治建设的实现	容易造成角色身份的混乱，附属角色流于形式，法官疲于应付积案，难以身兼数职，而村支书担任法官助理因缺乏专业技能、人浮于事，且易对司法权威有所损害

① 参见《南明区：完善公共法律服务体系建设 让群众共享公共法律服务福利》，载 http://gz.people.com.cn/BIG5/n2/2021/0220/c394148—34585301.html，最后访问时间：2023年5月31日。

② 《打造“矛盾终点站”，瞻岐镇矛调中心基本建成》，载 http://www.nbyz.gov.cn/art/2020/8/18/art_1229173361_54549558.html，最后访问时间：2023年7月3日。

续表

融合模式	考察维度	优点	缺点
2. 场景融合	协同治理	充分调动当地的道德、宗法、规则等资源，较好地整合、延续和创新传统场景，通过建构民众的心理和情感认同畅通法律服务的渠道	过于依赖本土性的品牌资源，而这种品牌资源并非各地均有，且场景融合中的治理色彩更为浓厚，对于其他治理手段的过于依赖，容易导致法律服务与诉讼服务的融合更趋向于行政化
3. 驻点融合	服务便利	实现法律服务资源的整体统筹和迅速流转。“法律矛盾联合调解中心”整合相关法律资源，较之于角色和场景的融合，驻点融合更接近于诉讼服务和公共法律服务的交融互补	“法院主导”易导致矛盾纠纷化解的重心转移到法院层面，作为诉讼最后一道防线的司法被“挺”到一线，程序制度功能容易发生倒置和悖反。“法院对外辐射型”虽能方便诉与非诉的衔接，但更多的是形式化的功能普及和端口扩展
4. 平台融合	功能叠加	技术发展为法律服务事项的便利性提供基础，法院通过智慧法院建设、司法行政部门通过整合法律资源，实现服务平台的增容扩效，帮助人民群众更加便捷享受法律服务，获取法律知识与资源	将诉讼服务事项直接并入驻公共法律服务中心或社会综合治理中心，容易导致诉讼服务和其他纠纷化解部门成为平行窗口，忽略调解优先的规范化。此外，平台功能的机械叠加或是将原本线下办理的业务转为线上办理，线上平台与实体平台缺乏一体化数据终端的构架支撑，法律服务业务办理的深度融合功能受限
5. 整体融合	矛盾化解	依托“矛调中心”所形成的“体翼构造”克服了其他模式的弊端，在功能发挥上不仅依靠系统集成特点的组织结构，还在中心的内部运作流程和关键机制上，按照“全链条解决、闭环化运行”的原则和“调解优先、诉讼断后”的理念，形成从分散管理到集成服务的矛盾调处新方式	由于缺乏牵头统领的机构，“矛调中心”在形式上已整合相关信访化解、矛盾调解的相关主体，但传统矛盾的各部门或组织之间的职责不清、协调困难、各自为政的突出问题没有得到妥善解决，依然难以完全形成有效的服务链条，其过度关注矛盾纠纷的解决也忽略了诸如数据、资料、事项等前置性事项的协同

由于诉讼服务与公共法律服务融合考察的维度不同，各地在模式设置上有不同的考量，亦各有优缺：囿于二者融合的理论阙如，究竟选择何种进路仍不明确，有必要从理论入手破除二者协同融合之迷雾。

二、理论祛雾：诉讼服务与公共法律服务体系协同融合的原理探究

如前所述，在诉讼服务与公共法律服务协同融合的五种模式中，“矛调中心”的建构相对成熟。由于县级综治中心、来访接待中心、诉讼服务中心、公共法律服务中心、行政争议调解中心、12309检察服务中心、社会治理综合指挥中心，统一政务咨询投诉举报平台等建制入驻矛调中心，其成为以矛盾纠纷解决为核心的“一站式管理、一站式处理、一站式解决”的综合性服务中心。“矛调中心”是诉讼服务与公共法律服务体系协同融合的典范，但并非完美，其整合诉讼服务与公共法律服务体系的功能，却仍龃龉丛生、壁垒林立，学者称之为“单兵突进且无实质意义协同”，[①] 即内在各机构在程序运转机制上衔接、配合仍有不畅。要进一步改良当前协作后存在的问题，亟须从理论上寻找改良方向。

（一）诉讼服务与公共法律服务体系的协作融合要符合发展趋势

我国古代历朝政治家、思想家以统一、稳定、高效作为大国治理的核心目标，构建并完善具有国家管理功能的官僚体系与法律体系。正因如此，我国古代司法办案并不强调依赖法定程序和技术理性，而是注重以意识形态和实践理性来应对复杂多变的地方案件，实现地方治理的最大效益。[②] 故“解纷息讼”的手段亦趋于多元，中国历史上的“和合文化”与国人讲究的“天理、国法、人情”的心理及行为深度融合，使得调解嵌入中国传统司法制度之中，成为重要的纠纷解决方式。[③]

---

① 杨凯：《论公共法律服务与诉讼服务体系的制度协同》，载《中国法学》2021年第2期。

② 朱勇：《“官法同构”：中国古代的大国治理之路》，载《学术月刊》2019年第11期。

③ 根据调解主体身份的不同，传统调解可分为民间调解、官批民调、官府调解等三种形式。参见王树江：《文化、治理及转型——“诉调对接”实践的三层考量》，载《法律适用》2019年第21期。

中华人民共和国成立后，诉讼与治理概念之联系同样密切。新中国成立初期建立了“单位制为主、街居制为辅”的城市管控模式和“人民公社”的农村管理模式，此后“大跃进”时期司法活动在审判之外，亦须系统深入探查敌情、社情，侦查敌对分子、不良分子动向。而 1963 年 7 月最高人民法院出台的《人民法庭工作试行办法（草稿）》表明法院除审判任务外还有指导调解、法制宣传、解决信访等任务。1954 年后至改革开放前所确立的法院机构并非独成体系的单一裁判机关，其具有工具主义色彩。①

从历史沿革上看，诉讼服务与公共法律服务体系之耦合旨在实现社会治理的目标，基于“政法一盘棋”的大局观所构建的法律服务体系，从时间、空间和职能上不仅满足人民群众对各类法律服务的需求，而且通过多元化的解纷手段降低成诉率，在更深层次上则可推动治理体系和治理能力的现代化。

（二）诉讼服务与公共法律服务体系的协作融合要彰显协同效益

既有的“矛调中心”聚集各类矛盾纠纷化解主体，一般分为司法机关（含公、检、法）、行政机关、律师、其他组织或个人等四类主体。但问题在于目前人员、机构的堆砌和聚集未能实现完全的协同融合的链条，要从“人员、机构的整合”到“功能、流程的融合”就必须真正发挥“协同效益”。

从供应端的五个维度上看，虽然司法机关和律师的业务专精度较高，但资源相对稀缺。从政策关联度上看，司法和行政机关的资源通过政策统筹调配相对较易，律师普遍作为市场主体，其对政策响应度相对较低，且大部分律师资源是非公益性质的。而其他民间组织或个人在社会效益上的优势最大，即便缺乏专业素质和系统流程，但却最有可能满足群众需求。②因此，单一主体难以提供精准、有效、高质量的服务产品（见图 4）：司法机关相对专业但面临资源匮乏的短板，行政机关能够通过行政强制性调集资源，但却缺乏专业性，律师

---

① 李凌云、陈杰：《人民法庭参与社会治理 70 年：回顾与展望》，载《现代法治研究》2020 年第 1 期。

② 一项实证研究发现：县级司法局和司法助理员在获得工资待遇等基本保障的情况下，只有出于政策需要才会提供法律服务，大部分因缺乏动机和时间精力而未开拓有偿的法律服务市场，更遑论无偿的法律服务。很多法律服务提供主体是“社会人员”，包括教师、检察院或司法局的退休干部等，其通过已有经历或其他机构和个人的关系从事法律服务。参见王亚新、王赢：《农村法律服务实证研究》，载《清华法学》2008 年第 5 期。

资源则难以在公益和私益之间平衡求全，基层治理组织虽覆盖面广，却存在非专业化和碎片化的痼弊。故此，法律服务的体系融合需利用资源集中、手段多元等优势，实现供应端上的互补，实现法律服务一站式接收、一揽子解决、全链条协作。

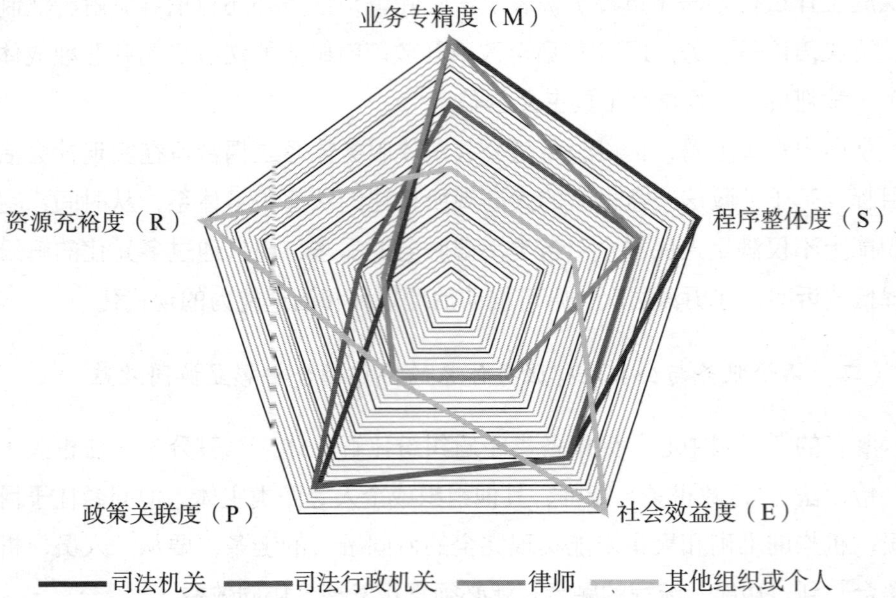

图4 法律服务主体资源特征[①]

从需求端上来看，二者矛盾纠纷化解问题的融合优势最为明显：设矛盾纠纷化解功能为F（x），单一化解类型为x1（司法诉讼）、x2（人民调解）、x3（行政调解）、x4（行业调解）、x5（民间调解）等，若x1至x5之间没有关联，则矛盾纠纷化解效能表现为各自分立的效能，即F（x）=x1/x2/x3/x4/x5，且x1至x5各诉讼程序之间的转化还会产生成本。若x1至x5之间存在协同的话，则F（x）> x1+x2+x3+x4+x5，各种矛盾纠纷化解之间衔接成本降低、效能叠加，如x1（司法诉讼）+x2（人民调解）就是“调解+司法确认”的方式。以上就是“协同效应”（Synergetic Effect）的理论，即系统中各个子系统（要素）

① 参数包括：M：业务专精度（对于法律知识以及相关领域业务掌握熟练度）；R：资源充裕度（当下该社会资源是否充裕）；P：政策关联度（是否受政策影响，即可统筹调配的可能性）；E：社会效益度（是否与社会治理存在整体关联性）；S：程序整体度（是否具有相对完备的运作流程）。

互补、互动、联结，形成“1+1 > 2”的协同效应。[①] 因此，打造集约型、滤网式的“一站式”矛盾纠纷处理模式，一方面可减少群众获得诉讼资源的阻力和流程，另一方面可发挥分调裁审机制，通过多元方式优化配置实现快速化、精准化、经济化解纷，宜以此为思路探索协同进路。

（三）诉讼服务与公共法律服务体系的协作融合要避免“貌合神离”

从整体性治理理论[②]的角度视之，当前模式或可存在缺漏：

其一，整体性治理理论重视信任、责任感与制度化。“矛调中心”虽有多部门的参与，服务职能也有整合融通，但对于涉及多个部门的法律问题依然存在互相推诿之问题。以涉诉信访化解为例，法院作为涉诉信访的主责机关与地方行政机关作为属地管辖机关之间同时运作，所涉案件在地区、部门和法院之间可能产生相互推诿，造成资源浪费而难以实质性解决问题。这使得“矛调中心”虽然部门众多，但仍存在各部门之间信任度低、制度化弱的问题。

其二，整体性治理理论以公民需求和问题为导向，强调服务的精准性和有效性。若各部门之间的壁垒存在，服务的精准性就难以得到保障，基层律师和法律工作者在职业和执业的边界上存在业务重叠、身份混同、地域格局和业务分层等既交叉、模糊，又对峙、割据的局面。这种局面致使各主体在实际提供服务的过程中可能出现交叉地带或灰色地带。此外，各主体之间协同无法彻底改变各自为政的局面，则服务也欠缺有效性，如我国公、检、法及政府之间专线连通不足，远程庭审沟通信息网络不健全，导致远程庭审出现不同问题。[③]

其三，整体性治理理论重视协调、整合。“矛调中心”未能完全形成有效

---

① 参见白列湖:《协同论与管理协同理论》，载《甘肃社会科学》2007 年第 5 期。

② 管理学上的传统理论——新公共管理理论倾向于专业机构的设置与权力之间的制衡监督，进而导致治理存在碎片化、分散化的问题，从管理学发展的谱系来看，整体性治理理论逐渐成为主流，其力求从分立走向协作的思路为二者融合提供基础。参见曾维和:《当代西方政府治理的理论化系谱——整体政府改革时代政府治理模式创新解析及启示》，载《湖北经济学院学报》2010 年第 1 期。

③ 聂小兰:《检视与探索：远程庭审规范化发展的困境与解局》，全国法院系统第三十一届学术讨论会二等奖论文。

的服务链条，其过度关注矛盾纠纷的解决也忽略了诸如数据、资料、事项等前置性事项的协同，使得诸多真正需要协同办理的事项难以完成。如，对涉及征地拆迁、医疗纠纷、涉法涉诉、环境保护、劳动保障等法律服务，其诉求本身就糅杂行政、司法等各项内容，业务办理和法定救济途径之间的界限不明、服务效能低下，最终造成“无法受理—信访—无处受理—信访”的怪圈。

综上，“矛调中心”欠缺精细化、科学化的运作模式，其聚集之资源难以得到有效统筹和优化配置。从应然层面上看，诉讼服务与公共法律服务体系的协同融合不单单局限于矛盾纠纷化解一隅，而是要通过建立现代化纠纷解决机制、公共法律服务平台、全民共享的法治话语体系等为治理体系现代化提供制度动能。

三、问道寻途：诉讼服务与公共法律服务体系协同融合的进路建构

诉讼服务与公共法律服务体系的融合是必然趋势，从实践路径上看，宜在改良“矛调中心”的基础上，搭建能够融合诉讼服务与公共法律服务的“综合法律服务中心”，以打造二者协作的新格局。

（一）宏观“描点”：“综合法律服务中心”创设的顶层设计

在架构体系、确立规则之前，需明确诉讼服务和公共法律服务体系之间可予以融合的事项，以此作为制度安排之基础。从制度的顶层设计上看，2019年7月中共中央办公厅、国务院办公厅印发的《关于加快推进公共法律服务体系建设的意见》提出，诉讼服务与公共法律服务体系的融合之路有据可寻，即中心要兼具法律服务与矛盾纠纷化解的功能，以司法行政机关为主导并以平台建设为核心。据此，而针对二者融合节点可据表2阐释：

表 2　诉讼服务与公共法律服务协同融合的点位分析[①]

公共法律服务名录	诉讼服务目标
1. 法制宣传（含文化设施建设和法治文化作品）	坚持司法改革与舆论宣传工作同步推进，主动适应互联网时代传播规律，优化宣传平台、创新宣传方式
2. 法制宣传教育活动	健全庭审公开的范围、流程和保障机制，通过庭审公开网功能，实现庭审公开常态化，深入开展法治教育
3. 法律咨询服务	推进智慧诉讼服务建设，实现纠纷在线咨询、在线评估，提供诉讼风险评估、诉前调解建议、自助查询咨询
4. 法律法规查询	推进裁判文书、庭审活动、审判流程、执行工作、诉讼服务、司法改革、司法行政事务等方面信息公开的规范化、标准化、信息化建设
5. 典型案例查询	实现办案系统互联互通、数据自动推送、资源共享共用。建立人民法院关键信息基础设施安全保护制度，同步规划、同步建设、同步使用分层级的安全防护体系
6. 法律服务机构和人员信息查询	建立完善网上办公系统，推动行政办公、党团建设、司法行政、服务保障等行政事务网上办理，实现以案、人、事为维度的司法政务精细化管理
7. 法律便利服务（公共法律服务中心建设）	提升诉讼服务大厅、执行指挥中心、科技法庭、远程提讯、远程接访、数字审委会、数字化会议室、信息管理中心等执法办案场所的信息化水平。完善当场立案、网上立案、自助立案、跨域立案服务相结合的便民立案机制，实现诉讼服务"就近能办、同城通办、异地可办"
8. 公证、司法鉴定法律援助	建设司法鉴定子系统，实现对拟鉴定物品进行统一审计、评估和鉴定
9. 调解	深化多元化纠纷解决机制改革，推动把非诉讼纠纷解决机制挺在前面，完善司法救助和涉诉信访制度

诉讼服务与公共法律服务在 9 个方面存在可予协同融合的内容，要"强化公共法律服务业务能力，实现全业务、全时空，提供智能精准、便捷高效的公

① 公共法律服务名录来源：司法部关于印发《公共法律服务事项清单》(司发通〔2019〕97 号）的通知。诉讼服务目标参考：《最高人民法院关于深化人民法院司法体制综合配套改革的意见——人民法院第五个五年改革纲要（2019—2023）》《最高人民法院办公厅关于做好 2019 年智慧法院建设工作的通知》(法办〔2019〕243 号)。

共法律服务，实现基本公共法律服务的普惠均等和全覆盖”就必须通过制度安排，将上述点位或事项协同融合到位。

（二）中观“穿线”：综合法律服务中心创设的框架结构

制度构建如穿针引线、结珠成串。对于诉讼服务与公共法律服务体系9个方面的融合点如不加以统筹分类，就会使得中心建设庞杂无序。本文建议，在承继“矛调中心”以矛盾纠纷化解和预防为核心的服务职能的基础上，统筹纳入传统法律服务中心“事项办理”和“信息查询”的功能，形成“法律信息查询”“法律事项办理”“矛盾纠纷化解（含诉源治理）”三位一体的综合法律服务中心。

中心事项确定后，从运行整体框架上看，由于通过单一核心机构集成和协调的网络比组成系统的组织之间以分散方式形成的网络更为有效，为防止主体分散、责任推诿的问题，综合法律服务中心亦应设立一个牵头的组织机构，即综合法律服务中心综合办公室，负责中心运作的日常处理、协调及后勤保障，此外再设业务管理办公室，负责部门（组织）和人员进驻，业务管理与协调工作；信息化保障部门，负责办公网络的开发、实施、运行以及网络信息采集、编辑、发布工作，各项法律服务数据的收集、分类和提供，从运行机制上看，按照“无差别一窗受理”“一揽子协同处理”“执纪问责全程监督”开展，具体如图5所示：

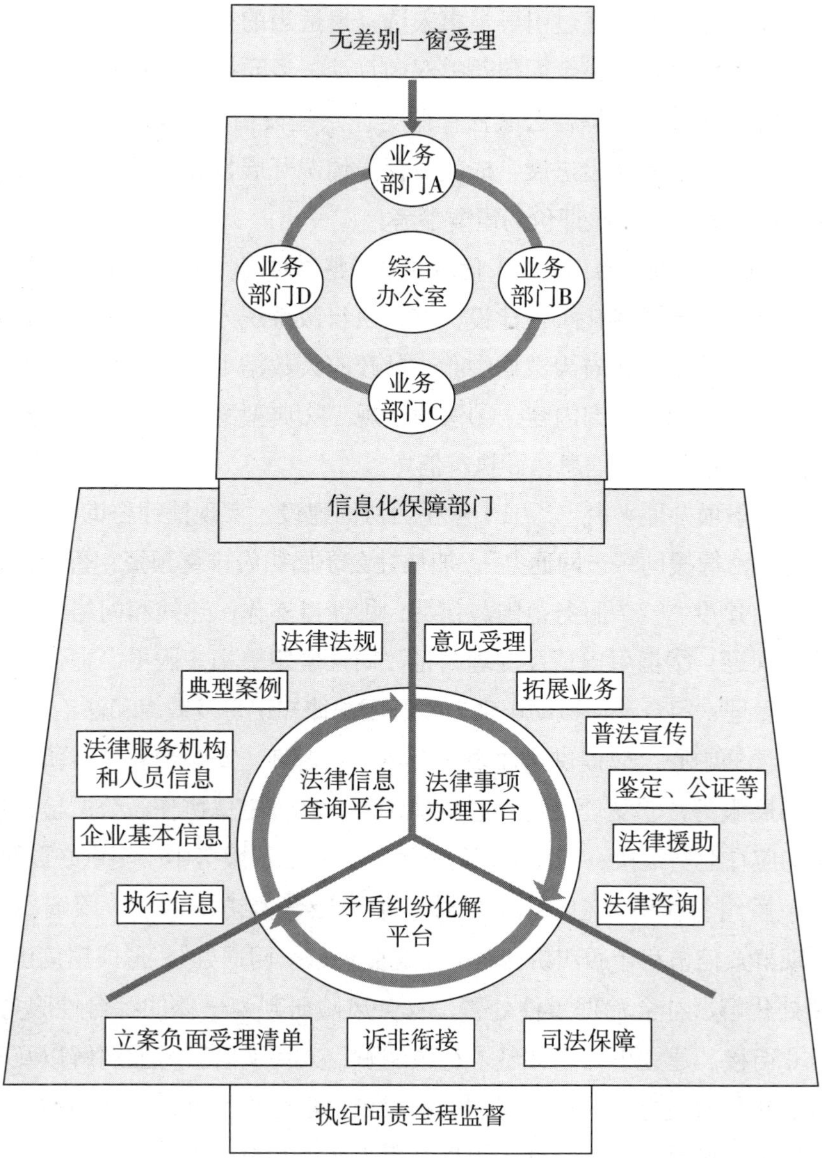

图5　综合法律服务中心框架图

（三）微观“绘形”：综合法律服务中心创设的平台规则

1.综合法律服务中心总章：（1）主要任务。构建包括法律事项办理、法律信息查询、矛盾纠纷调解三大业务的综合法律服务中心。以司法行政机关为主导，整合法治宣传、律师、公证、司法鉴定、法律援助、仲裁、人民调解等法律服务资源进驻中心，通过引导当事人选择最适当的方式，高效便捷地解决矛盾纠纷，为人民群众提供全面覆盖、双向互动、多元参与的专业化综合法律服务。（2）考核指标。将综合公共法律服务体系建设情况纳入各入驻考核内容，定期对法律服务体系建设进展、成效及保障情况开展督促检查，督查结果作为对有关党政领导综合考核评价的重要参考。

2. 法律信息查询平台：[①]（1）信息共享和整体协同。司法行政机关牵头管理，依托公共法律服务信息化平台建设，将司法行政系统人员、机构及业务系统办案（件）信息共享给政府大数据中心，从政府大数据中心交换数据实现部门协同、数据共享。（2）查询内容。①法律法规；②典型案例；③法律服务机构和人员信息；④企业基本信息；⑤执行信息。

3. 法律事项办理平台：[②]（1）多平台协同建设。实现法律咨询、电子公证、司法鉴定和法律援助“一网通办”，加快社会矛盾纠纷排查预警、智能保障等智慧应用平台建设。（2）服务范围。包括：①通过实体、热线和网络平台等解答基本法律问题；②指引申请及受理公证、司法鉴定等相关服务、提供专业法律意见；③受理、审查法律援助申请；④开展法律知识普及教育和法治文化活动；⑤具备条件的中心，应提供法律职业资格考试咨询、安置帮教、监所远程视频探视等拓展服务；⑥受理投诉和意见建议等。（3）主体协作。公、检、法以及政府机构应在业务衔接、场所使用等方面为公共法律服务中心提供必要协助。

4. 矛盾纠纷化解平台：（1）整体功能。设置接访、诉讼、调解、仲裁专区，实现群众信访和矛盾纠纷化解“一窗受理、一网通办”，形成集信访和矛盾纠纷调处化解、社会治理事件处置、社会风险研判为一体的综合性服务平台。（2）诉非衔接。建立诉讼与仲裁、行政调解、人民调解、行业调解以及其他非诉讼解决纠纷方式之间的衔接机制。针对到访群众提交的法律矛盾纠纷，对于符合立案受理负面清单的案件，引导当事人选择和解、人民调解、仲裁和公证

---

① 宜对接国家法律法规数据库，建构具有宪法、现行有效法律、法律解释、有关法律问题和重大问题的决定以及行政法规、地方性法规、自治条例单行条例、经济特区法规、司法解释等法律智库；对接裁判文书网、失信被执行人信息查询（中国执行信息公开网）以及天眼查、企查查等系统，构建类目相对完整的法律信息一体化查询体系。

② 可参照原公共法律服务中心的排布，根据法律咨询、法律援助、司法鉴定和行政审批、公证服务、法治宣传、司法考试等事项进行排布。

等方式解决；对于非诉方式不能解决，可转至诉调对接中心，通过专职调解员化解；对于诉调对接中心未能解决的，转入诉讼服务中心，对于双方争议不大、事实简单清楚的纠纷，直接导入司法速裁程序；不能导入速裁程序的纠纷，转交人民法院通过普通诉讼方式解决。(3)立案受理负面清单。对于离婚，追索赡养费、抚养费、抚育费纠纷，继承、收养纠纷，相邻纠纷，买卖、民间借贷、借用等一般合同纠纷，物业纠纷以及其他适合委派或委托行政组织、人民调解组织进行调解的纠纷，综合公共法律服务中心应优先安排调解组织予以调解，对于直接选择司法途径的，人民法院可请求中心相关组织进行诉前、审前、审中调解。(4)司法保障。对于咨询类纠纷，人民法院应协同相关提供法律咨询的主体，合理使用智慧法院功能，形成有针对性的咨询评估意见，引导当事人根据评估意见自行和解或寻求诉前解纷方式化解矛盾。对于综合法律服务中心其他主体受理的民事纠纷，人民法院应积极为中立第三方解决纠纷提供司法保障和专业解纷意见，建立法官指导下的调解保障机制，并通过特别程序、破产程序、督促程序等非审判方式为诉前纠纷化解提供保障。

以“综合法律服务中心”之建构来弥补当前协作之缺漏，旨在破除法律服务主体各自主导、圈地自治的痼疾，使得诉讼服务与公共法律服务体系在程序运转机制上衔接配合更为得当，解决多元纠纷化解和业务协同机制的碎片化、虚置化问题，希冀对诉讼服务与公共法律服务体系之协作融合有所裨益。

论诉讼服务体系建设中公共法律服务职能定位*

王 帆**

内容提要： 本文通过考察近年来人民法院诉讼服务体系建设中公共法律服务职能的发展境遇，通过分析现代化诉讼服务体系建设中如何更好地定位人民法院公共法律服务职能，提出与公共法律服务多路径协同发展这一对策，以提升人民法院参与社会治理能力水平，在满足人民群众日益增长的多元司法需求服务基础上，促进审判体系和审判能力现代化。

关键词： 诉讼服务体系；公共法律服务；职能定位

引 言

20世纪90年代，对人民法院社会评价存在着“门难进、脸难看、人难找、事难办”问题，审判机关对司法亲民、便民服务认知普遍不足，诉讼服务体系建设忽视了公共服务职能作用。到21世纪初，人民法院诉讼服务机制建设性思考开始萌发，对互联网+、大数据等与诉讼服务体系建设相结合的研究日渐

* 基金项目：本文系2021年度国家社科基金重大项目“民事司法程序现代化问题研究”（项目批准号：21&ZD205）的阶段性研究成果。

** 作者单位：中共厦门市委政法委。

增多，[①] 但相关研究仍以“诉讼服务中心如何建设”为主，对现代诉讼服务体系中公共服务职能的理论性探讨及实证分析不足。近年来，最高人民法院大力推行和完善司法便民举措，诉讼服务体系建设日益成为树立法院形象的重要内容，努力提供普惠均等、便捷高效、智能精准的公共服务，势必成为下一步建设更高水平现代化诉讼服务体系的必然选择。[②]

一、考察：诉讼服务体系中公共法律服务职能定位面临挑战

诉讼服务是我国特色社会主义法治建设不断推陈出新、制度创新过程中的一大亮点，诉讼服务整体职能定位正由原本的内部管理服务模式嬗变为外部公共服务导向，彰显司法为民理念精神。然而，如何更好地发挥诉讼服务体系建设中公共法律服务的特殊职能优势仍面临诸多考验。

（一）法律依据提出的标准亟待落地

诉讼服务体系建设之初最基本的功能便是对审判实践中不规范引发的群众意见予以回应，对内则是为了有效管理日益激增的案件量所造成的“人案矛盾”。因此，早期制度规范上较少体现公共服务职能。近年来，随着“一站式”集约高效便民举措的实施，诉讼服务体系成为法院的重点工作。从理论角度考量，人民法院的基本职能是通过审理案件实现定分止争，人民法院发挥职能的基本依托和司法的应有限度应是以法律规则为前提的裁判。但根据信息不对称基础上的公共政策博弈性理论研究发现，人民法院有必要延展其审判职能，为公共政策的正当性提供司法服务保障。[③]《人民法院组织法》规定的人民法院职

---

① 较具代表性文章有：周佑勇：《智能技术驱动下的诉讼服务问题及其应对之策》，载《东方法学》2019 年第 5 期；李鑫：《诉讼服务中心的功能定位与运作逻辑研究》，载《兰州大学学报（社会科学版）》2019 年第 3 期。

② 参见周强：《全面建设现代化诉讼服务体系 切实提升解决纠纷和诉讼服务能力水平》，载《人民司法》2019 年第 19 期。

③ 参见梁平：《公共政策理论与法院审判职能延展性论析》，载《河北学刊》2014 年第 6 期。

能从文意解读上也并非单纯审判权而已，[①]我国人民法院的职能既包括裁判职能，也包括诉讼服务职能，裁判权授权来源于法律规范，诉讼服务则由司法的公共性与人民性所决定。[②]同样的原则也体现在司法文件中，全面建设集约高效、便民利民、交融共享的现代化诉讼服务体系将是未来一项重点法治工作予以开展，[③]法律和政策导向已然很明确，需要制度规范进一步落地落实，真正实现社会法治进程中达成'最后一公里”界限突破。

（二）公共服务职权的范围需要拓宽

司法具有提供公共产品的职能。当前，司法资源明显面临不足，立案登记制施行以来资源表达的矛盾性更为突出，审判人员忙于应对与日俱增的审判工作，已疲惫不堪，更不用说还要参加分门别类的公共服务活动，从而也导致了当事人对法院工作的不满意，久而久之形成恶性循环，加之诉讼服务过于强调内部协调配合，忽视了审判工作中预防功能、宣传功能、矫正功能、促进功能的发挥。殊不知，公共法律服务也是法律性表现的一方面，其职权表现形式涵盖了法律、法规、意见、指示、行动等多方面内容，有些具有一定的抽象性，而有些则具有很强的可操作性。但无论如何，诉讼服务在成员参与性和决策透明度上应该向公共法律服务倾斜、靠拢，尽管法院履行的是审判职能，但其裁判效力不仅仅约束当事人，而且还会影响至普通社会大众，以鲜活的案例来诠释公共法律服务内容具有较完美解释正当性的合理基础，可以直观地为公众接受公共政策提供可资借鉴的示范，从而利用裁判这一“硬产品”更好地为社会提供公平公正的衡量标杆。综上，公共法律服务职能的拓展系诉讼服务体系建设与公共政策的结合，并非政府“专利”，也非立法机关所垄断，对人民法院诉讼服务机制建设不可或缺。

---

① 《人民法院组织法》第2条规定：“人民法院是国家的审判机关。人民法院通过审判刑事案件、民事案件、行政案件以及法律规定的其他案件，惩罚犯罪，保障无罪的人不受刑事追究，解决民事、行政纠纷，保护个人和组织的合法权益，监督行政机关依法行使职权，维护国家安全和社会秩序，维护社会公平正义，维护国家法制统一、尊严和权威，保障中国特色社会主义建设的顺利进行。”

② 参见李少平：《人民法院诉讼服务理论与实践探索》，法律出版社2015年版，第23页。

③ 参见《法治中国建设规划（2020—2025）》，载 http：//www.gov.cn/zhengce/2021-01/10/content_5578659.htm。最后访问时间：2023年7月10日。

（三）外部沟通衔接的制度有待完善

诉讼服务中公共法律服务职能的有效发挥可以说最大限度地满足了人民群众多元化诉讼服务需求，提高审判工作效率的同时实现了司法资源的有效整合，促进了司法的公正、高效和文明发展，为社会治理体系现代化铺平了道路。但在多元纠纷解决的制度运行语境下，诉讼服务体系与公共法律服务体系均承担着法律服务职能，职能划分上多有重合，职责事权范围尚未清晰，责任主体和牵头部门较难明确，无法发挥出最大价值导向的统筹协调能力，两种服务体系从整体社会治理角度来看均存在“单向外延发展，缺少双向协同”的两难处境。诉讼服务一般为法院内设，以审判机关提供为主导，非法院之外的其他机构，早期建构上更是直接将法院内设机构功能剥离和重组后形成的全新机制，均以一个“中心”，即诉讼服务中心的模式展现，受制于“立案大厅”服务模式影响，各项机制建设之初便遵循着法院司法审判职能发挥的总体原则，并以法律规定的实施组织细则作为办事规则，诉讼服务的职权范围和思维理念受限。相较于政府机关，法院行政管理经验不足，导致在开展多元纠纷化解、司法确认、人民调解等工作中面对诸多阻力。诉讼服务体系中公共法律服务职能的展现仅仅是法院自身的一种改革和探索，需要其他司法机关和社会力量的通力协作，从诉讼前的调解来看，法律地位尚不明确，主体、程序、功能定位等没有规范，实践中也表现为调解与内部审判运行矛盾突出。[①]公共法律服务职能则更多以司法行政系统为中心，人民法院诉讼服务中公共法律服务与政府公共法律服务职能相分离，目前尚未有效实际结合，且在畅通协调机制上缺乏更多实践基础，这种内外不均衡发展对人民法院构建多元化纠纷解决机制造成多重障碍。

（四）共同长效治理的机制更需突破

在完整的公共法律服务体系中，基本公共法律服务的对象具有普遍性，[②]这种普遍性反映在诉讼服务体系和政府公共法律服务体系中尤为明显。因为对象

---

① 参见李少平：《人民法院诉讼服务理论与实践探索》，法律出版社 2015 年版，第 165 页。

② 参见杨凯：《论现代公共法律服务多元化规范体系建构》，载《法学》2022 年第 2 期。

的普遍性，导致诉讼服务中的公共法律服务和政府公共法律服务体系尚缺乏互补、互动、程序衔接和彼此支持。普遍存在的共性问题是在社会矛盾纠纷解决中未进行事先合理筛选和过滤，政策制定的多样化、碎片化较为明显，以及部门主义和地方主义表现突出，是我国公共政策发展中的一项重要弱点，[①]政府在法律服务规范性政策制定过程中缺少衔接互动致使政策对象参与度低，减损了政策影响力，[②]特别是制定服务型管理规定中效果较差，也势必会威胁整个国家治理能力的提升。以福建省厦门市为例，该市于2019年出台《推进公共法律服务平台建设工作要点》，2021年8月出台《厦门经济特区公共法律服务条例》，[③]原则性地规定了人民法院按照职责做好公共法律服务工作，并未就与诉讼服务结合提供具体明确的实施细则或指引。纵观全国及其他省、市，在构建公共法律服务机制上也同样缺乏横向衔接及具体可操作性举措（见表1），由于缺少共同解纷、共同治理长效机制，致使各种纠纷解决方式较难发挥实质作用。同样会减损司法公信力的一种表现便是人民法院对超越自身化解纠纷能力范围外的案件作出的裁判，并不能在有限职权范围内妥善解决纠纷。2015年5月1日，立案登记制改革实施以来，暴露了诸多难题，“送达难、审理难、执行难、涉诉信访难”问题频发，立案登记制看似解决了立案难问题，但并未实质性破解纠纷产生的根源，也只是防漏堵塞的一种手段，审判裁决是化解社会矛盾纠纷的最后环节，但不是唯一途径，也未必是最有效解决纠纷的方式。当前，诉讼服务体系所承载的诉讼解纾压力形势十分严峻，在诉讼服务体系建设中亟须一种公共服务机制充实或替代促成其成为社会治理的有效手段。

---

① 俞可平：《衡量国家治理体系现代化的基本标准——关于推进“国家治理体系和治理能力的现代化”的思考》，载 http：//theory.people.com.cn/n/2013/1209/c49150—23782669.html，最后访问时间：2023年8月20日。

② 参见霍海燕、师青伟：《变量演化及现实困境：公共政策制定的有效性》，载《河南社会科学》2021年第2期。

③《厦门经济特区公共法律服务条例》，载国家法律法规数据库 https：//flk.npc.gov.cn/detail2.html?ZmY4MDgxODE3YzIxOWJkOTAxN2MyNGZjMmEzMjE4YmQ，最后访问时间：2023年8月26日。

表 1 全国及部分省、市公共法律服务制度规范

名称	内容	颁布时间
《司法部关于推进公共法律服务平台建设的意见》	第 6 条：推进公共法律服务平台规范化运行。健全部门协作机制，加强与人民法院、人力资源和社会保障、民政、信访、工会、共青团、妇联、残联等相关部门的协作，实现公共法律服务与诉讼服务和社会服务的对接，提高群众获得公共法律服务的便利性	2017 年 8 月
《山东省公共法律服务条例》	第 24 条：人民法院、人民检察院、公安机关以及其他行政执法部门应当建立健全以案释法工作制度，加强典型案例的收集、整理和发布工作，与司法行政部门有效衔接，积极为公众提供法治宣传教育等公共法律服务	2020 年 9 月
《江苏省公共法律服务条例》	第 36 条：地方各级人民政府、有关部门和单位，人民法院、人民检察院，应当建立公共法律服务协同制度，在服务场所和设备使用、业务衔接、服务运行等方面提供保障和便利，健全矛盾纠纷多元化解、以案释法等协调联动机制	2022 年 9 月

二、分析：诉讼服务体系中公共法律服务职能定位的三维度困境

裁判乃是司法的专长，法院自然就责无旁贷承担起裁判的职能，但法院并非只立足于审判，应适度超越审判，对公共政策应当作出客观必然的干预或映射，法院或法官如若开始制定和逐渐掌握公共政策的形成，就会体现出司法的决策范围正在向司法规则和程序转变。相较以往，人民法院审判活动更具丰富性，但实际上职能理念却需要更新突破，更好地发挥诉讼服务便捷性、公正性面临诸多困境。

（一）宏观层面：多举措定位的目标导向考察

2005 年，北京市海淀区人民法院设立了当事人服务大厅，系全国最早设立诉讼服务机构的人民法院，诉讼服务“内外兼具”，既注重对内服务审判事务性工作，又对外提供给当事人立案引导、信息查询等，随后又有部分省市法院开设了诉讼服务大厅，但仍在原立案大厅基础上架构。2008 年 8 月，天津市高级人民法院下发了《关于在全市各级法院建立诉讼服务中心的通知》，启动诉讼服务中心建设，形成了覆盖全市的诉讼服务网络，并探索将诉讼服务工作延伸

扩展至公共法律服务领域，取得了阶段性的成效和经验。2009年，最高人民法院在前期全国经验探索基础上出台了《关于进一步加强司法便民工作的若干意见》，意见的出台不仅提出了建设诉讼服务中心这一举措，也从顶层设计上将人民法院诉讼服务推向公共服务方向，其中“引导当事人选择纠纷解决方式”“方便当事人诉讼”等表述体现了法院审判职能向公共服务理念转变过程。[①]之后，诉讼服务中心如雨后春笋般在全国各省市法院设立。

2019年8月，为深化司法体制综合配套改革，全面建设现代化诉讼服务体系，最高人民法院提出了“司法为民，公正司法”理念，推动建设更为集约高效化、多元解纷化、便民利民化、交融共享化的现代诉讼服务体系，实现了诉讼服务向公共法律服务推进的跨越式发展。随后，全国法院开展的一系列工作举措也是在逐步完善诉讼服务活动，同时，不断加强对诉讼服务中公共法律服务职能的优化设计：一是提供服务平台。开通诉讼服务网，可在线专门服务当事人和代理律师，提供立案审批、案件管理、组织调解等服务，开通12368热线等提供法律咨询和案件信息查询功能。二是满足多元需求。立案登记制实施后，组建了跨域立案等在线服务，同时，加强审判各环节普法与判后答疑，全流程满足人民群众诉讼及非诉服务需求，“分调裁审”机制的建立减轻法官压力的同时也释放了审判活力，让法官更有精力参与调解和普法，将审判职能不断拓展至公共服务领域。三是衍生协作机制。诉讼服务中心及诉讼服务体系建设过程中不断创新公共法律服务方式，拓展延伸服务领域，与公证机构、司法行政机关、高校、新闻媒介等组织建立了服务协同机制。例如，安徽省高级人民法院出台《全省法院进一步完善矛盾纠纷多元化解机制工作意见》，积极探索与省直各单位沟通、接洽，与省工商联、省侨联、省保监局、省消保委、省旅游局联合出台了诉调对接工作意见。[②]以上种种举措的出台均在推进司法能动作用的发挥，但未将司法职能中的公共服务职能发挥到最大效果，想要通过多措

① 《关于进一步加强司法便民工作的若干意见》第1条：“人民法院应当设立立案大厅或诉讼服务中心，配备必要的工作人员，认真做好信访接待、诉讼引导、案件查询、办案人员联系、诉讼材料接转、诉讼疑问解答、判后答疑、引导当事人合理选择纠纷解决方式等方面的工作，并应配合必需的服务设施。”

② 汪晖、阚云飞：《创新矛盾纠纷多元化解机制 推进诉讼服务中心提档升级》，载《人民法院报》2016年7月13日第8版。

并举发挥优势职能作用就必须充分协调各方力量，多点齐发，既立足司法的本身职能定位，又着力于全面参与社会治理，构筑法治建设一体化合力。

（二）中观层面：域外制度借鉴的尝试和启发

与我国不同，国外司法实践中诉讼服务体系中公共服务职能的展现并不突出，缺少概念性阐述，但依然对我国诉讼服务中公共法律服务职能的拓展完善具有现实启发意义。

在美国，《美国联邦司法发展战略》很早就规定了“增强司法的便民性”，并将“确保联邦司法系统向参与司法过程的群体开放、便捷”作为便民性七大战略之一，要求法院开庭表、案件材料等必须通过互联网向社会公开，并提倡审前案件“繁简分流”，使大多数案件在进入庭审前得到化解，提高了联邦法院司法效率，[①] 极大增加了社会公众对美国法院的理解、信任与信心。诸如前美国退休大法官奥康纳和苏特作为公民教育的倡导者，开展了多项与法院外组织的协作工作，通过参与公共教育改善了公众对法院工作的理解。

在英国，皇家法院服务局负责统一为英格兰和威尔士法院提供管理服务，皇家法院服务局推行的《英国司法工作发展战略》中将“如何高效、便捷地为民众提供服务、满足民众对司法的需求”作为核心要义之一，从近年来的改革也足以显现这一举措具有很大的优势。为贯彻发展战略，皇家法院服务局围绕司法核心宗旨，在诉讼服务中为民众和政府提供多方位公共服务，包括日常法律咨询、债务破产咨询、个人支持服务（Personal Support Unit）、从源头上解决纠纷（类似于中国的诉源治理）等。

在我国，人民法院提供诉讼服务过程中通过不断探索尝试拓宽了审判职能优势，通过公共法律服务进一步延伸了裁判前疏导和指引作用，例如，法官送法下乡、巡回审理、判后答疑，与司法行政机关等联合进行的诉源治理等均展现出强而有力的司法能动性。放眼域外，尽管大陆法系和英美法系在司法制度体制上有所差别，但在法院开展公共服务活动中目标导向基本一致，即高效、便捷地为民众提供诉讼或非诉讼类公共服务。区别在于美英受“接近正义”理

---

① 参见蒋惠岭、黄斌编译：《美国联邦司法发展战略》，载《人民法院报》2012 年 9 月 14 日第 8 版。

念影响，关注点在于程序上是否能够尽最大努力满足当事人或相关诉讼参与人的需要，中国法院则依附于法院内部管理机构发挥从内向外的公共引导。域外诉讼服务机制中的公共服务所提供的借鉴意义在于：域外司法揭示出为当事人提供便利服务，保障司法开放、便捷、高效，提升司法亲和力、接近性并不是目的，因为当事人提起诉讼的最终目的不在于“诉”，而在于“解诉”，提升公共服务职能可以作为有效化解矛盾纠纷的前置手段并加以合理利用。

（三）微观层面：职能发挥作用需精细化分工

诉讼服务职能是诉讼服务功能的具体化展示，公共法律服务职能展现则是当前或今后一段时期内实现诉讼服务功能的可选择路径之一。从中央深改委《关于加强诉源治理推动矛盾纠纷源头化解的意见》强调“加强矛盾纠纷源头预防、前端化解、关口把控，完善预防性法律制度，从源头上减少诉讼增量”，到2019年初，一站式多元解纷和诉讼服务体系建设（“两个一站式”建设）被最高人民法院确立为一项重点司法工程，再到后来，基本建成一站式多元解纷和诉讼服务体系，整个过程中对诉讼服务中公共法律服务职能的定位和作用发挥均进行了详细的阐明。①但目前仍未进行统一规范和精细化分工，例如，在全国范围内开展的诉讼服务中心建设过程中，最高人民法院虽然在制度性文件中对诉讼服务中心建设提出了要求，②但多头管理现象时有发生，类型化杂乱建设现象突出，诉讼服务中心窗口部门管理同公共法律服务窗口部门相比较缺少同质化统一标准，探索将国家治理模式、社会治理过程、基层治理法治化等一系列动作纳入纠纷解决过程中仍需要从微观层面出发制定统一的协同发展模式样本，同时，要做精细化的职能定位分工，将诉讼服务中公共法律服务与传统诉讼服务职能相区分，理顺法院承担诉讼服务职能的界限，从而实现最大化的集约效率。

---

① 全国3501家法院上线中国移动微法院小程序，当事人可通过这一入口完成立案、查询、交费、调解、庭审等29项在线诉讼服务。四级法院全面应用人民法院送达平台，人民法院保全、委托鉴定等系统也已建立 推动诉讼事务“一网通办”等举措和目标的达成均体现了诉讼服务中公共法律服务职能的优势所在。

② 参见《关于全面推进人民法院诉讼服务中心建设的指导意见》，载最高人民法院 http://www.law-lib.com/law/law_view.asp?id=489637，最后访问时间：2023年8月25日。

三、对策：诉讼服务体系中公共法律服务职能定位路径选择

公共法律服务就是给人民群众提供触手可及的法律服务，确保服务满足基层社会需求，从而有效增强人民群众的获得感、幸福感、安全感。[①] 同诉讼服务体系一样，公共法律服务是以“人民为中心”发展理念的“民心工程”，推进公共法律服务有效融入诉讼服务体系建设，实现诉讼服务体系构建全面发展，亟须强而有力明晰诉讼服务体系中公共法律服务职能定位，以促进社会治理体系现代化。

（一）在观念认识上创新理念协作动能

从目前发展现状看，诉讼服务体系建设运行基础好，相比于公共法律服务具有更加天然的优势地位和影响力，但最终要实现公共法律服务的美好愿景是要建设以政府为主导的公共法律服务体系，毕竟法院是审判机关，承担更多的诉讼裁判职能，公共服务并非人民法院的核心“产品”，寄希望于通过审判机关实现普法、多元化调解等并非现实之举，也无法形成社会治理核心“竞争力”。因此，政府司法行政部门应当更加注重拓展公共法律服务内容，提升服务水平和服务能力。同时，人民法院应当进一步深化认识，从观念上引导政府完善公共法律服务能力，站在全局高度，充分认识现代诉讼服务体系建设的科学内涵、重要意义和目标任务，按照党中央、最高人民法院相关决策部署，加强与地方党委，地方政府法治中心工作的沟通衔接，可探索建立司法行政机关、政府职能部门双向沟通交流机制，推动政府与法院公共法律服务平台数据汇聚融合。[②] 制定科学高效管理的诉讼服务制度促进诉讼服务中公共法律服务功能的延展，引导各类社会组织积极主动参与诉讼服务，通过诉讼服务体系建设推进法院公共法律服务取得实质性突破，以协同实现创新，以创新实现全方位化解社会纠纷。

（二）在发展阶段上构筑对向衔接机制

2015 年，全国政法系统大力推进公共法律服务体系建设并取得一定成效，

---

① 参见杨凯：《习近平法治思想中的公共法律服务理论》，载《东方法学》2022 年第 6 期。

② 参见杨凯：《推进中国特色现代公共法律服务多元化规范体系建构》，载《中国司法》2022 年第 5 期。

曾一度成为社会热点话题。公共法律服务在公共服务体系中的地位愈发重要，而诉讼服务体系职能定位中的一部分也被纳入公共服务范围内。从某种程度讲，两种服务体系同时兼具公共服务职能优势作用，公共法律服务则具有特色鲜明的法治色彩，诉讼服务体系则是审判服务外化形式，具有更强的专业化和实践性，二者均充分彰显法治原则和法治精神，上述制度特点为公共法律服务与诉讼服务体系的有效衔接提供了坚实的实践基础。并且，诉讼服务中更多地体现出公共服务职能的先发优势，人民法院诉讼服务体系的改革实践及既有功能的延展，为公共服务职能的展现提供了延伸平台。例如，人民法院的判决便是最直观的公共服务“产品”，其直观性表达为对案件的处理结果，可以有效形成社会法治教育的示范效应，成为化解矛盾纠纷的宣传前沿阵地。随着人民法院诉讼服务体系的不断变革，司法诉讼服务的公共性将进一步展现，表现出范围更广的功能定位，且服务内容的法定性和制度设计的全面性进一步凸显，一站式诉讼服务体系建设日臻完善也为公共法律服务体系的结合提供了有利条件，在服务理念、业务范围、衔接机制等方面的融合提供了保障。从对向制度构建看，公共法律服务则更多地体现为多样性与实践性相当的局面，全国及各省市法律服务网、公共法律服务热线、移动客户端、基层公共法律服务组织，配合体系化的各地公共法律服务中心所建立的实体化运作平台，均与诉讼服务体系发展职能如出一辙，两个“中心”实现融合发展完全可以在体系上主动嵌入、相互辉映、一体协同实现更好的创新。

（三）在实践基础上打造多种平台互通

诉讼服务体系建设中公共法律服务职能所要发挥的优势和公共法律服务自身机制理念是统一且一致的，二者实践的基础都是通过充分协调来调动社会各方力量，各部门形成合力共同参与公共法律服务，确保提供法律服务的过程中满足广大人民群众的法律服务需求，保证服务质量和效果。在此基础上，搭建平台促进协同是最有效促进治理体系不断优化设计的手段。首先，可以探索建立融合一体发展模式，将诉讼服务构筑平台纳入公共法律服务平台中；也可以利用党委治理新模式，展现新时代法治建设的力量，将二者共同作为党政综合服务平台的窗口，发挥基层治理能动效应。其次，可以尝试构筑规则协同模式，人民法院与司法行政机关共同订立电子诉讼证据材料的提交规则，以及探索共同参与在线庭审的实施规则，促进诉讼流程规范化协同。最后，从实践基础上确保全员参与，不仅立案服务窗口部门要参与公共法律服务，审判及审判服务人员等也要参与公共法律服务；确保全民参与，司法行政部门要搭建法律服务平台，法院要真正参与其中，杜绝走过场，防止“雨过地皮湿”；拓宽渠道提供服务，律师、公证、仲裁、法律援助等个人或机构是提供公共法律服务的重要基础，法院与上述个人或机构打交道具有优势地位，应主动发挥职能作用，在诉讼服务中形成多层次、多领域、多渠道公共法律服务供给。

（四）在机制运作上建设一体高效协同

有效定位诉讼服务中公共法律的职能最重要的便是在机制运作上实现诉讼服务与公共法律服务的一体协同。从当前审判和公共服务实践来看，诉讼服务体系中定位公共法律服务职能主要体现为诉调对接、诉源治理、法律援助、司法辅助性事务、法治宣传、业务能力培训等方面，从上述事项出发实现初步协同是当前亟须改进的重要环节。例如，在律师服务机制上，可由司法行政机关和律师协会共同努力，形成合力指导律师事务所、基层法律服务所建设规范化的远程出庭室，引导当事人通过网络远程参与庭审，法院和司法行政机关共同培训律师和基层法律服务工作者迅速熟悉法院网上开庭使用守则、操作规程。聚焦重点方向，协同做好法治宣传工作，由法院和司法行政机关、律师协会、律师事务所共同加强对电子诉讼推广的宣传力度，创新服务模式的同时规范各项在线诉讼指引，提升即时解决问题能力水平。[①] 综上所述，结合两种体系制度定位设计融合发展的初步方案，重点在于提升规范性文件、平台建设、服务事项等方面融合，以此为基，构建有效协同规范化长效机制，以促进社会治理体系不断创新发展。

结　语

国之治乱，全系于礼之兴废。古代中国以儒家思想治国，极为注重“礼”，

---

① 参见杨凯:《论公共法律服务与诉讼服务体系的制度协调》，载《中国法学》2021 年第 2 期。

欲以礼为治世之工具。①反观现代社会，治理国家更重视依法治理，注重政治秩序维护，但不管是“以礼”还是“依法”，均是治理过程工具理性，最终体现的是坚持以人为本。于此 社会治理应更多地强调公共服务职能展现，政府也罢，法院亦是，均具有法律性、公共性和服务性特征，如何更好地发挥各自职能优势，需要对人民法院一站式多元解纷机制和诉讼服务体系基本建成的先发优势及成功经验展开深入思考，重新予以职能定位，协同司法行政机关发挥出公共法律服务体系建设的后发优势，为中国法治建设新征程提供更具深远意义的探索。

① 参见瞿同祖:《中国法律与中国社会》，商务印书馆2010年版，第322页。

诉讼公共服务

全域诉讼服务体系应用场景建构路径

——以基层法院公共法律服务功能为中心*

黄小丹　魏　薇**

内容提要：本文以基层法院公共法律服务功能为中心，考察现代化诉讼服务体系与公共法律服务体系协同的实践样态，提出应从服务定位、服务供给、服务品质三个维度回应群众“核心刚需”，并立足优化诉讼服务“小窗口”，构建更加普惠均等的全覆盖、全通道、全业务、全时空的结构式现代化诉讼服务闭环体系，推进诉讼服务由矛盾“中转站”到问题“终点站”的提档升级，实现法院诉讼服务体系“一站式接收、一揽子调处、全链条解决”社会治理效果最大化，最大限度将矛盾纠纷化解在基层、解决在当地。

关键词：诉讼服务；公共法律服务；应用场景

引　言

基层法院是法治建设的基础力量，是基层社会治理力量的重要一极，在习近平总书记“完善公共法律服务体系，夯实依法治国社会基础”法治发展战

*　基金项目：本文系2021年度国家社科基金重大项目“民事司法程序现代化问题研究”（项目批准号：21&ZD205）的阶段性研究成果。

**　作者单位：福建省安溪县人民法院。

略的指引下，诉讼体系与非诉讼体系经过理论与实践的交互渗透发展，在各自领域积极探索基层社会治理解题之道。① 在新发展格局中，以诉讼服务的公共法律服务功能整体优化为抓手，协同融合非诉讼服务体系，真正构建多渠道、多元化、一体化的实质性社会矛盾纠纷化解体系，是基层法院参与基层法治“神经末梢”治理的新课题。实践中，诉讼服务体系与非诉讼公共法律服务体系（以下简称两体系）因缺乏创新的制度协同、有效的对接渠道和规范的协同标准，未能科学合理建构基层社会矛盾纠纷解决的前置过滤程序，“诉讼爆炸”“诉讼洪峰”无法得到有效引流、分解，深陷机制融合梗阻、无实质意义协同的现实困境。为此，应当在共享服务架构的制度协同理论发展基础上，② 打通诉讼和非诉讼制度之间的底层逻辑，形成两种服务体系的实质性协同合力，建立一站式多元融合纠纷的基层社会治理模式，实现法院诉讼服务体系“一站式接收、一揽子调处、全链条解决”社会治理效果最大化。

一、耦合困境：诉讼与非诉讼之间的底层逻辑未打通

越是一个需要规划未来的时代，就越是一个需要回顾过去的时代。将诉讼服务建设的顶层规制进行梳理（见表1），透过诉讼服务建设的发展脉络，可以看到，法院一站式建设过程中，诉讼服务功能内涵与外延逐渐扩张，除了定分止争，法院还坚持把非诉讼纠纷解决机制挺在前面，司法资源供给与服务需求之间的张力趋于紧张，由于整体性制度设计缺失、程序制度功能逻辑悖反、结构性功能供给不足，诉与非诉未能有效对接、衔接、联动，不仅无法发挥法院整体本位作用，聚合全社会解纷资源，还将基层社会矛盾纠纷汇聚到诉讼服务中心，使法院由“维护公平正义的最后一道防线”挺到了第一线，诉讼服务在应对日益扩展的功能范围和日渐繁重的功能任务时边际效应递减。

---

① 参见杨凯等:《公共法律服务体系建构新视野》，中国社会科学出版社2020年版，第6页。

② ［德］杰德·施瓦茨:《公共部门共享服务中心》，张庆龙译，中国财经出版社2020年版，第238页。

表 1　人民法院诉讼服务建设历史发展脉络梳理

时间	政策依据	改革举措
2009 年 2 月至 2014 年 12 月	最高人民法院《关于进一步加强司法便民工作的若干意见》（法发〔2009〕6 号）	人民法院应当设立立案大厅或诉讼服务中心，配备必要工作人员，认真做好信访接待、诉讼引导、案件查询、人员联系、诉讼材料接转等工作，配置必需 服务设施
2014 年 12 月至 2015 年 11 月	最高人民法院《关于全面推进人民法院诉讼服务中心建设的指导意见》（法发〔2014〕23 号）	明确诉讼服务中心建设总体目标、基本原则、诉服大厅布局，并提出具体要求，人民法院诉服场所统一使用“诉讼服务中心”名称
2015 年 11 月至 2019 年 8 月	全国法院诉讼服务中心建设推进会	深入总结诉讼服务中心建设经验做法，明确新常态下诉服工作目标任务，以五大发展理念为引领，加快实现诉服中心系统化、信息化、标准化、社会化，推动实现新发展，切实满足人民群众日益增长多元司法需求
2019 年 8 月至 2022 年 2 月	《最高人民法院关于建设一站式多元解纷机制一站式诉讼服务中心的意见》	到 2020 年年底，全国法院一站式多元解纷机制基本健全，一站式诉讼服务中心全面建成；普遍开通网上立案功能，全面推行跨域立案服务；中级、基层法院建立由多数法官办理少数疑难复杂案件，少数法官解决多数简单案件的工作格局
2022 年 2 月至 2022 年 7 月	《人民法院一站式多元纠纷解决和诉讼服务体系建设（2019—2021）》	以人民法院在线诉讼服务平台为总入口、十大诉讼服务平台为支撑的互联互通、融合共享、业务协同的平台体系全部建成；以“厅网线巡”立体化服务渠道为载体，覆盖诉源治理、多元解纷、分调裁审、立案服务、审判辅助、涉诉信访等内容的一站集约、便民利民、高效解纷的应用体系加快形成；以最高人民法院诉讼服务指导中心信息平台为抓手，诉讼服务质效评估指标为牵引的科学化、智能化、精准化“一网通管”管理体系不断优化
2022 年 7 月至今	《最高人民法院关于为加快建设全国统一大市场提供司法服务和保障的意见》（法发〔2022〕22 号）	深化一站式多元解纷和诉讼服务体系建设，突出一站、集约、集成、在线、融合五个关键，建设集约高效、多元解纷、便民利民、智慧精准、开放互动、交融共享的现代化诉讼服务体系

（一）诉与非诉通道未能有效对接

近年来，大量纠纷涌入法院诉讼服务领域，基层社会纠纷解决主渠道汇聚到诉讼服务领域，“诉讼爆炸”“诉讼洪峰”使得基层法院诉讼服务中心人满为患，高位运行的基层社会矛盾纠纷不断加剧基层法院案多人少矛盾（见图1）。[①] 多数基层诉服中心由原有立案大厅改造，人员由原有立案庭团队和派驻调解机构人员构成，诉服场域无实质性扩展，人员无实质性增设，但功能和模块却向多元功能服务扩展，在司法资源有限性的供给结构中，繁忙的诉讼服务中心应用场景 负重前行、单兵突进的诉讼解纷前端运行凸显出人员总量配置不足、事务性成倍增加，诉讼供给侧与需求侧结构性矛盾压力攀升。与之相反，公共法律服务中心在多元解纷机制的理念与实践层面无实质性探索，局限于法律援助、法律咨询等传统内容，实体平台实质性纠纷解决功能发挥不足，一体化平台的研发与主导对接方面亦显匮乏，处于知晓率不高、认可度不够、专业性不足、工作不饱和的功能空心化困境。

图1 案多人少矛盾加剧

（二）诉与非诉解纷未能有效引流

“遇事找法、解决问题用法、化解矛盾靠法”的法治要求，常被社会公众误解为“化解矛盾找法院”。尤其是立案登记制改革之后，公众将立案审查门槛降

① 参见《全国法院司法统计公报（2014~2022年）》，载最高人民法院 http://gongbao.court.gov.cn/ArticleList.html?serial_no=sftj，最后访问时间：2023年9月18日。

低片面理解为“鼓励诉讼”，把诉讼视为解决社会矛盾纠纷的首要渠道。部分基层法院在实践中强化主导意识，力图以本单位、本条线为中心，提升社会矛盾纠纷化解的地位和作用，此种认识忽视了传统的法院角色定位和现实中法院的能力。由法院主导的解纷模式，虽汇聚了各类调解资源，但缺少功能互补、程序衔接、协调联动的纠纷解决长效机制，致使各种纠纷解决方式尚未发挥其应有的作用，[①]未能科学合理建构基层社会矛盾纠纷解决的前置过滤程序，无法真正发挥法院事权分配总调度的效能，诉与非诉没有得到正确的引流、分解，未能从根本上缓解法院案件高位增长的现实困境。另外，正如费孝通在《乡土中国》中所描述的“这是一个‘熟悉’的社会，没有陌生人的社会”，[②]随着“和谐”“无讼”等中华传统文化影响、社会主义核心价值观的深度融入和“自治、法治、德治相结合”基层治理体系发挥作用，更多引入村规民约、善良习俗等非诉讼渠道解决矛盾纠纷，但目前村规民约与现有解纷机制衔接不够，部分村规民约的条款与现有法律规定存在不一致甚至冲突，“三治融合”的治理体系落实力度不足，作用不明显。

（三）诉与非诉治理未能有效联动

诉讼服务职能是一个具有开放性、包容性、时代性的体系。[③]在一种合理的司法模式中，司法克制与司法能动如影随形。[④]基层法院现有的纠纷预防手段呈现分散化特点，联防举措多为“应景式”“运动式”的权宜之计，多数局限于传统普法宣传、司法建议、白皮书、态势分析等方式，实际落实情况难以保障，与非诉纠纷解决机制合力形成基层社会治理的成效还不理想。在最高人民法院司法改革领导小组印发的179个改革案例中，有关纠纷预防内容的案例仅有7个（见表2），涉及风险评估化解、在线法律咨询、直播普法、类案答疑等创新方式，然而这些创新方式大多未能突破传统方式的范畴，“送法进社区”、法律咨询等普法宣传活动的效果较为有限。法院主导的多元解纷机制在诉讼总量和增量居高不下的情况下，因厘定司法功能边界、调配社会参与力量等不足，社

① 卞建林：《中国司法制度基础理论研究》，中国人民公安大学出版社2013年版，第103页。
② 费孝通：《乡土中国 生育制度》，北京大学出版社1998年版，第9页。
③ 李少平：《人民法院诉讼服务理论与实践研究》，法律出版社2015年版，第25页。
④ 崔永东：《司法学论纲》，人民出版社2014年版，第68页。

会治理效能呈现下降趋势。

表2 纠纷预防样本特色与协同行为逻辑、效果

序号	法院	案例名称	纠纷预防举措	协同行为逻辑	协同效果
1	上海市普陀区人民法院	依托社区法官打造前哨式解纷模式	工作室与基层调解力量共享所掌握的社区纠纷信息及排查到的重大矛盾纠纷和社会不安定因素，对潜在的矛盾纠纷早发现、早疏导、早化解	组织资源扩展	纠纷控制
2	浙江省高级人民法院	创新运用新时代“枫桥经验”打造具有浙江特色的矛盾纠纷解决体系	浙江法院依托“在线矛盾纠纷多元化解平台”，提供在线咨询、评估等服务，推动纠纷处理模式从事后处理向源头预防转变	实体场域升级	纠纷控制 纠纷解决
3	浙江省诸暨市人民法院枫桥法庭	传承创新“枫桥经验”筑牢基层治理“桥头堡”	进一步完善联调联动机制。对涉及相关行业协会、商会、工会、国土、工商等部门的案件，移送成员部门诉前委派调解，或由法庭牵头、邀请部门派员共同参与化解，实现法庭与乡镇各部门预防和化解纠纷的良性互动。定期召开联席会议，探讨工作过程中出现的新情况、新问题，剖析典型案例及矛盾纠纷的难点、疑点，总结经验，查找不足，制定改进措施等	组织外部协同	纠纷避免 纠纷控制
4	安徽省滁州市中级人民法院	弘扬“小岗精神”打造“三治融合”乡村治理样本	定远张桥法庭根据其地方民族特色，建立二龙回族乡法官工作室，和当地党委政府相关负责人建立微信群，邀请回族德高望重的阿訇作为特邀调解员，成为专为回、汉两族矛盾纠纷提供司法服务的“解铃人”，创建德治为先、预防在前模式。实现了“无讼”民族乡创建目标	组织资源拓展	纠纷避免

续表

序号	法院	案例名称	纠纷预防举措	协同行为逻辑	协同效果
5	福建省漳州市中级人民法院	调解创新惠民生共治共建再升级	在全市推广龙海联片调解微信服务平台“和谐号”做法，法院、公安、司法、调委会等有关部门和各个村调解主任均加入其中，整合社会治理资源，打造群防群治信息共享网络，有效实现纠纷预测预警预防	组织行为创新科技信息运用	纠纷避免纠纷控制
6	广东省深圳市中级人民法院	抓好四个关键问题系统优化司法确认程序	坚持类案专业调解模式，做好调解组织专业能力培育，制定《律师参与先行调解工作流程指引》，充分发挥律师预防和化解矛盾纠纷的法律专业优势	以立法促进组织协同	纠纷解决
7	北京市朝阳区人民法院	研发案件空间系统推广“定制式”司法服务	围绕案件总量大而且事关民生的纠纷，与相关机构、企业、社区、群众“一对多”互动、“网对网”交流，法官开通“直播”，提供类案专项答疑、专题讲座、释明常见法律风险，“观众”扫码观看，期间可发送文字小弟进行互动、查看主播和“观众”人数，通过统一类案裁判尺度，精准预防和减少矛盾纠纷；及时响应基层司法服务需求，结合“京法巡回讲堂”“法律十进”等活动，开展“合作直播”“典型案例发布”等订单式服务，积极培育基层群众的尊法和守法意识，提升基层自治组织运用法治思维和法治方式预防化解矛盾纠纷的能力	组织行为创新	纠纷避免纠纷解决

二、困境透视：机制融合孱弱致使组织运行逻辑悖反

诉讼服务不断泛化，结构性功能供给不足，与非诉协同机制不健全呈现出组织运行内在逻辑悖反的样态，而非诉服务“元治理”源发性不足，缺乏制度基础与市场土壤，处于机制边缘化、功能空心化困境。解纷机制的功能差异、

制度协同不足、机制融合孱弱，使两体系“尚未形成功能互补、良性互动、程序衔接、彼此支持”[①]的实质性解纷合力，未能满足人民群众日益提高的对基层社会纠纷解决体系公共服务功能的新需求新期待。

（一）缺乏诉非对接的顺畅机制

由于未能科学合理建构基层社会矛盾纠纷解决的前置过滤程序，法院虽然与联动单位签约建立纠纷解决的协同联动协议，但多数停留在“纸面作业”层面，联动单位在思想认识、工作机制、人员投入、经费保障[②]等方面未实质到位，个别部门的观念还停留在为法院消化案件的认识上，参与的积极性不高、重视度不够，法院唱独角戏的情况依然存在，解纷联动格局尚未形成。虽然基层法院持续聚合资源，但化解效率未能有效提升，化解案件数量有限，多元化解陷入难有实质性发展的刚性结构中，虽有“内卷化”倾向，事实上呈现“没有发展的增长”。[③]人民调解、行政调解、行业调解等非诉纠纷解决机制“单兵作战”“各自为政”，基层网络、司法所、法院、检察院、公安等平台未能有效整合，信息无法及时得到共享，未形成“漏斗式”层级递减的解纷模式，多元化解实质性运转程度不高，没有落实前端预防、源头治理责任，没有共同推动万人成讼率下降至合理区间。

（二）缺乏诉非对接的“化学融合”

我国的法律制度更多表现的是事后补救措施，而较少体现为事前的风险预防。[④]当前，我国社会已步入新发展阶段，社会形态由乡村型社会转为城市主

---

① 卞建林：《中国司法制度基础理论研究》，中国人民公安大学出版社2013年版，第103页。

② 思想认识层面，一些联动单位的领导认为“有纠纷就去诉讼，找法院”，未能正确认识到“推动纠纷有效解决也是行政职能部门的法定职责”；工作机制层面，各种协同联动机制，写在协议上，却未真正制度落实；在人员投入和经费保障上，认为人手不足，协助调解是帮助法院做事，态度不够积极，没有申请调解专项经费。

③ 参见刘璨、高阳：《基层法院司法ADR内卷化现象及矫正——以司法ADR团队优化为视角》，载《司法体制综合配套改革与刑事审判问题研究——全国法院第30届学术讨论会获奖论文集（上）》，人民法院出版社2019年版，第524页。

④ 郑智航：《司法建议制度设计的认识偏差及校正——以法院参与社会管理创新为背景》，载《法学》2015年第2期。

导型社会，社会矛盾纠纷成因复杂多元，牵涉主体众多，百年未有之大变局的时代背景更增添了复杂性，呈现“综合性、开放性”的特点。基层法院单一的、分散的纠纷联防化解方式消耗了大量人力物力，但输出的相关信息难以精准对标政府和社会需求，基层社会属地管理和部门管理的“条块”治理模式，亦难以形成治理合力，这也是政府与基层法院之间尚未寻找到有效的“结合点”的重要原因。诉非对接尚处于对各平台、条块、部门力量的“物理整合”阶段，人民调解、行政调解与司法调解、司法审判未能形成相同的服务供给标准，未能实现多部门、多行业、多领域的法律职能整合，进而产生一体联动的“化学融合”。①

（三）缺乏诉非对接的规范协同

“国家治理现代化的首要标准就是公权力运行的制度化和规范化。”② 两体系制度虽各有所长、交替运行，但在单独应对基层治理难题时，仍面临着制度逻辑通道梗阻。在协同空间方面，如何对两体系的可替代功能区域，即宏观普法、个案法律评估、多元解纷、诉调对接、诉源治理等协同空间进行理性回归和功能协同；在具体分工方面，根据两体系各自的组织地位和话语权，除需共同争取核心主体党委支持外，还需对各自引领的第三方资源进行调配，充分吸纳、调动第三方力量进入融合体系等。群众对基层社会纠纷解决不断提升的新需求新期待，亟待从制度上进一步打通诉讼与非诉讼的底层逻辑通道，形成两种服务体系相同的服务供给标准。③

（四）诉讼服务存在阶段局限

纠纷形成前，群众就已有公共法律服务需求，由于诉讼服务的阶段局限，未能将诉讼服务触角有效“前置”，群众的法律咨询服务无法得到满足，诉讼前未能形成合理的诉讼预期，在多元化解、轻重分离、快慢分道等多方面诉讼服

---

① 杨凯、李婷：《论诉讼服务与公共法律服务体系融合的基本架构》，载《上海法学研究》2021 年第 14 卷。

② 参见俞可平：《走向善治——国家治理现代化的中国方案》，中国文史出版社 2016 年版，第 59 页。

③ 杨凯：《论公共法律服务与诉讼服务体系的制度协同》，载《中国法学》2021 年第 2 期。

务的职能产生了连锁反应，甚至造成了负面效应，大量案件因无法在源头高效化解而直接涌入审判环节。诉讼服务的“阶段局限”除了无法有效“前置”，在实践中，同样存在无法充分“后移”，造成诉讼结束后的释法答疑、司法保护、普法宣传等需求未能及时有效供给。

以上被动局面，亟待以诉讼服务功能转化为基点，有效拓展诉讼服务的公共法律服务功能。诉讼与非诉讼体系的制度协同，是有力破解诉讼与非诉讼制度之间底层逻辑未打通、组织运行悖反、机制融合受阻的关键环节。重塑诉讼与非诉讼机制的融合范围，从单一的诉讼服务向多元协同的基层社会纠纷预防共同体转变，将诉讼服务网络有效链接公共法律服务中心、综治中心、矛盾调处化解中心等“触角”，进一步通过公共法律服务实质性治理和一体化多元纠纷解决，分析研判、及时疏导、适度分流，共同应对基层社会矛盾纠纷。

三、功能转化：把握诉讼服务与公共法律服务的契合点

将诉讼服务与公共法律服务体系进行制度协同创新，既是防范和化解重大社会风险的现实路径，也是增强治理体系和治理能力现代化，全面提升国家法治核心竞争力的关键。① 人民法院的诉讼服务，不能停留在“种好自己一亩三分地”的观念中，而应当具有更高的格局视野：在诉讼的引导端和治理端，充分发挥人民法院在社会治理中的参与、推动、规范、保障功能。为了适应多样化的社会形式和人民群众的司法新需求，位于“金字塔”塔底的基层法院迫切需要以分流、解决纠纷为职能重点，推进本土化路径下的协同主义诉讼模式转型，通过提供更多便捷、高效、低成本的非诉讼纠纷解决渠道，与公共法律服务体系协同创新，促进纠纷解决机制从单向服从到双向参与、从条线单向到多元协同的根本转变，从程序机制上缓解诉讼压力和提升整体司法效益，实现法治理念、法治能力、法治理性的均衡式普惠式渗透。

① 杨凯：《让公共法律服务成为核心竞争力重要标志》，载《人民法院报》2019年3月31日第2版。

（一）推进诉讼服务模式转型：协同主义

诉讼服务的外延具有开放性、包容性和时代性，[①]只有采取诉讼服务与公法服务对接融合发展的路径，才能顺利生产本土化路径下的协同主义诉讼模式。[②]

1. 建构目标：协同融合。“一站式”诉讼服务经过发展，从单兵突进、重点突破迈入整体提升的实践需求。协同主义诉讼模式强调法官在行使诉讼指挥权之外，协同发挥其他诉讼参与主体在诉讼进程中的作用。诉讼服务与公共法律服务体系制度程序性质相耦合，具有天然的关联性、交叉性和趋同性，具有和合的价值追求，多元化纠纷解决机制流程环节环环相扣，两体系统筹调配纠纷解决资源，实现互联互通、融合发展，能让群众接受到“普惠均等、便捷高效、智能精准”的优质服务供给。

2. 功能定位：分层服务。坚持法院整体本位是为了适应我国司法社会生态所作出的必要选择。[③]以权力边界为依托，诉讼服务中心职责定位归属于司法职责延伸的司法服务体系内。[④]应在厘清诉讼与非诉讼核心功能基础上，分层确定机制协同层级。在源头预防功能上，应以宏观普法和微观指导提高理性认识、避免纠纷，注重引导当事人合理选择纠纷化解途径；在多元化解功能上，应由诉讼服务中心将纠纷引流至公共法律服务区域，并吸纳调配第三方调解资源进行多元解纷；在纠纷解决功能上，由公共法律服务区域将诉调对接信息模式化处理后输送至诉讼程序，以司法程序裁判案件；在堵塞漏洞功能上，运用司法大数据平台归集、运算，发挥司法裁判的示范引领作用、典型案例的行为指引作用、普法宣传的主题辐射效应，以提升群众自治能力。

（二）加大诉讼服务司法供给：汇聚合力

诉讼服务与公法服务机制协同的更高价值在于形成公共法律服务合力，诉

---

① 李少平等:《人民法院诉讼服务理论与实践研究》，法律出版社 2015 年版，第 17 页。

② 参见周佑勇:《智能技术驱动下的诉讼服务问题及其应对之策》，载《东方法学》2019 年第 5 期。

③ 参见顾培东:《法官个体本位抑或法院整体本位——我国法院建构与运行的基本模式选择》，载《法学研究》2019 年第 1 期。

④ 参见何哲 :《政府边界问题及行政体制改革的基本原则研究——基于政府权力边界、职责边界、效率边界与能力边界分析》，载《北京行政学院学报》2016 年第 4 期。

讼服务供给应从传统的法院单中心向多中心、多层次、多样化转变。

1. 加大志愿性供给。诉讼服务与公法服务应当以促进群众获得可接近的正义为共同价值目标，根植中国法律文化传统和乡村伦理基础，将法律与乡风民俗、公共政策等相结合，有效建构司法资源均等覆盖的多元化社会纠纷解决机制，汇聚党政机关、行业组织、教育机构、志愿服务队伍等解纷资源合力，通过引导和分流寻求成本最小、效果最佳的解纷途径。

2. 引进专业化供给。诉讼服务通过与公共法律服务的专业化、多样化协同创新，能够使群众更直观感受到法律的尊严和公正。可以考虑返聘退休法官、司法调解员、人民调解员、律师、乡贤、高效志愿者等社会服务组织、专业人员，充分发挥其体察民情、熟悉基层的优势，协同为群众打“点滴”治法律盲点、堵点，形成多层次、多领域、多渠道的公共法律服务供给机制。

（三）提升精准诉讼服务品质：集约高效

诉讼服务的精细化强调在人本主义理念下，契合人们多样化、层次化、个性化需求，靶向提供服务，提升获得感。[①]

1. 提升服务层次。聚焦“信息化、精准化、集约化”，诉讼服务产品依托在线诉讼，在便捷高效上加速“破圈”，但公共法律服务的根本功能，更加注重法治意识根植，通过“滴灌式”普法、“门诊式”服务，提升涉法主体的法律风险防范意识，多层次、多架构、全维度对社会矛盾纠纷实施干预，做好矛盾纠纷预防、预警和法律防控，通过诉源消解、诉源引流、诉源治理，最终实现纠纷的自治与防控。

2. 精准提供服务。精准识别公众需求的关键在于充分发挥法的秩序价值功能，打破沟通隔阂，在诉求咨询和引导阶段，满足群众的过程性法律需求，引导群众正确评估法律后果，过滤分流纠纷；在起诉阶段，满足群众的实体服务需求，以“打通最后一公里”的高质量司法服务，让群众充分行使诉权；通过自助服务与人工服务相结合的模式最大化调整分布法律服务资源，建立起“人民法院—社会公众”双向互动交流机制，推进实质性预防和解纷。

---

① 何兰萍、傅利平等：《公共服务供给与居民获得感——社会治理精细化的视角》，中国社会科学出版社2019年版，第1页、第13页、第39页。

四、鼎新之路：全域现代化诉讼服务模式体系应用场景建构

正如习近平总书记指出的，要推动更多的法治力量向引导端和疏导端用力。现代化诉讼服务体系应当立足最广大人民群众多元司法需求，贯穿纠纷萌芽的风险防控、立案前端的源头化解、审判终端的存量消化、诉讼后端的减量增效，“厅网线端”四位一体，丰富“家门口式”诉讼服务的内涵和路径，构建“全覆盖、全通道、全事项、全时间”的全域结构式现代化诉讼服务闭环体系。

（一）构想：全覆盖、全通道、全事项、全时间的“全域诉讼服务体系”

现代化诉讼服务体系应以全流程在线诉讼为契机，由“特殊公共服务”向“一般公共服务”全面覆盖，推动诉讼服务模式创新、诉讼服务理念重塑、诉讼服务流程再造。坚持线上线下并行，“厅网线端”并用“四位一体”服务理念，以全覆盖、全通道、全事项、全时间的“全域诉讼服务体系”推动诉讼服务向各领域、各条线延伸集成，最大化提升诉讼服务在基层社会治理中的效能。

1. 全流程覆盖。全流程的诉讼服务模式应转变传统便民服务模式理念，将诉讼服务从诉讼延伸至矛盾萌芽前、纠纷前、审理中、诉讼后的全流程覆盖。一方面，推动诉讼服务阶段的“前置”。切实加强矛盾萌芽前的源头治理，提升群众的自我解纷能力。围绕诉源治理、诉非衔接、诉调对接、多元化解等与非诉领域的公共法律服务展开多样协同，推动全社会形成非诉解纷的理念形成，从源头上减少诉讼增量。强化诉讼服务对社会纠纷的源头化解能力，推动人民调解、协调化解等“柔性”解纷机制数据与业务互联互通，让多元解纷“破壁”升级。激活小额诉讼程序效能，发挥终局解纷制度优势，推进案件繁简分流、轻重分离、快慢分道工作，让简案出效率、繁案出精品。另一方面，推动诉讼服务阶段的“后移”，发挥裁判示范引领作用，减少类型诉讼和衍生案件，运用司法回访、司法走访，保证息诉服判，运用司法建议、司法保护等堵塞漏洞，深化治理效果。

2. 全通道整合。建立“大诉讼服务”的理念，将诉讼服务覆盖到全场景。以线上同步为起点，融合线上调解、线上庭审，交互嵌入法官同步引导、线上专家同步点评等，研发网络公共法律服务平台，促进一体化协同数据共享平台

和在线解纷平台整合。以线上异步为未来，参照ODR线上纠纷解决机制构建异步调解平台，以具体应用为目标，研发辅助系统软件，集合多源异构资源，为群众提供全通道的个性化、精准化、便捷化诉讼服务。

3. 全事项办理。整合优化诉讼服务流程办理，全面梳理诉讼服务项目清单，规范诉讼服务流程，普及一体化自助终端设备，集成12368热线、诉讼咨询、诉前调解、立案登记、财产保全、风险评估等核心功能，便利当事人一站式公共法律服务需求。配备专门的工作区或值班窗口，提供代书或咨询答疑服务，提供相关职能部门的预约调解、值班轮岗服务，与行政服务中心衔接，提供征信查询、工商查询等公共服务，在群众有需求时能够获得及时回应，实现真正意义的诉讼服务“一网通办”。

4. 全时间服务。在基层法院及法庭外设立24小时自助服务终端，强化自助服务终端的宣传推广、日常维护保障和诉讼辅导，在基层社区、综治中心和重点企业另设自助诉讼服务终端，为人民群众提供全时间诉讼服务。充分发挥线上诉讼服务优势和人工智能核心竞争力，在微信公众号链接在线诉讼服务，设置“诉讼引导”智能问答、公法服务百科等，为诉讼参与人提供一站式在线诉讼功能引导、类案检索、法律评估等服务。定时自动向法官推送信息，合理安排时间集中答复处理，建立合理高效的沟通渠道。

（二）对接：诉讼与非诉讼的底层逻辑运行通道

现代诉讼服务体系下的“诉非对接”，在理念上，以诉权理论和公共服务理论的交叉嵌入进行制度协同，[①]争取地方党委政府牵头支持，龙头牵引打造“一站式”多元纠纷解决机制，改变原有的传统横向对接。在方式上，从诉讼与非诉讼衔接转型升级，推动由“一站式”诉讼服务向“一站式”多元解纷服务转变。在程序上，运用区块链存证优势，以类型化为基础对各类纠纷设置调解前置程序和相应的处置程序。

1. 纠纷预防机制对接。融入党委领导的市域社会治理体系，联合律师、公证人员、法学专家等法律职业共同体，深度对接党政机关、人民团体、行业协

① 何兰萍、傅利平等：《公共服务供给与居民获得感——社会治理精细化的视角》，中国社会科学出版社2019年版，第278页。

会等综治平安责任单位，有效链接公共法律服务中心、综治中心、矛盾调处化解中心等“触角”，发动市场主体、新社会阶层、社会工作者和志愿者等共同参与矛盾纠纷预防。

2. 纠纷解决机制对接。建立程序衔接、机制对接、效力确认、协同联动的一站式纠纷解决平台[①]和“双中心交互引流”的矛盾纠纷过滤处理长效机制，早期中立评估，指导当事人理性判断决策；记载无争议事实，认可无异议调解方案，助力诉调无缝衔接；培育建设调解员队伍，优化调解队伍和制度建设，减轻诉讼压力，[②]推进“诉源分流”和“诉源引流”，形成诉讼服务和公共法律服务“双中心融合”的“一体化和一站式”多元化纠纷解决机制。[③]以整体优化、协同融合为导向，统筹公共法律服务体系建设供给的存量和增量，推进诉与非诉解纷衔接转型升级。

3. 区块链存证对接。加快形成统一规范、互联互通、安全可靠的司法公共服务数据供应链和在线诉讼统一数据技术标准，[④]整合聚焦司法诉讼大数据和公共法律服务大数据中的共性司法需求，从“双中心融合”视角共同建构民事司法程序的区块链司法信任体系。在民事司法领域，逐步实现民事司法程序从非诉讼服务到诉讼服务的全流程节点上链。拓宽区块链技术优势，在社会层面实现广泛的民事权利申报和法律行为规范上链，在民事司法程序上，推进电子合同“零接触”、司法链与金融链协同发展、链上电子证据自证等多元化实践运用。发挥区块链技术优势的应用功能，聚合公共服务平台法律服务资源，运用诉讼服务与公共法律服务“双中心融合”线上线下相结合方式，以数据化驱动多部门数据共享、多主体共建共治共享，实现基层社会治理资源最优

---

① 参见《关于深化人民法院司法体制综合配套改革的意见——人民法院第五个五年改革纲要（2019—2023）》，最高人民法院 2019 年 2 月 27 日印发。

② 参见《上海市促进多元化解矛盾纠纷条例》第 9 条、第 50 条。

③ 双中心融合概念的实质内涵，主要是指法院主导的诉讼服务中心和司法行政机关主导的公共法律服务中心之间的一体化业务协同、程序衔接运行机制融合和一站式流程融合、运营模式融合，以及数据中台和数据库共享融合。参见杨凯：《诉讼服务与公共法律服务的融合之道》，载《民主与法制时报》2020 年 10 月 1 日第 6 版。

④ 杨凯：《以制度协同凸显在线诉讼规则优势》，载《人民法院报》2021 年 7 月 8 日第 4 版。

化配置。[①]

（三）路径："全域诉讼服务体系"的全流程应用

基层社会治理需要通过公共法律服务理论体系的进一步发展，着力打造规范化法治"道场"和数字化运行平台，打通各类平台之间的不同纠纷解决系统的底层逻辑，实现相关矛盾纠纷案件信息的一次录入、多次利用、数据同源、信息共享、资源整合和辖区整体矛盾纠纷运行态势自动化更新，以及社会潜在重大风险隐患的智能化预警。[②]为此，应以诉讼服务为基点，将现有"一站式"诉讼服务触角延伸到非诉领域，以整体优化、协同融合为导向，全流程贯穿纠纷萌芽的风险防控、立案前端的源头化解、审判终端的存量消化、诉讼后端的减量增效，构建全域结构式现代化诉讼服务闭环体系的应用场景。

1. 矛盾纠纷萌芽阶段至未形成诉讼案件前：源头预防。源头预防层级，以分层法律服务渗透法治能力，以宏观法治能力培育与微观个案指导评估预测相结合为进路，让可以预防、避免的纠纷尽量少发生、不发生，聚合全社会纠纷联防力量，做好纠纷预防、预警和法律风险防控服务。

（1）分层服务：分层服务受启发于分层传播原理[③]，以调解员为受众层，通过诉讼服务加大对其法律素养、调解能力的培养。以基层社会治理为受众层，公法服务网格化对公法服务知识培训与传导。诉讼服务以公法服务为受众层，为其提供制度供给，发挥其"元治理"功能，并通过调配第三方普法力量、个案法律指导，引导群众提高纠纷源头预防和科学结果评估能力，打通诉讼服务辐射基层社会治理的立体化格局。[④]

（2）协同预防：建立双向互动的标准化数据联通，基层法院坐拥海量纠纷化解数据，从中可以推导分析纠纷预防的行动方向和目标人群，而政府数据占比80%以上，是最大的数据生产者和拥有者。[⑤]因而，基层法院与政府、公

---

① 杨凯：《论区块链技术在民事司法程序中的多元化应用——以诉讼服务与公共法律服务"双中心融合"规范体系构造为切入点》，载《政法论丛》2022年第2期。

② 杨凯：《习近平法治思想中的公共法律服务理论》，载《东方法学》2022年第6期。

③ 参见郭庆光：《传播学教程》，中国人民大学出版社2011年版，第162页。

④ 参见宫凡舒：《法院诉讼服务中心公共法律服务功能优化研究——基于组织效率边界分析》，载《山东法官培训学院学报》2022年第3期。

⑤ 迪莉娅：《大数据环境下政府数据开放研究》，知识产权出版社2014年版，第1页。

安机关、检察院、信访局等其他纠纷化解职能单位之间有必要对接共享数据，并通过大数据实时监测获取变量数据信息，通过大数据分析建立变量数据与特定行为、群体之间的关联，从而发现高风险行为及高风险群体，并采用灵活方式和通俗易懂的语言风格精准发出警示告知。对于实施违法失范行为的高风险群体，如职业放贷人、套取信贷资金高利转贷人等，还可以采取名单管理、公开曝光和对接征信系统等方式，引导社会公众减少、避免与之发生交易。

（3）风险防范：建立重大矛盾研判化解联席会议机制，关注审判执行态势变化，包括收案情况、案件特点、结案情况等，特别是新类型案件、社会特点案件、群体性案件的相关情况，分析司法案件、司法活动与地方政府、企业、社会团体等单位间的规律性联系，发现纠纷发生与党委政府决策、企业经营管理之间的关联，对苗头性、倾向性、趋势性问题开展集中研判化解，对社会矛盾纠纷的关键节点进行预防预警。

2. 矛盾纠纷萌芽后至未形成诉讼案件之前：多元化解。现代公共法律服务体系建设，使法律科技在多元化矛盾纠纷化解机制构建中从支持性、替代性力量转向颠覆性力量，用技术重塑规则，用技术伦理实现司法便民的价值重塑。① 多元化解层级的深化协同，让已经发生的纠纷尽可能通过非诉方式解决，同时，在纠纷高发、易发领域，整合并合理配置行政执法、行业自律、社会治理等纠纷解决资源，建立程序衔接、机制对接、协调联动的一站式纠纷解决平台。

（1）推动"漏斗式"矛盾前置过滤化解。人民调解根植于"和谐""无讼"等中华传统文化。法官进行示范调解，在结合专业化的基础上，保存原有人民调解员的乡土性，推进社会调解优先、诉讼断后的"漏斗式"层级递减纠纷，促进程序关口有效前移的"诉源分流"和"诉源引流"，让大量纠纷妥善解决在诉前。②

（2）建立"一站式"诉非衔接解纷模式。借助政法委统筹，深化巩固诉调

---

① 参见杨凯：《在线诉讼入法正当性的公共法律服务理论支撑》，载《华东政法大学学报》2022 年第 5 期。

② 张甲天：《坚持把非诉讼纠纷解决机制挺在前面的实践路径》，载《人民法院报》2019 年 9 月 12 日第 2 版。

对接平台。注重“整体一线”模式，参考“浙江模式”一个平台、一套机制、分级台账，省、市、县、街镇全覆盖，充分发挥信息化在数据流转、共享、节点管理上的优势，完善引导分流、线上受理、多元化解、分析研判、考评通报等功能，探索“属地管理”+“谁主管谁负责”的化解机制，实现矛盾纠纷线上流转、流程闭环管理。同时，链接进入地区公共法律服务网络平台、综治普法网等线上平台，发挥辐射效应。

（3）增设“激励式”平衡供给机制。以平衡激励原则为视角，以审管办为主管部门调度条线部门对诉讼服务中心的供给工作，将诉讼服务工作、“双中心”融合工作纳入法院内部考核体系，作为绩效考核指标，作为法官或法官助理的等级晋升重要指标要素，以奖惩机制的落地为一体化协同的实质性、内源性、可持续性发展提供组织动力。

3. 矛盾纠纷以诉讼方式进入法院后：纠纷解决。经过源头预防与多元化解后仍未化解的纠纷将进入纠纷解决，该层级的功能价值在于体现精准对接，让进入诉讼的纠纷尽可能公正、高效、一次性解决。

（1）前端化解：对于尚未立案的纠纷，形成一站式解纷“供给链”。以法院调解平台为枢纽，形成纵横联动、开放融合、集约高效的新型纠纷解决模式。[①]以案件类型化为基础提升诉调精准对接，将法定调解前置或调解可能性比较高的案件，借助 ODR 平台进行线上流转或调解，入驻法院通过巡回审判、驻点指导等方式强化线下司法指导，构建“O2O”（online to offline）解纷机制，[②]激活不同区域、层级的解纷资源，将矛盾纠纷化解于前端。

（2）服务渠道：覆盖末梢。发挥人民法庭地处基层、贴近群众的优势，将司法服务窗口前移，把诉讼服务融入“党建+”社区邻里中心建设，在邻里中心设立“共享法庭”，加强人民调解指导工作，推进调解平台“进乡村、进社区、进网格”，推动“无讼乡村（社区）”创建，打通司法为民“最后一公里”，让人民群众把纠纷化解在“家门口”。在未设法庭的乡镇新设巡回审判点，进一步强化人民法庭化解矛盾纠纷、参与基层治理的功能作用，充分释放巡回审理

---

① 新型纠纷解决模式，旨在将各行业各领域解纷资源集聚起来，将协商、评估、调解、诉讼解纷方式对接起来，将委派调解、司法确认、立案、速裁快审等解纷流程贯通起来。

② “O2O”解纷机制 即线下一窗受理、线上流转登记、线上线下协同化解、结果反馈线上的在线解纷机制。

制度效能，形成以法院诉讼服务为载体，以全域共治、多元解纷体系为主体的治理路径。

4. 矛盾纠纷发生后：堵塞漏洞。“司法的目的不只是解决纠纷，还要通过解决纠纷向市场和社会释放正确的激励。”[①] 该层级以智能辅助、大数据分析形成科学预判及典型案例规则，让发生过的纠纷，向社会公开类型化案件的司法立场和裁判尺度，防范类似案件、衍生案件，提高群众的法律风险防范意识。发挥典型司法案例、司法建议的指引、规范作用，修正普法主体与普法对象之间信息供应与需求的偏差，实现普法宣传的精准化、高效化。

（1）发挥司法裁判的示范引领作用，针对实践中发现的缺少法律规定、调解标准难统一等突出问题，系统梳理高频纠纷，形成行之有效的调解策略，整理发布典型案件、类型案件，发布司法白皮书和示范诉讼，向社会公开类型化案件的司法立场和裁判尺度，引导群众提升法律风险防范意识。利用司法建议、司法走访、司法回访的服务功能，针对审判过程中发现的管理漏洞和不规范、不合法行为，提出整改、修复、补正、防范的建议，从源头上“亡羊补牢”。

（2）发挥典型案例的行为指引作用，基层法院应当注意归纳提炼核心法律规则、事实要件涵射模型、法律后果警示等，从海量案例中精心挑选典型案例，建立典型案例数据库，设置关键词搜索模式，实现案例循环集约使用。囿于法律语言的专业化特征，典型案例应尽可能转化为社会公众容易理解、接受的语言，以生动的方式将规范受之于众，重点突出行为指引信息，消除或减少预期不明导致的危险性与不确定性，[②] 实现法治能力普惠式渗透。

（3）发挥普法宣传的主题辐射效应，法院可将典型案例数据库接入线上政务服务系统，借力大数据在信息之间建立关联的技术优势，向社会公众针对性推送与其职业、偏好相匹配的宣传案例。也可根据宣传对象确定普法主题，以搜索关键词的方式从案例宣传数据库中选取针对性案例进行宣传，变被动咨询为主动宣传。同时公共法律服务志愿队伍及党建志愿服务队伍不断壮大，为案例普法宣传提供了充足力量。基层法院可以集聚公共法律服务的线上平台和线

---

① 桑本谦：《理论法学的迷雾：以轰动案例为素材》，法律出版社 2020 年版，第 122 页。

② 参见［日］青井和夫：《社会学原理》，刘振荣译，华夏出版社 2002 年版，第 70 页。

下队伍，为普法宣传插上翅膀，最大限度提升群众自我解纷能力。

（4）运用司法大数据技术，通过数据归集、检索、匹配、识别、建模运算等，评估研判诉讼高发领域、高发主体、高发问题，深入查找成讼缘由。制定相应的法律服务措施及产品，联合开展矛盾排查、普法宣传、以案释法等工作，形成防范、化解社会风险闭环（见图2）。

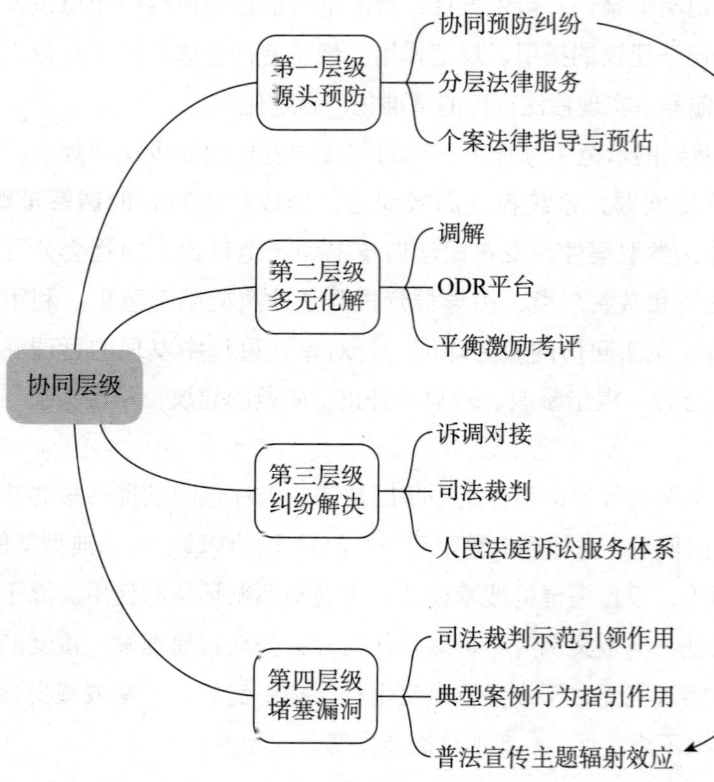

图2 全域诉讼服务流程闭环

结 语

落实习近平总书记“努力提供普惠均等、便捷高效、智能精准的公共服务”要求，既是目标方向，也是检验人民法院司法为民成效的重要标准。加快推进和完善中国特色社会主义现代公共法律服务体系建设，应当建立以供需平衡体系为基础、以运营平台体系为抓手、以产品内容体系为主线、以法治治理体系为目标、以人力资源体系为根本、以规范标准体系为协调、以数字数据体系为依托、以监督管理体系为重心的全方位发展的中国式现代化公共法律服务多元化规范体系。[①] 基层法院立足最基层群众的多元司法需求，以诉讼服务中心公共法律服务功能转化为契机，优化诉讼服务这一司法文明“小窗口”，构建全覆盖、全通道、全业务、全时空的全域结构式现代化诉讼服务闭环体系的应用场景，以一体化分层协同、交互嵌入为进路，打通诉讼与非诉讼制度的底层逻辑，将法治思维和能力渗透至社会治理末梢，用制度优势赋能基层社会法治和善治，最大化提升基层社会矛盾纠纷治理效能。放眼世界，百年未有之大变局深刻、复杂、多变的发展环境中，社会矛盾纠纷增长是必然趋势，智能时代的诉讼服务建设必须在“重构”与“维持”以及“创新”与“传承”的多维张力之下逐步推动流程再造、功能协同和智能升级，这是中国特色社会主义法治道路的全新时代命题。我们期待，推进全域诉讼服务体系的应用、深化，将司法为民理念落到诉服工作最前沿，在新发展格局中助推法院参与基层治理创新的法治化、现代化、效能化转型，推动创造更高水平的中国特色社会主义司法文明。

---

① 杨凯:《推进中国特色现代公共法律服务多元化规范体系建构》，载《中国司法》2022 年第 5 期。

人民法庭诉讼服务职能的回归与自洽*

蔡小丹**

内容提要：本文从人民法庭的诉讼发展现状切入，对诉讼群体进行类型化规整，层层剖析法庭诉讼服务发展存在的问题及其根源，通过对中央政法委和最高人民法院确定的中国特色社会主义法治道路、理念进行深挖，确定法庭的诉讼服务职能是法院服务审判大局的重要保障，并为法务群体、务工（弱势）群体、一般人员“量身”打造，克服法庭现存的主客观困难，依托智慧电子技术，建构起以服务于法官、服务于当事人、服务于社会公共治理为站位的全新的诉讼服务职能体系。

关键词：诉讼服务；公共法律服务；人民法庭

一、现状：人民法庭的发展难以满足群众渐高的需求

苏力教授说：“无论从法官的人数来看，还是从处理案件的数量上看，基层法院实际都是中国司法的最主要部分。”[①] 对于人民法庭来说更是如此，以J市人民法院为例，其共有7个派出法庭（见图1），2018年该院新收案件15954

---

* 基金项目：本文系2021年度国家社科基金重大项目“民事司法程序现代化问题研究”（项目批准号：21&ZD205）的阶段性研究成果。

** 作者单位：福建省晋江市人民法院。

① 苏力：《送法下乡——中国基层司法制度研究（修订版）》，北京大学出版社2011年版，第7页。

件，法庭共受理了9732件，占全院受理案件总数的61%。近年来面临着司法体制改革和深拓诉讼服务职能的变革，旧制度的历史遗留问题和改革带来的机遇挑战互相渗透，给人民法庭带来前所未有的挑战，随着诉讼服务中心、互联网法院、智慧法院、电子法院[①]等异彩纷呈的诉讼服务方式争相出现，人民法庭的落后性愈加凸显，群众对法院工作的认同感低引发的危机和矛盾更突出和尖锐地集中在了人民法庭身上。

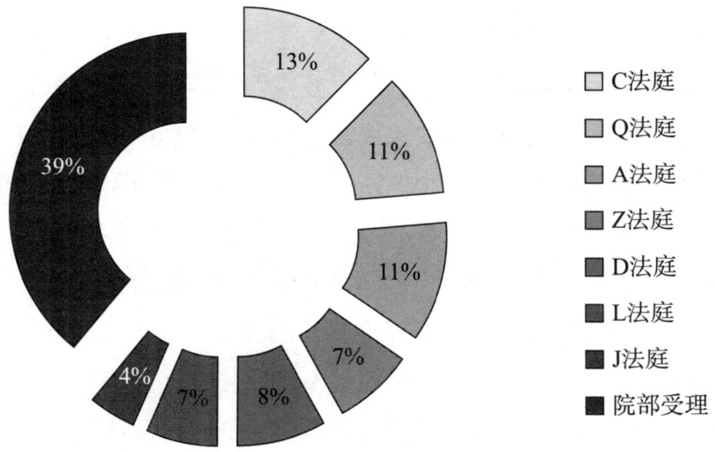

图1 J市法院各法庭受理案件数占比

法院的案件受理不以诉讼群体的不同而有所区分，但不同的诉讼对象对法院诉讼功能的需求重点又确实各不相同。对人民法庭的诉讼群体予以类型化分析可以得出，当前法庭的诉讼群体大致可划分为法务人员、务工人员和一般人员三大类。

（一）法务人员：诉讼效率低下

对于专业的律师等法务人员而言，他们作为诉讼代理人，是专业、理性的代名词，他们既不需要详细的诉讼指引，也不需要安抚性的诉讼心理服务，对他们的诉讼服务应当是高效、智能的。但事实上，虽然越来越多的基层以上法院配置了大量的智能诉讼服务设备，大部分的人民法庭在硬件配备上仍然十分

① 王福华：《电子法院：由内部到外部的构建》，载《当代法学》2016年第5期。

有限，存在越是基层、服务对象越多，设备越是落后的问题。在实践中，人民法庭存在的跨域立案受限、现场立案等待时间长、领取诉讼文书时承办书记员正在开庭等都是浪费法务人员时间、精力的典型情况，如果人民法庭不能为法务群体提供具有针对性的诉讼服务，一方面难以满足他们高效高质的工作需求，另一方面不能“因材施教”，其实也是浪费在法院工作人员的时间和精力。

（二）务工人员：服务深度不足

经济发达地区因生产业较为发达而聚集了大量的农民工群体前来务工，就会滋生诸多以追索劳动报酬为典型的职工权益保障纠纷。该类型的案件一般由人民法庭受理，故而在这些地区的人民法庭的诉讼群体中存在数量不少的务工群体，他们大多缺乏理性，法律意识淡薄，经常有被老板欠薪而又拿不出任何有效证据的务工人员到法庭寻求帮助，对这类群体而言即便有再多的智能设备也无济于事，他们需要的是完善的诉讼指引或免费的诉讼代理，同时还需要补给安抚性的心理干预以预防工人群体性事件的发生。[①] 然而，当前大部分人民法庭与司法局、劳动局等部门的对接都还不够完善，部分劳务者难以满足法律援助的条件，部分群众在各部门间来回奔波仍无法妥善解决问题，甚至因此令当事人产生各部门互相“踢皮球”的误解，产生不良的社会影响。

（三）一般人员：配套改革脱节

人民法庭受理的案件类型大多比较简单，以买卖合同纠纷、民间借贷纠纷和离婚纠纷居多，面对大部分的一般诉讼群体，当前大部分的人民法庭尚可满足基本的立案需求，但论及便民、省事、智能和提供多元诉讼服务和纠纷解决途径都还相差甚远，与当前全国的司法改革趋势明显存在脱节。[②] 2019年2月27日最高人民法院印发的《最高人民法院关于深化人民法院司法体制综合配套改革的意见——人民法院第五个五年改革纲要（2019—2023）》第13条指出“要加快推进诉讼服务中心现代化建设，努力提供普惠均等、便捷高效、智能精准的诉讼服务”，然而相当数量的人民法庭与改革的方向和进度出现了断层和脱节。

① 姚铸、周丽：《关于诉讼当事人心理疏导服务》，载《法律适用》2014年第2期。

② 陈浩天：《民生政治：国家治理体系建构的合法性向度与发展理路》，载《行政论坛》2016年第6期。

二、溯源：人民法庭诉讼服务发展存在多元矛盾

上述问题的存在其背后的原因往往是历史而深刻的。人民法庭的建设本身面临着改革方面、人员、设备等多重的矛盾，只有通过深度的挖掘才可能窥其全貌。

（一）观念上：视诉讼服务的建设为对审判职能的弱化

当前大部分人民法庭对诉讼服务的建设不够重视。其中有各级法院对人民法庭建设不够重视的因素在，也有人民法庭自身将诉讼服务的建设视为对审判职能的弱化的因素在。

《人民法院组织法》第 2 条规定“人民法院是国家的审判机关”，① 因此毫无争议的是法院的主职主责是“审判”，但同时司法权注定也是人民性、政治性和法律性的有机统一，② “法院推进社会管理具有三个方面的职能定位，即依法履行司法职能是其基本立足点和出发点，服务大局是其人民性和政治性的本质要求，合法性是其基本要求和根本保障”。③ 因此，法院仅仅保障审判职能的实现是不够的，诉讼服务职能也是法院服务大局的基础和保障。

审判职能和诉讼服务职能皆如此关键，共同致力于党的领导和人民福祉，然而二者又带有对立性。审判职能的实现涵盖了诸多强制性要素，包括法院及法官权威的树立、法院及法官司法公信力的塑造、法院判决和执行的强制力等。而诉讼服务职能要求法院建立健全以人民为中心的诉讼服务职能体系，涵盖了许多软性的人文关怀，例如，便民的网上诉讼服务中心、网络公众号、诉讼服务机器人等。就有人将未落实诉讼服务改革的原因归咎于人员及经费的不足，直接导致了人民法庭的建设无法满足人民群众对司法服务日益增长的需求。

---

① 《人民法院组织法》第 2 条：“人民法院是国家的审判机关。人民法院通过审判刑事案件、民事案件、行政案件以及法律规定的其他案件，惩罚犯罪，保障无罪的人不受刑事追究，解决民事、行政纠纷，保护个人和组织的合法权益，监督行政机关依法行使职权，维护国家安全和社会秩序，维护社会公平正义，维护国家法制统一、尊严和权威，保障中国特色社会主义建设的顺利进行。”

② 孙万胜：《司法权的法理之维》，法律出版社 2002 年版，第 15~16 页。

③ 刘旺洪：《社会管理创新：法院的职能定位与实践路径——兼析能动司法的范围和限度》，载《法制与社会发展》2012 年第 6 期。

（二）实践中：混淆立案大厅和诉讼服务中心的区别

近年来，全国各级法院都成立了诉讼服务中心，但各地区各级的法院在建设诉讼服务中心时仍然缺乏统一而具体的标准，尤其对于法庭而言，诉讼服务中心的建设标准更是模糊而笼统的，甚至人民法庭的诉讼服务中心的工作人员对自己诉讼服务工作的认识性和自觉性普遍较低。

有些基层法院将原来的立案大厅改头换面包装为新的诉讼服务中心，但仍然只提供基础的立案及信息查询的职能，有些基层法院建立了比较完整的“立案 + 诉前纠纷化解小组 + 信访办公室 + 信息服务”分工式的诉讼服务模型，有些基层法院甚至在上述基础上配备了自助信息服务终端，包括自助查询机器、文件材料自提柜、自助立案设备、网上诉讼服务中心等。但不管基层法院建立了什么类型的诉讼服务中心，有一点是所有法院共通的，即几乎所有的人民法庭实际上都只能通过立案窗口来“一站式”地提供所有诉讼服务，窗口人员囿于繁琐的立案及各项事务，多数难以提供有效多元的诉讼服务，因此，不能将诉讼服务中心的功能作有效的划分也是人民法庭诉讼服务建设滞缓的要因之一。

（三）统筹配置上：资源供给与客观需求不协调

首先，人案矛盾是资源配置与客观需求上最突出的矛盾。在不少中级法院可以实现在诉讼服务中心配置15大服务功能区、32个诉讼服务窗口，[①] 但对基层法院及其法庭来说案多人少仍然是其发展中面临的最尖锐矛盾，这是基层法院的真实现状，也是农村法律资源匮乏的表现。[②] 以J市法院为例，C法庭、J法庭分别是该市受理案件最多和最少的派出法庭，C法庭的法官配置是5~6人，J法庭的法官配置是2~3人，法官的人均年办案数都在320件以上，而法官助理的配置标准就是一个法庭1位，聘用制书记员人数与法官持平，在这样一个人员配置的情况下，法庭人员维持审判的基本需求都有困难，更难以调动更多的人员去实现周全的诉讼服务。

---

① 詹旋江、魏正雄、范茜凌、林晶：《福建三明中院：司法服务入选“国家标准”》，载中国法院网 https：//www.chinacourt.org/article/detail/2019/04/id/ 3827872. shtml，最后访问时间：2023年4月16日。

② 王亚新、邓轶：《农村法律服务实证研究（续）》，载《清华法学》2009年第3期。

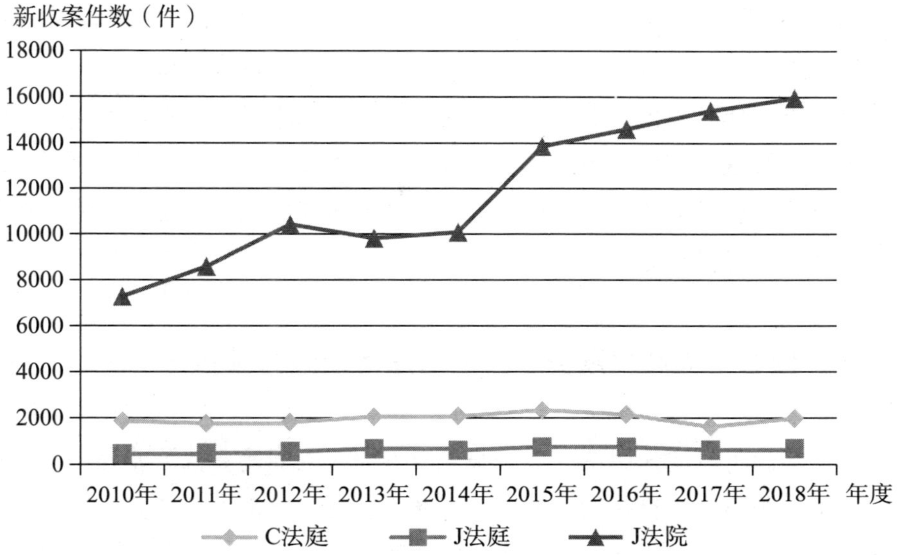

图 2 J 市法院不同法庭新收案件数

其次，在法院工作人员的个人成长上，人民法庭也存在诸多隐患，这些隐患很多是与基层法院共同的，即基层法院工作人员的职业素质培养和心理建设缺位。目前法院为适应司法责任制和社会对法治的需求，一般基层法院新招人员都是要求过司考，学历在本科甚至是研究生以上，法学专业能力普遍较高，然而职业素质和职业心理是执业之后法院应当予以建设和保护的，但当前基层法院及其人民法庭对此都未给予足够的重视。不少法官、法官助理和书记员长期处于负能量集中的高压工作环境中，轻微的是容易变得缺乏耐心和创造力，保守和“官本位”思想占据主流，严重的个别人员甚至出现了抑郁症等心理疾病。[①] 相对于中级以上人民法院而言，基层法院在这方面的投入十分有限，即便基层法院建设有“法官驿站”等，法庭也普遍没有，这不仅无益于法官的身心健康，也对诉讼服务建设形成巨大障碍，制约基层法院及人民法庭的发展。

最后，人民法庭普遍存在对诉讼服务硬件的投资少而人民群众的需求多的问题。不同类型的人民群众对诉讼服务的需求虽然有所不同，但随着社会的发

① 陈卯轩、王允武：《乡土中国法律生活视野中的卓越法律人才教育培养——以全国优秀法官龙进品成长为视角》，载《西南民族大学学报（人文社科版）》2013 年第 1 期。

展，都不仅仅限于寻求公正，而是普遍上升至需求方便、高效和亲切的司法体验。但实际上目前人民法庭在服务硬件的提供上可以依托的设备十分有限，更别提可以类型化地为诉讼群体提供“各取所需”的服务了。若不能妥善运用好人工智能和互联网信息，也就难以在维持人员配比的情况下实现诉讼服务的升级，不能作好诉讼群体的类型化分析并据此安排人力和硬件资源，是人民法庭诉讼服务职能孱弱的又一要因。

三、回归：大局发展要求人民法庭诉讼服务革新

要从根源上解决人民法庭诉讼服务发展滞缓的问题，就需要我们以当前人民法庭诉讼服务发展存在的问题及其根源为依据，厘清人民法庭诉讼服务发展的方向，才能在此基础上建构正确的体制框架。

（一）确立诉讼为民服务职能是审判主职的坚实后盾

审判是人民法院作为国家审判机关的主要职责，审判权力的高效公正运行是法院的应有之职。但同时，司法为民、公正司法是法院执法的目标和价值取向，也是法院服务大局的重要方式，[①] 司法为民除了通过公正审判来实现以外，最直接和有效的方式即建立起人民群众站位型的诉讼服务体制，并将此作为法院服务审判主职的坚实后盾和服务大局的有力支撑。

在处理审判主职和诉讼服务二者的关系上，要认清此二者并非对立之势。不论是最高人民法院2019年发布的全国法院第五个五年改革纲要，还是2019年中央政法工作会议都将“为民”作为了第一关键词予以重点指出。习近平总书记强调，新时代政法工作要贯彻好党的群众路线，创新组织群众、发动群众的机制，创新为民谋利、为民办事、为民解忧的机制。对人民法庭而言，其设立的初衷便是将法院“搬”到当事人的“家门口”，“便民”是人民法庭的初心，作为党和国家深入人民群众的神经末梢，人民法庭做好诉讼服务，其效果一定是事半功倍的，同样，若诉讼服务不到位引起人民群众的不满意、不认同，也

① 唐力：《当事人程序主体性原则——兼论“以当事人为本”之诉讼构造法理》，载《现代法学》2003年第5期。

必然有损社会治理。因此，坚持以服务群众、智慧服务、高效服务为指引，提高思想重视，创新克服法庭的人员和经费障碍，做好法庭的诉讼服务工作势在必行。

要认识到审判是法院的天然职责，但诉讼服务不仅仅是服务当事人，也是服务法官、服务公正司法，只有通过智慧的诉讼服务提高法官的工作效率，才能更好地克服法庭较为突出的人案矛盾，只有通过人性化的诉讼服务降低公民诉讼的难度，才能让当事人及其代理人更好地理解法院司法为民，赢得人民群众的信赖，真正树立起法院的权威和公信力。

（二）诉讼服务是法院实现风险预防的重要创新

人民法院作为纠纷的最后一道也是最为重要权威的化解机构，一直是争议汇聚之地，难免容易成为风险发生的重灾区，因此，对法院来说做好社会风险和司法风险的防控尤为重要。而诉讼服务的提供对于不良事件的预防恰恰是一剂“对症之药”。

诉讼服务致力于为人民群众提供切实有效的司法服务，减轻群众诉讼的难度，通过心理和环境干预等各种途径缓冲人民群众来法院时的负面情绪，将各种可能发生的风险大概率地通过细致的诉讼服务来实现预防，同时健全的诉讼服务体系也是公开透明的司法机制，对司法风险防控大局有着积极作用，[①] 因此诉讼服务也是同时服务于司法为民和风险防控。

（三）诉讼服务职能的建设是一项多维的系统性工程

当前对于诉讼服务中心的建设最高人民法院及中央政法委都相继通过会议和指导意见的方式进行了多方的布局和宣传，然而我们应当看到随着法治发展的需要，诉讼服务职能的内涵在逐渐扩大，诉讼服务中心的建设发展虽然是重心，但也不是诉讼职能实现的唯一方式。[②]

诉讼服务职能应当是服务于法官、当事人和社会公众的一项多维度站位的系统性工程。对于法官及法院工作人员而言，通过诉讼服务职能的深拓来优化

---

① 高志刚：《法院重大敏感案件风险评估机制探析》，载《法学》2014 年第 5 期。

② 季金华、张昌辉：《现代服务型法院的建构理路》，载《法学论坛》2014 年第 1 期。

诉讼工作的效率和内容，不仅可以从根源上化解人案矛盾，也可以更好地服务于当事人，只有将员额法官的精力都集中在审判主职上，才能实现法院职能的良性运作；对于当事人而言，诉讼服务中心应当是便捷高效完成诉讼业务的一个综合性场所，通过体验便民司法带来的优质服务来提升人民群众对法院工作的认同感和满意度；社会公共价值站位的诉讼服务是诉讼服务职能服务于大局观的直接体现，法院的公共服务职能是诉讼服务的附加功能，有赖于通过各法院的创新运作来实现。

四、自洽：建立多元服务站位的诉讼服务体系

诉讼服务职能在人民法庭的全面延展需要克服上述诸多的客观矛盾，我们要立足中国国情，以理论基础为引导、以科学可行为前提、以思想革新为基础、以精准定位为方式立体延展，[①]寻找诉讼服务功能在人民法庭的自洽之路。

（一）诉讼服务应首先服务于法官的高效工作

当前，通过智能化、信息化设备的引进去替代人工的程序性工作在各行各业已是趋势，对于人民法庭来说更是如此，仅仅通过增加“人手”去应对人案矛盾是治标不治本的，更不能企图通过将诉讼服务质量“打折”来缓解，我们需要多元切入，多角度建构，从根本上化解该矛盾。

法官效率的提高涉及多方因素，包括职位的优化分工、法官工作模式的创新、诉讼服务效能的提升等，从诉讼服务的角度来说则可以囊括智慧办案系统的开发和运用、诉讼服务的社会购买、多元共筑的诉源化解三个方面（见图3）。

其一，智慧办案系统的开发和运用。对人民法庭来说智慧办案系统是最能与各级法院同步的一项诉讼服务内容，但一方面，目前全国各级人民法院所使用的审判系统并不统一，一般是一个省开发一个系统，也就导致各审判系统的功能各异，全国的智慧审判功能不一；另一方面，当前各地区法院对系统的开

① 孙媛：《从整合走向现代——试论吴宓诗学思想的现代性建构理路》，载《东岳论丛》2010年第12期。

发都还处于不稳定和数量井喷式状态，系统多而杂，无法在一个系统上兼容所有功能，致使法官对系统的学习和使用缺乏统一性，也降低了学习和使用的效率。① 因此，智慧审判系统的开发首先应注意“统一性”，即智审系统由最高人民法院统一委外开发并全国推行，其次是注意开发的“专一性”，将案件审判需要的立案和跨域立案，审判管理，法律文书的生成、签章、报结、上网，电子卷宗的同步生成等主要功能通过一个系统予以实现，人性化、智能化、高效化地提高审判效率。

其二，诉讼服务的购买和外包。目前已经有不少基层法院在实践诉讼服务的购买和外包，但对人民法庭来说，诉讼服务的外包工作还很不成熟。其实文书送达和卷宗整理都是琐碎、机械又不需要过多专业知识的程序性工作，依赖于书记员等专业法学毕业生不免“大材小用”，程序性工作也容易灭失对职业的认同感和成就感，适当的诉讼服务购买还是必要的。

其三，多元共筑的诉源化解。正如时任最高人民法院副院长姜伟在 2019 年 5 月 16 日于北京市通州区人民法院调研时所强调的，未来人民法院需要“争取用少量法官办理多数简单案件，将更多资源用于精细化审判，打造‘门诊式’解纷模式”。人民法庭当深入全面推动诉讼服务中心的转型升级，将诉讼服务中心功能向前延伸，强化诉源治理，依靠党委从源头化解纠纷。② 诉源化解的一部分就是通过诉讼服务职能来实现的，即通过诉讼服务中心的有效引导，将适宜诉前化解的纠纷引流至其他调解机构去解决，鼓励人民群众对一般的争议采取非诉讼方式化解纠纷，提炼法官办案的案件类型，减少法官的工作量。

---

① 娄必县：《法院信息化建设的反思与展望——兼议“智慧型法院”的发生与发展》，载《三峡大学学报（人文社会科学版）》2017 年第 2 期。

② 参见《姜伟在北京通州法院调研时强调 以习近平新时代中国特色社会主义思想为指导全面推动诉讼服务中心转型升级》，载最高人民法院官网 http：//www.court.gov.cn/zixun-xiangqing—158522.html，最后访问时间：2023 年 10 月 12 日。

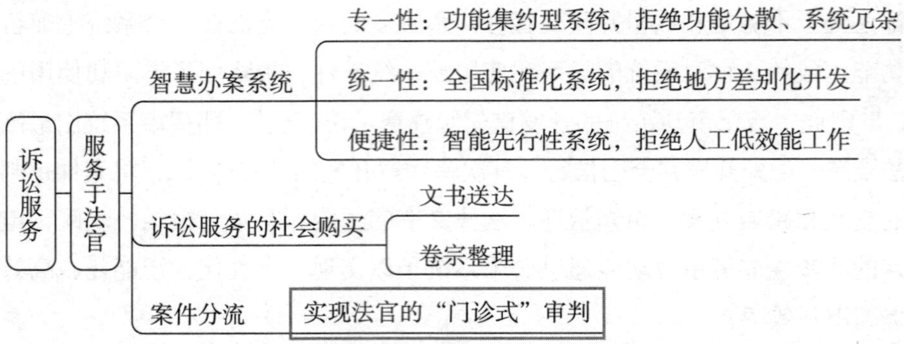

图3 诉讼服务服务于法官的高效工作

（二）诉讼服务其次要服务于当事人的便捷诉讼

当事人站位的诉讼服务应通过诉讼服务中心的建设来实现。2019年中央政法工作会中，习近平总书记强调：要持续开展“减证便民”行动，加快推进跨域立案诉讼服务改革，推动诉讼事项跨区域远程办理、跨层级联动办理，解决好异地诉讼难等问题。人民法庭应当改变观念，通过探索“转型升级”精准定位服务，建构并落实真正符合人民群众日益增长的诉讼需求的诉讼服务制度。当前通过对诉讼群体的需求进行区分是提高人民法庭诉讼服务质量的最为经济有效的途径。在司法人员数量受限的情况下，人民法庭应当充分引进人工智能设备，这不仅能替代司法人员为当事人提供更为耐心、细致、方便的诉讼服务，也能有效避免出现诉讼服务威胁法官权威的情况出现。

首先，针对法务群体着重依靠智能终端优化司法效率。全国法院应开发移动设备端智慧诉讼软件并加以宣传普及，配套法庭在诉讼服务中心引进自助服务终端，此二终端可以满足律师及高知群体自助扫描立案材料并录入送达地址确认书等个人信息，成功登记后提交法院云端审核并生成二维码，提醒当事人及其代理人妥善保管该二维码以随时在移动设备终端查询立案进度，在案件成功受理后直接在移动设备终端预缴诉讼费，完成立案全过程，该二维码还应支持案件立案后的后续查询功能，包括办案进度和审判组织人员信息，支持线上留言等功能。

其次，针对务工人员等弱势群体要实现心理支持和惠民功能的配置。人民法庭可配备一台即时可视通讯设备，用于专线连接司法局、劳动局等部门，以方便劳动者及相关群体现场连线仲裁或法律援助中心等有关部门咨询相关问题和特殊帮扶服务，有效保障法院工作人员保持中立，同时也不会造成当事人对法院工作人员不接受法律实体咨询产生误解，避免当事人因来回奔波于各部门之间而对法院工作不理解、不信任。

再次，人民法庭诉讼服务中心应提供数据服务。[①]配置相应数量的电脑和打印、复印设备，配置书写材料的桌椅并提供茶水、药箱等服务，通过硬件服务的支持，提高人民群众对诉讼服务中心的满意度，提升人民法院在人民群众心中的形象。

最后，诉讼服务中心仍然需要开放人工窗口提供人工诉讼服务。包括解答设备操作的困难和提供必要的立案指引，但通过智能设备终端的帮助，人工窗口的工作量会得到有效分流，人民法庭可以酌情减少诉讼服务窗口司法工作人员的数量，服务的效率和质量也会得到进一步的提升，有效缓解“案多人少”的办案压力。

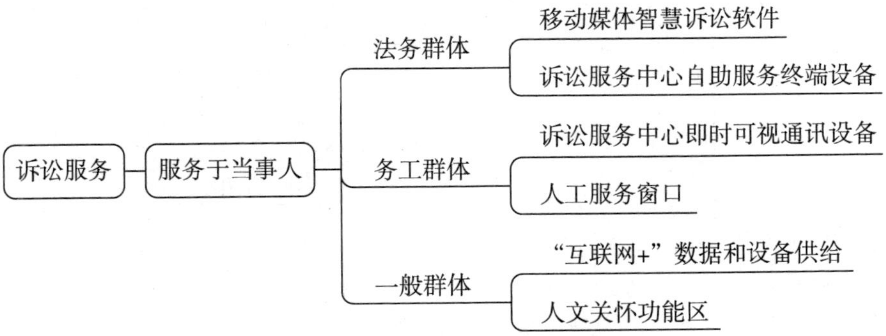

图 4　诉讼服务服务于当事人的便捷诉讼

（三）诉讼服务最后还应服务于社会公共治理

党的十八届三中全会通过的《中共中央关于全面深化改革若干重大问题的决定》已经对创新社会治理体制和改进社会治理方式明确提出“四个治理”原则，即坚持系统治理、依法治理、综合治理和源头治理，习近平总书记在2019年中央政法工作会议中强调：“政法机关承担着大量公共服务职能，要努力提供

① 陈锦波：《论信息技术对传统诉讼的结构性重塑——从电子诉讼的理念、价值和原则切入》，载《法制与社会发展》2018年第3期。

普惠均等、便捷高效、智能精准的公共服务。要深化公共法律服务体系建设，加快整合律师、公证、司法鉴定、仲裁、司法所、人民调解等法律服务资源，尽快建成覆盖全业务、全时空的法律服务网络。”实际上各级法院，尤其是基层法院及其法庭要充分运用人民群众及社会各相关部门的力量，建构多元化纠纷化解机制，完善“诉源治理”机制，实现法治宣传。

除了通过传统的工会、仲裁等部门派专员入驻人民法庭以外，人民法庭应提供现场连线公安局、司法局、劳动局、人民调解委员会等社会机构的服务，这是整合法律服务资源的更为有效可行的举措。法院应与各相关部门及时互动，法庭通过指导和帮助其他机构、组织通过合法有效的形式建立多元纠纷化解机制，将一些小微案件化解在村委会、居委会、社区、仲裁机构等，鼓励公民通过其他合法有效的非诉讼方式化解一般性纠纷，强化审判权威和效能。

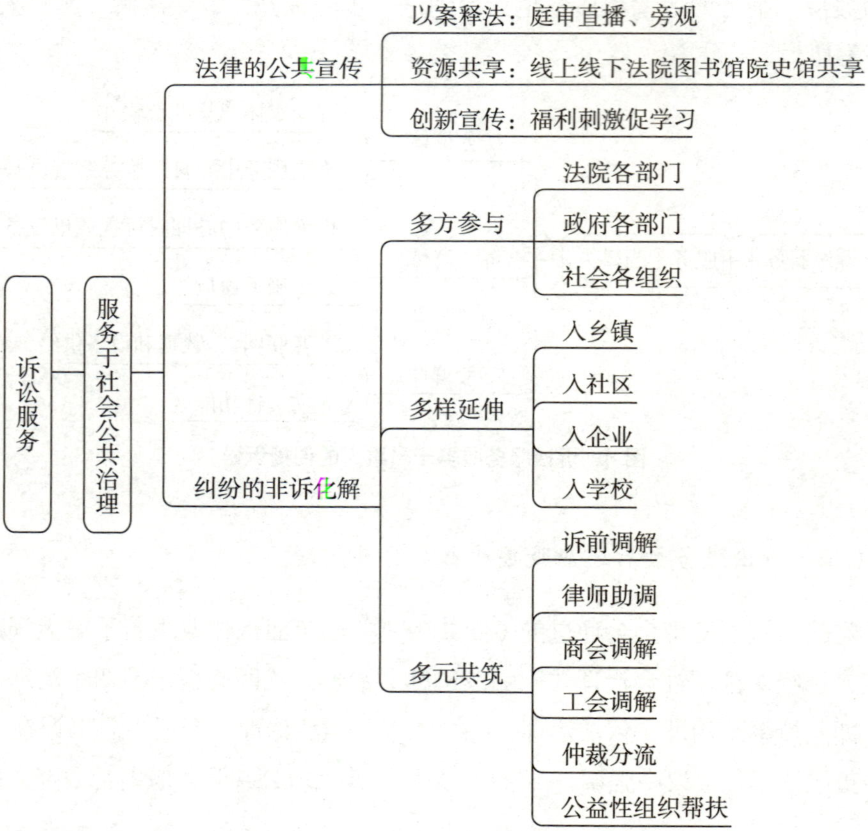

图5 诉讼服务服务于社会公共治理

在法律宣传上，法庭除了通过送法下乡，送法入学校、入企业，巡回法庭车等形式进行宣传外，还可以适应社会发展更进一步创新诉讼服务职能。一方面通过移动设备端的智慧诉讼软件推送案例、进行庭审直播，实现司法公开、以案释法，[①] 另一方面还可以利用地域优势和政府及其他组织合作发展社会公共服务项目，例如通过法院图书馆、院史馆的社会共享提升公民的法治涵养，通过和政府合作以 App 端法律知识问答活动提供公交车免费券等公益服务兑换券等方式激发公民学法的积极性，从而侧面参与社会治理。

结 语

对于基层人民法庭这个“案件多、受众杂、派出远”的审判组织而言，其未来的诉讼服务发展较之基层法院及其上级法院将需要走得更远，诉讼服务职能体系的建设除了具体细致的职能划分外，更需要通过统筹协调和责任机制来保障落实。

---

① 陈海平：《检视与构建：网络时代司法公开的深化思路——基于对 3491 个法院官方网站的实证调研》，载《河北法学》2016 年第 12 期。

诉讼与公证

诉讼与公证协同创新问题研究*

福建省厦门市思明区人民法院课题组**

内容提要：本课题以我国司法体制改革为背景，以多元化纠纷解决机制创新为导向，以现有立法文本为主要依据，综合运用实地调研、座谈、实证等研究方法，从理论和实践两个层面对“诉讼与公证协同创新”问题开展深度调研，探索诉讼与公证协同创新的时代背景，总结思明区“诉讼与公证协同创新中心”实践经验，研究协同创新的理论基础及必要性、可行性。

关键词：诉讼；公证；协同创新

为实现“法官专注于审判，优化司法资源配置”的目的，切实推动矛盾纠纷多元化解机制探索实践向更深层次领域迈进，2016年以来，福建省厦门市思明区人民法院与厦门市鹭江公证处合作，在区法院诉讼服务中心内共同设立“诉讼与公证协同创新中心”，引入公证力量多方位参与协助法院工作，开展诉讼与公证协同创新的有益探索，将调解、送达、调查、取证、执辅等非核心事务剥离，让法官逐渐从烦冗的事务性工作中脱身，专注于开庭、合议、裁判等审判核心事务，推动法院在审判、执行以及调解、送达、调查取证、保全执行、集约查控等五大审判辅助工作领域的全面提质增效。这一做法得到中央政法委

---

* 基金项目：本文系2021年度国家社科基金重大项目“民事司法程序现代化问题研究”（项目批准号：21&ZD205）的阶段性研究成果。

** 作者单位：西南政法大学、福建省厦门市思明区人民法院。课题指导人：傅远平。执笔人：林鸿、张希华。

的肯定，称之为“厦门样本”，最高人民法院与司法部联合发文向全国 12 个省市试点推广，至今已逾 7 年。

一、问题的缘起：诉讼与公证协同创新的时代契机

党的十八大以来，国家大力“推进国家治理体系和治理能力现代化”，全面深化和大力推动改革。以开放性架构吸纳社会力量，构建共治共享的社会治理格局，“健全共建共治共享的社会治理制度，提升社会治理效能”，是推进国家治理体系和治理能力现代化的内在要求。司法辅助事务外包，就是一条司法机关与社会力量协力共治的有效路径。近年来，各地公证机构努力开拓公证法律服务领域，大力加强公证工作法治化、规范化和信息化建设，公证职能作用正日益显著。这为公证与诉讼协同创新提供了难得的时代契机。

（一）多元化纠纷解决机制改革：公证机构积极参与诉前调解

近年来，伴随着我国经济快速发展和社会转型，社会矛盾纠纷处于高发时期，对现有的社会矛盾纠纷解决机制提出了新的挑战。面对持续上升的诉讼案件数量，依靠法院自身增加人员、挖掘潜力已难以为继，如何结合实际坚持和发展新时代的“枫桥经验”，进一步从源头上预防和减少纠纷，是全社会迫切需要解决的现实难题。为此，有必要建立和完善多元化矛盾纠纷解决机制，整合人民调解、行政调解、司法调解等多种社会资源，综合运用调解、仲裁、诉讼等多种方式和手段，形成功能互补、程序衔接的矛盾纠纷有效化解体系。其中，公证机关能够起到的作用不容忽视。

为贯彻落实《中共中央关于全面推进依法治国若干重大问题的决定》以及《中共中央办公厅、国务院办公厅关于完善矛盾纠纷多元化解机制的意见》，最高人民法院发布《关于人民法院进一步深化多元化纠纷解决机制改革的意见》，第 11 条提出：“加强与公证机构的对接。支持公证机构对法律行为、事实和文书依法进行核实和证明，支持公证机构对当事人达成的债权债务合同以及具有给付内容的和解协议、调解协议办理债权文书公证，支持公证机构在送达、取证、保全、执行等环节提供公证法律服务，在家事、商事等领域开展公证活动或者调解服务。依法执行公证债权文书。”因此，在全面深化多元化纠纷解决机

制改革的大背景下，公证机构参与调解，是贯彻最高人民法院工作要求，实现中央战略部署、提升社会治理水平、推进全社会多层次多领域依法治理的重大改革举措，是便民利民、促进社会和谐的重要措施，是协同并发挥司法资源最大效能的有效途径。

（二）审判事务运行从粗放转向精细：公证机构融入诉中活动

为了提高法官这一司法程序核心角色的素质素能、实现法官群体的职业化和专业化，本轮司法改革决定实行法官员额制改革，大幅减少法官数量。对法官实行员额制度并不只是单纯的法官编制问题，怎样科学、合理地确定法官员额的比例，实现法官的整体优化，是亟待解决的问题。而为充分保障当事人诉权，切实解决人民群众反映的“立案难”问题，人民法院自2015年5月1日开始实施立案登记制，人民法院受理案件数量大幅度增加。在社会转型期案件数量不断增加的背景下，法官员额制改革与立案登记制并行推进，人案矛盾进一步加剧，审判事务的传统运行模式占用了法院大量的司法资源，严重影响了审判质量和效率挖潜提升的空间。

我国基层法院审判事务的传统运行模式表现为审判核心事务与审判辅助事务的运转均集中于法官或审判单元。为了破解人案矛盾，推进审判事务管理从先前的粗放式转变为精细化、集约化已经刻不容缓，而要实现这一转变，前提就要求法院将审判辅助事务与审判核心事务相互分离开来，实行分类管理。为进一步优化司法资源配置，提高司法质效，《关于人民法院进一步深化多元化纠纷解决机制改革的意见》第19条提出：“推进审判辅助事务集中管理。根据审判实际需要，在诉讼服务中心或者审判业务等部门安排专门的审判辅助人员，集中负责送达、排期开庭、保全、鉴定评估、文书上网等审判辅助事务。”这为“诉讼与公证协同创新”改革提供了前进的方向和根本的遵循。

（三）国家推进治理体系和治理能力现代化：公证机构参与社会公共事务的多方合作治理

党的十八届三中全会提出的全面深化改革的总目标，就是完善和发展中国特色社会主义制度、推进国家治理体系和治理能力现代化。党的十九大明确提出：“打造共建共治共享的社会治理格局。加强社会治理制度建设，完善党委领导、政府负责、社会协同、公众参与、法治保障的社会治理体制，提高社会治理社会化、法治化、智能化、专业化水平。”党的二十大报告在此基础上，进一步提出了社会治理的两个路径、两个目标、一个愿景。

目前，社会组织已成为国家治理的重要主体。推进国家治理体系和治理能力现代化，创新社会治理体制，改进社会治理方式，建立现代社会治理模式，都离不开社会组织的参与。在众多类型的社会组织中，公证机构属于介于政府机构与一般社会组织之间的一类特殊社会组织。既先天具有公信力，又具有灵活性。因此公证机构凭借自身特质和优势，有更多的机会参与社会治理，应当更加主动参与社会治理。在新的历史时期，公证工作在健全社会主义市场经济体制、推进国家治理体系和治理能力现代化、促进社会公平正义等方面面临新的任务和更高的要求。党的十八大以来，各地公证机构努力开拓公证法律服务领域，大力加强公证工作法治化、规范化和信息化建设，不断提高公证工作水平，公证职能作用日益显著，公信力不断增强，法治保障更加完备。这些都为公证机构参与社会治理、参与纠纷化解、参与诉讼奠定了良好基础。

二、公证与诉讼协同创新的基层探索：以“厦门模式”之思鹭协同中心为研究对象

为实现“法官专注于审判，优化司法资源配置”的目标，厦门市思明区人民法院与厦门市鹭江公证处共同筹建设立“诉讼与公证协同创新中心”，中心以“思鹭”为名，既是双方名称的连写，又和“思路”构成谐音，暗含改革新思路的内涵。中心于2016年11月7日正式运行。双方抽调及招聘精干人员共同探索公证调解与诉讼对接，司法送达、调查、保全、执行等辅助业务全方位外包及审判辅助业务管理信息化共同开发等工作。目前双方已实现在调解、送达、调查、保全、执行等审判辅助业务的全面对接，探索公证调解、集中送达、派单调查、开庭排期集约化管理模式，并取得了良好的成效。

（一）公证与诉讼的机构及队伍建设

厦门市思明区人民法院与厦门市鹭江公证处共同签订了战略合作协议，形成了一系列规范性文件，成立由双方常务副职为总协调人的工作专班，并抽调

双方精干力量组建调解、送达、调查取证、保全执行、信息化及后勤保障5个工作小组。作为集中承接法院非核心事务的主体，厦门市鹭江公证处在2016年年底前迅速组建一支规模达40人的“公证员+公证员助理+外聘辅助人员”的司法辅助队伍；法院采取集中授课、指定导师、轮岗见习等方式对中心工作人员开展了岗前培训，并通过设立联络员、开设需求反馈窗口、建立微信群等多种方式建立业务交流渠道，就公证处与法院业务庭进行全方位的沟通与协调，建成较高质量的协同创新团队。随着“诉讼与公证协同创新”改革经验的逐步推广，上述团队成为相关改革的“黄埔一期”，作为骨干外派兄弟法院带队伍，而思鹭“诉讼与公证协同创新中心”通过校招与社招相结合，采用“老带新”的队伍建设模式，始终维持队伍人数和服务品质的稳定。

（二）公证与诉讼协同的制度建设

厦门市鹭江公证处与思明法院通过工作例会、联席会议等方式进行工作对接，共同研究、决策、协调、解决相关工作问题。

1.工作例会制度。（1）每月定期召开各工作组负责人参加的工作例会，汇总日常工作问题和情况，提出解决方案和改进措施，并上报总协调人；（2）工作例会以现场会形式为主，根据工作情况也可通过网络会议、电话会议等形式召开；（3）工作例会由鹭江公证处指派专人记录，并形成会议纪要存档备查。

2.联席会议制度。（1）定期召开由总协调人、各工作组负责人参加的联席会议，必要时各工作组相关成员可列席；（2）联席会议由双方总协调人轮流召集，并安排相关会务；（3）联席会议主要研究双方合作的重大事项，集中处理各工作组提出的议案，并指导工作组工作方向；（4）联席会议由主办方指派专人记录，并形成会议纪要上报双方主要负责人。

（三）公证与诉讼协同的机制建设

1.优化流程，统一标准。中心在逐步接手法院审判辅助事务的同时，也着手对辅助事务管理流程和业务规范的梳理、优化和再造。在中心试运行期间，公证处指派业务骨干深入每个业务庭跟班见习2个月，对各业务庭在送达方面的异同点进行观察记录，梳理出25项不同点并提出统一流程规范的相关建议；法院依托专业法官会议制度建立“诉讼与公证协同创新”专业法官业务会商机制，对公证处提出的建议开展了广泛而深入的讨论，就其中12项问题达成共识，进行统一规范；在双方共同研讨的基础上，初步形成了《思明法院民商事案件送达业务操作规范》等一系列规范准则和业务手册，推动了审判辅助行为和流程的进一步规范化、标准化。

2. 规划整合，集约调度。中心运行以来，发现以法院辅助人员个体为单位，对司法辅助事务在业务庭内进行“单兵包揽”的管理模式无法有效共享信息、优化人力物力资源调度，人员流动大时培训成本高、补位难。经过研究，对送达、调查、保全等辅助事务开展了集约化作业的改革尝试，如将送达工作划分为材料准备、电话电子送达、邮寄送达、上门送达、委托公告送达及复核移交等几个环节，每个环节由专人负责，纵向协作开展作业；设置业务岗、复核岗、协调岗、勤务岗四类岗位，在不同环节分别负责对外送达、验收纠错、衔接沟通和批量制作材料；根据任务量大小、送达急缓、出行线路、案件类型对任务分配、外出计划、用车需求和全院排庭进行集约掌控。通过对业务、环节、岗位的具体细分，构建了一个以业务环节为单位、以流水线作业为形式的流程化管理模式。

3. 科技先行，提升效能。中心积极应用新设备、新技术，减少手工录入、重复操作环节，目前已应用键盘拨号、耳麦应答、文书自动生成、材料一键打印、条形码追踪案卷进度、排庭自动查重、开庭日程多字段查询、案件全数据管理、送达线路地图生成等多项实用技术。鹭江公证处作为中国公证员协会的信息化建设分委会的会长单位，在全国公证信息化方面有较深的积淀，为智慧法院建设提供了有益借鉴。法院正组织技术骨干，将中心应用成熟的技术手段向各业务庭进行推广，同时加强需求梳理总结，联合有关技术方加速推进司法辅助事务集约智能管理系统软件的开发应用。

（四）公证与诉讼协同的主要内容

1. 公证调解。法院特聘公证员为特邀调解员，特邀调解员依法、居中进行调解，引导当事人在自愿基础上进行诉前先行调解。调解成功后签订调解协议，双方可以选择由法院出具裁判文书或共同到公证机构申请就双方达成的协议出具公证书，无须进入诉讼程序，从而经济、迅捷地解决各类民商事纠纷。

（1）调解案件范围。目前初步探索出民间借贷纠纷、继承析产纠纷、离婚后财产纠纷、抚养权纠纷、简易商事纠纷、金融案件以及人民法院认为可移交调解的其他案件等若干类型化案件的多元化解，并通过机制创新实现纠纷的诉前分流，截至2023年9月1日，共接收调解案件21394件，调解成功6759件，调解率约31.5%。

一是离婚及相关财产纠纷。聘请14名法律、心理专业背景的公证员担任特邀调解员，将司法与公证的群众认可合二为一，全面提升调解工作的公信力。针对夫妻纠纷的特点，设立“亲睦之家”咨询窗口，绘制调解工作流程图，提供心理咨询、修复和婚姻辅导服务，营造温馨和谐的调解氛围。

二是继承析产案件。公证处充分发挥自身长期以来开展继承公证业务所积累的丰富经验，制定调解工作流程，制作调解宣传手册，引导当事人通过公证途径解决纠纷。此外，法院还与公证处开展专项公益宣传，主动上门，在重阳节等节日为辖区高龄老人提供免费遗嘱公证，从源头减少纠纷。

三是抚养权纠纷。从未成年人利益最大化原则出发，运用公证处与民政部门既有的合作渠道，公证员开展家事调查，在全面查清各方抚养能力和抚养意愿的基础上，提供儿童“全程心理疏导”，帮助未成年人获取最优成长环境。

四是简易商事及民间借贷案件。在公证书中明确约定司法送达地址，从源头解决送达难问题；支持公证处设立民间借贷公证服务中心，引导群众规范合同条款，约定合法利息并通过银行汇款支付；对依法办理的债权债务合同，以及具有给付内容的和解、调解协议公证，法院及时启动执行程序。引导更多纠纷走公证债权文书，而非诉讼的方式解决。

五是金融纠纷。主要是信用卡案件和简易金融借款合同案件，公证员在法官的指导下，就信用卡办理门槛低、发卡审核不严，合同约定不完备、表述不规范，档案管理混乱、举证能力欠缺等问题进行源头规范，寻找金融机构与金融消费者权益的平衡点达成和解。

（2）调解流程。①特邀调解员在诉讼服务中心解答当事人咨询，对调解范围的案件引导当事人进行诉前调解。②当事人自愿接受诉前调解的，经诉讼服务中心预登记将案件移交诉调对接中心交调解工作组调解。③经调解达成协议，当事人选择公证机构确认协议效力的，由公证机构出具公证书；当事人选择法院确认协议效力的，由调解工作组将案件通过诉调中心移交法院立案，由法院出具司法确认裁定书或调解书。④经调解未达成协议的，调解员在征得各方当事人同意后，可以用书面形式记载调解过程中双方没有争议的事实，并由当事人签字确认。调解工作组可以就上述事实及其他核查确认的事实、双方争议焦点等出具法律意见书，将案件通过诉调对接中心移交法院立案后裁判。⑤调解应在受理之日起20日内办结，案情比较复杂的最长不超过30日。⑥立案后当事人愿意接受调解的，经当事人同意也可按前述流程移交调解工作组开展调解。

2. 司法送达。司法送达对于民事诉讼程序的有效运作发挥着极其重要的作用，公证处为送达环节提供公证法律服务可以有效缓解"送达难"的矛盾。"诉讼与公证协同创新中心"下设送达工作组，有步骤、按阶段地逐步负责思明法院司法送达全面事务。

（1）工作职责。①主要工作内容：a. 逐步负责法院诉前、诉中、诉后及执行过程中的司法送达业务；b. 协助法院准备送达材料并跟踪送达进展；c. 协助法院完成与司法送达工作相关的其他事务。②送达岗位分工：a. 协调岗：对接法院书记员，统筹安排送达任务；收集、确认送达信息，准备送达材料；负责邮寄送达、公告送达等书面送达工作；收集、反馈送达进展情况并做好各类送达方式的衔接安排；录入送达信息并维护送达管理系统；协助书记员做好其他庭前准备工作。b. 电子送达岗：根据协调人员的安排，开展电话、电子邮件、传真等电子送达工作。c. 上门送达岗：根据协调人员的安排，开展各类诉讼、执行文书的现场送达工作。

（2）送达流程。①协调人员定期提前收集、汇总各业务庭送达需求，统一接收各业务庭指派送达任务。②协调人员向书记员确认送达信息，协助准备、交接送达材料并录入送达信息管理系统，接手排庭任务后同步对开庭时间进行预排期。③协调人员备齐送达材料后，可自主调查或安排调查组人员协助书记员完善送达信息，并根据完善后的送达信息，进行首轮邮寄送达。④协调人员根据邮政系统反馈信息，对邮寄送达成功的，及时将送达回证及案卷材料移交业务庭书记员；对邮寄送达未成功的，根据情况安排电子送达人员进行电话等电子送达，或安排上门送达人员进行现场送达。⑤电子送达人员及上门送达人员应将送达情况及时以录音、录像、拍照、追记等方式存证记录，并将送达回证和送达进展及时向协调人员进行反馈。⑥协调人员可根据送达情况，安排电子送达人员及上门送达人员进行补充送达。⑦全部送达流程完成后，经业务庭确认送达有效的，协调人员及时向业务庭移交相关材料，并与送达人员确认送达完结；经业务庭指示需公告送达的，根据指示拟写公告稿张榜公告或交由当事人登报公告，张榜公告的拍照存证，登报公告的收集登报原件，并移交业务庭处理。⑧外地法院委托送达的案件及域外请求司法协助送达的案件，参照上述流程进行。

3. 调查取证。为贯彻落实最高人民法院关于“支持公证机构对法律行为、事实和文书依法进行核实和证明”的规定，结合目前全国法院在家事领域推行的审判工作改革，“诉讼与公证协同创新中心”下设调查取证工作组，法院特聘公证处人员为调查员，有步骤、按阶段地逐步负责思明法院司法调查相关事务。调查结束后由调查员向法院出具书面调查报告，必要时出庭陈述调查意见、提出纠纷解决建议。

（1）调查取证案件范围。目前调查取证案件范围主要包括离婚纠纷、离婚后财产纠纷、夫妻财产约定纠纷、抚养纠纷、扶养纠纷、赡养纠纷、继承纠纷、分家析产纠纷以及法院认为可以委托调查的其他事项。

（2）工作职责。①岗位分工：调查取证组分协调岗工作人员及家事调查员。②家事调查员工作职责：a. 负责对当事人的婚姻状况进行的调查；b. 负责对当事人的亲属关系进行调查；c. 负责对当事人房地产权属变动情况、房屋现状情况、房屋租赁情况、房屋查封、房屋他项物权设定情况进行调查；d. 负责对其他财产状况（包括但不限于存款、证券、保险、车辆等）进行调查；e. 负责对未成年子女的抚养情况进行调查；f. 负责对当事人实际居住情况进行调查；g. 书面文书核实，例如公证书、司法文书、司法鉴定、医疗鉴定等文书核实，出生、死亡证明核实，公证遗嘱调查，其他当事人双方提供的书面证据核实，以及人民法院认为需要调查的其他特定事项。③协调岗工作职责：a. 为提高调查效率，由协调岗工作人员每日定时（暂定每天上午8：30至9：30）到各业务庭（院本部及各派出法庭）收取当日调查案件及资料，并向案件法院工作人员移交调查结果，超过该时段的，各业务庭可将调查文件直接送到中心交协调岗工作人员；b. 协调岗工作人员应填写《案件调查指派单》（见附件）交法院工作人员确认（或由法院工作人员直接填写调查单据）后，将工作安排给家事调查员；c. 为提高效率，便于交接，建议每个业务庭设立专人负责与协调岗工作人员的日常送达事务的对接；d. 调查人员应定期（每月一次）汇总问题与情况，并及时予以解决或上报诉讼与公证协同创新中心。

（3）工作流程。①接受法院调查委托，委托内容包括调查对象、要求。②调查过程内容：a. 婚姻状况调查。到婚姻登记机关、法院、当事人档案所在处进行婚姻调查，调查形式包括联网调查、电话、发函等；通过走访邻居、社区、工作单位等调查双方婚后共同生活的情况，了解双方的生活关系、感情情况。b. 亲属关系调查。到派出所、公安局、退管中心、当事人工作单位档案所在处、医院、民政部门进行当事人的亲属关系调查。c. 房屋权属及现状（包括租赁或查封）调查。到房管局、房屋所在地进行当事人房地产权属变动情况、房屋现状情况、租赁情况、查封情况调查。d. 财产状况调查。到房管局、银行、工商局、车管所、保险公司、证券公司等处进行当事人的财产状况调查。到现工作单位、公积金管理中心、税务机关（税单）调查当事人的现有收入。（以上 4 项，如果在相关单位查不到详细档案记录或对档案记录存疑的，家事调查员应根据情况，走访邻居、社区、工作单位等对相关知情人员进行询问开展调查。）e. 未成年子女抚养情况调查。通过走访当事人居住的社区、邻居、所在单位、被抚养人的学校、被抚养人父母的工作单位等方式对子女的抚养情况进行调查。f. 书面文书核实。到文书出具单位进行文书真实性核实。上述调查过程，工作人员均应制作调查笔录，由调查员、被调查人员签字。③调查结束后，家事调查员应就调查内容、调查过程、调查结果向法院出具书面调查报告，必要时出庭陈述调查意见、提出纠纷解决建议。

4. 保全执行。“诉讼与公证协同创新中心”下设执行工作组和保全工作组，由法院任命公证处人员为“执行助理员”或相应身份，全面协助法院执行、保全工作，预防纠纷、解决部分“执行难”问题。

（1）工作范围。①协助办理有关执行文书及执行过程中的送达工作。②参与执行调解与执行和解，做好辅助性事务。③协助执行局法官、审判庭法官处理执行财产的查封、扣押、冻结工作，清点财产，制作查封、扣押清单。④协助执行局法官处理执行过程中需要的调查、寻找财产线索或现场勘验等事务。⑤根据特定案件情况，联系公证员办理保全证据公证，出具公证书。⑥法官认为需要协助的其他事务。

（2）工作流程。①法院需要协助执行组处理相关事务的，签发《协助执行批转单》，交“诉讼与公证协同创新中心”内务岗人员，相同案件需要处理不同事务的，可以签发多份批转单。②内务岗工作人员接到批转单后，应进行工作登记，并立即将批准单及随附材料交给执行助理员，并做好文件签收。③执行助理员接受批转单后，应当立即着手开展工作。④需要调解的，由执行助理员对接调解工作组，开展调解工作。调解成功后，当事人签署执行和解书的，应当在2日内上交执行法官。⑤需要调查核实相关内容的，由执行助理员转交调查取证组，调查完成后，1天内将调查结果以书面形式反馈给执行法官。⑥需要查找财产线索的，由执行助理员联系申请执行人，并且将调查需求转交调查取证组，调查完成后，次日内将调查结果以书面形式反馈给执行法官。⑦需要勘验财产状况的，执行助理员应当在1天内联系申请执行人，并且在1天内出具勘验方案，简易案件由执行助理员完成，复杂案件由申请执行人共同参与勘察。勘验完成后，协作执行组应当在2日内出具勘验财产的现状保全公证书，交执行法官。⑧需要查封、扣押、冻结相关财产的，执行员助理负责协助执行法官联系110开锁、物业部门、现场清点、制作清单等事务性工作。⑨需要办理财产现状、物品清点证据保全公证的，由执行助理员安排保全工作组的公证员，共同办理保全证据公证，并且在办理完成后的3日内出具公证书。⑩需要送达文书的，由执行助理员对接送达工作组，开展文书送达工作。

（五）公证与诉讼协同的实际成效

1.司法送达业务。在公证全程见证、法院全程指导下，实行专业分组，辖区划片，集约上门，统一装备，运用LBS地图技术集中调度人、车等送达资源，探索适合电话、邮寄、现场、公告等多样化送达方式的工作方法。双方通力协作解决了市场有效供给不足的瓶颈，再造高效精准的送达流程。试行以来，中心有效破解了‘送达难”。截至2023年9月1日，共完成送达1603086次，涉及案件244217件，相较原有法院分散送达模式提升效率5倍以上。

2.调查取证业务。充分发挥公证处在婚姻状况、亲属关系以及房地产等财产调查方面的业务优势，探索以法院统一任命公证人员为调查员或颁发“调查令”的方式，剥离耗费法院大量精力的婚姻家事等案件的调查工作。公证处组建专业调查员团队，以项目化模式提供受理申请、外出调查、固定证据等全流程、一站式的专业法律服务。试行以来（截至2023年9月1日），中心已开展家事纠纷调查1704次，涉及案件57096件，调取客观证据36484份，较原有法官调查模式提效10倍。

3. 财产保全业务。当事人提交财产保全申请后，经法官审查确需保全的，出具财产保全裁定书移交公证处办理。通过任命经双方考核的公证处服务人员为法院审判辅助人员的方式，集中剥离法院财产保全的事务性工作。中心承接全院的财产保全事务以来，双方协作有效解决了市场有效供给不足的瓶颈，兼具成本、效率和公信力的公证保全服务，综合运用信息化手段和企业激励机制，提高了工作效率，规范了服务流程，受到各方好评。试行以来，截至 2023 年 9 月 1 日，共协助执行法院集约查控 90602 件次。

4. 执行辅助业务。依托公证处作为中立第三方的独立身份和社会公信力，双方建立执行工作快速联动机制，公证处指派公证员为腾房等执行工作提供被腾房人财物清点、记录、造册等公证见证服务，从源头减少争议发生；公证处还安排 4 名工作人员担任执行法官助手，协助执行法官安排工作行程，开展执行文书套打和送达等各项事务性工作，截至 2023 年 9 月 1 日，共协助执行法官草拟格式化执行保全裁定文书 20083 份。

5. 辅助立案事务。基于思鹭协同创新中心，公证处还承接了思明法院的辅助立案功能，协助立案庭完成电子档案扫描、排庭等事务，截至 2023 年 9 月 1 日，公证机关协助法院开展立案工作共涉及案件 65377 件。

三、诉讼与公证协同创新的理论研究

本部分主要从民事诉讼（含执行）理论出发，对诉前调解、送达、保全、调查取证、执行问题是否存在外分的可能性及可行性进行分析论证。

（一）诉前特邀调解：公证参与多元化纠纷解决的切入点

1. 特邀调解。2016 年 7 月 1 日起开始实施的《最高人民法院关于人民法院特邀调解的规定》第 1 条及第 6 条对特邀调解作出了明确规定。特邀调解是指人民法院吸纳符合条件的人民调解、行政调解、商事调解、行业调解等调解组织或者个人成为特邀调解组织或者特邀调解员，接受人民法院立案前委派或者立案后委托依法进行调解，促使当事人在平等协商基础上达成调解协议、解决纠纷的一种调解活动。《关于人民法院进一步深化多元化纠纷解决机制改革的意见》第 17 条也规定了健全特邀调解制度的规定。

2. 特邀调解的主体。《最高人民法院关于人民法院特邀调解的规定》第1条和《关于人民法院进一步深化多元化纠纷解决机制改革的意见》第17条的规定采用概括加列举式的规定，列举了人民调解、行政调解、商事调解、行业调解组织，这些组织是在最高人民法院试点的基础上明确下来的，同时又用“等”字为今后更多适格主体成为调解主体预留了空间。

3. 实践探索。在实践探索中，特邀调解员的范围也很广。例如，章贡区法院2016年选聘的50名特邀调解员来自各行各业。①2016年8月，四川省成都市中级人民法院向社会公开特邀调解组织和调解员。在首批特邀调解员推荐人选中，律师、专家学者、人民调解员、“五老”调解员、人民陪审员、公证员成为主要特邀对象。②2016年年底，福建厦门思明区法院聘请14名法律、心理专业背景的公证员担任特邀调解员。

4. 关于公证人员担任特邀调解员的优势。在上述司法实践过程中，有些地方法院试行了特邀公证员担任特邀调解员的做法。这种做法是在现行法律允许的框架下进行的，根据最高人民法院的两个司法解释，特邀调解的主体采用列举加概括式的规定，并未穷尽特邀调解的主体。一是公证人员具有较高的素质。在公证人员中，公证员无论从知识背景、经历要求等方面都有着具备特邀调解员的资格要求。二是进行调解是公证机构的工作之一。《公证程序规则》第56条规定了公证调解。在诉讼或仲裁前，公证机构进行调解是其工作之一，这也为公证员担任调解员积累了丰富的经验，由其担任法院的特邀调解员有着自身的“人才”优势。

（二）送达与公证的协同

1. 送达行为属性的再认识和送达功能的合理定位。

（1）送达行为的属性。从传统的观点看，一国民事送达的行为属性往往取决于其所选择的民事诉讼模式，由于各国民事诉讼模式构筑在不同的法律传统

---

① 《章贡区法院首批50名特邀调解员正式上岗》，载https://baijiahao.baidu.com/po/feed/share?wfr=spider&for=pc&context=%7B%22sourceFrom%22%3A%22bjh%22%2C%22nid%22%3A%22news_3847268922657684710%22%7D，最后访问时间：2023年6月8日。

② 《四川成都中院向社会公开特邀调解组织和调解员》，载成都长安网http://www.chinapeace.gov.cn/zixun/2016-10/11/content_11371959.htm，最后访问时间：2023年10月10日。

和价值取向上，决定了各国送达行为属性也有着截然不同的界定。即便是传统上属于同一法系的不同国家，其民事送达行为的定性也存在着不小的差异。一般而言，大陆法系国家的职权主义模式倾向于将司法意义上的送达定性为“公权力”行为，主张由法院依职权主导并完成，并不主张私人完成。在英美法系国家的当事人主义诉讼模式中，当事人在诉讼中起着主导作用，在大陆法系国家被看作是公权力的送达行为，则被看作是当事人或律师的事情属于“私人”性质。我国受苏联的影响，诉讼模式曾经被认为是“超职权主义的诉讼模式”，送达被认为是法院的职权行为，当事人在送达中没有真正参与，没有表达、处分的权利和自由。送达是指法院按照法定程序和方式，将诉讼文书送交当事人或其他诉讼参与人的行为。[①]但是，随着经济和社会的发展，履行送达职责的人民法院逐渐难以独自承受职权主义送达衍生的高风险、高成本、高投入，使得送达问题成为一个难题。经过几十年的民事审判方式改革、民事诉讼法的修订，我国在民事诉讼中已经基本确立了当事人主义的诉讼模式，但是在送达模式问题上，几十年则未作任何修订或改变。有学者提出构建以“法院送达为主，当事人送达为辅”的送达体制，但是对当事人送达由于其适用存在着制度、文化等方面的掣肘，因此目前仍应以法院职权送达为基础和导向。

（2）送达功能的再定位。我国传统意义上的送达功能的定位，主要受到长期占主导地位的“国家本位”和“权力本位”的影响，送达既然以保障法院主导的诉讼顺利进行为价值主导，那么送达权责集于法院一身，是再自然不过了。但是，随着社会发展，“国家本位”和“权力本位”的诉讼理念的缺陷与不足日益明显，已经不能适应民事诉讼改革和发展的需要。一般认为，我国应确立“以人为本”和“权利本位”的民事诉讼理念。[②]而其也应成为民事送达制度的基本理念。在这一理念的指引下，送达的形式可能仍然是通过将诉讼文书交于诉讼当事人或其他参与人以传达诉讼信息给诉讼当事人或其他参与人，但其功能却不应仅以法院的视角定位为保障诉讼进行，而应以保障“与程序的结果有利害关系或者可能因该结果而蒙受不利影响的人，都有权参加该程序并得到提

---

① 江伟主编：《民事诉讼法原理》，中国人民大学出版社 1999 年版，第 522 页。

② 廖永安、邓和军：《〈民事诉讼法修改决定〉评析——兼论我国〈民事诉讼法〉的修改》，载《现代法学》2009 年第 1 期。

出有利于自己的主张和证据以反驳对方提出之主张和证据的机会"[①]这一重新定位，通过破除法院对送达权力的垄断，将目前由法院单一承担的送达权力义务适当分解，同时科学确定当事人在送达中的主体地位。易言之，送达改革应当合理分配送达所涉及的主体的权利义务，重构送达制度，为当事人、其他诉讼参与人参与送达程序，行使一定的权利、履行一定的义务打开方便之门，为破解"执行难"找到突破口和切入点。

2.我国现行送达体制下法院送达与其他主体送达的可兼容性分析。

我国民事送达不分文书种类和原告身份，一律由人民法院负责送达，送达是法院单方的职责和诉讼义务，诉讼中由此产生的不能送达的风险和诉讼迟延责任也由法院单方承担。我国的送达制度是否能兼容其他的送达模式？

（1）直接送达。直接送达是我国《民事诉讼法》中规定法院送达时所应首先采取的送达原则。但是由于法院审判压力的逐渐增多，实践中直接送达演变成"电话领受"。法院可以通过购买社会服务、委托等方式，在审判辅助工作中引入社会化服务，借助专门送达机构的集约化、流程化经营模式，提高送达效率和送达率。以思鹭协司中心提供的送达服务为分析对象，在中心的流程化运作中，公证送达人员先通过电话联系受送达人，通知当事人到法院领取送达材料。通过采用当事人自取的方式，实现法院对诉讼材料的送达。将直接送达转换为"当事人自取"有利于缓解案多人少矛盾。由于在我国的送达实践中，送达人员在送达诉讼文书时还须"释法调解。利用上门送达的机会，送达人员应尽量了解当事人的想法和态度，解释当事人关于诉讼程序方面的疑问，对于有调解可能的，积极做好调解工作"。[②]另外，直接送达很可能涉及留置问题，由送达人员和书记员一起送达较为合适。因此，原则上，直接送达应当由法院和送达机构共同进行。在有专业送达人员作人员保障后，通过送达机构前期的电话联系，送达机构安排送达路线，由送达机构协助法院司法辅助人员或书记员进行直接送达。例外情形则是，送达人员在电话联系当事人时，如果当事人对接受诉讼文书没有异议，送达只是一种行为的完成时，可以单独由送达人员进行送达。

---

① ［日］谷口安平：《程序的正义与诉讼（增补本）》，王亚新、刘荣军译，中国政法大学出版社2002年版，第11页。

② 思鹭协同中心提供材料中的描述。

（2）委托送达。对于委托送达而言，受托法院只是由于送达便利，而接受委托法院的委托进行的送达，不存在上述直接送达时存在的情形，因此，对于委托送达而言，交由专门的机构进行送达即可。

（3）邮寄送达。邮寄送达主要是将须送达的诉讼文书交给邮局寄送，就是一个行为的完成，不涉及行为的审查和对方的抗辩等问题。因此，直接交由邮政部门邮寄送达，或者由第三方机构负责交付邮政部门送达即可。

（4）公告送达。在思明区法院的实践中，公告送达大多数由书记员完成，少部分由执行员完成。由于公告内容涉及诉讼请求的提炼，建议由书记员起草公告内容，或执行员起草，书记员确认后执行员送交公告送达。

（三）调查取证与公证的协同

1. 我国法院调查取证性质及范围分析。

（1）法院调查取证的性质。现代各国的民事诉讼法在收集和提供证据问题上，大多采取当事人提出主义，由当事人负责收集和提供证据，法院一般不主动依职权调查收集证据。但对于少数案件和事项，则采取职权探知主义，法院可以主动收集证据，不受当事人提供证据的约束。

法院的证据调查是指法院为了获得确切的心证或者汇集有价值的证据资料，根据当事人（包括诉讼代理人）的申请或者法院依职权进行的调查收集证据的活动。人民法院具有的依职权调查收集证据的权力，又称为职权查证权，是指在案件审理过程中，法院对证明案件事实有证明作用的诉讼证据有依照法定程序进行调查、收集的权力。就其属性而言，法院依职权查证权是法院审判权应有的内容之一。[①] 人民法院依当事人申请调查取证是指人民法院根据当事人申请而进行的调查收集证据的活动。

根据我国的《民事诉讼法》和相关司法解释的规定，当事人是收集和提供证据的主要主体，绝大多数证据都应当由当事人负责收集并向法院提供。根据《民事诉讼法》第 64 条第 2 款的规定，当事人及其诉讼代理人因客观原因不能自行收集的证据，或者人民法院认为审理案件需要的证据，人民法院应当调查收集。《最高人民法院关于适用〈中华人民共和国民事诉讼法〉的解释》第 94

① 沈志先主编：《民事证据规则应用》，法律出版社 2010 年版，第 151 页。

条和第96条对第64条进行了细化。

（2）法院调查取证的范围。根据我国《最高人民法院关于适用〈中华人民共和国民事诉讼法〉的解释》第64条第2款的规定，当事人及其诉讼代理人因客观原因不能自行收集的证据，或者人民法院认为审理案件需要的证据，人民法院应当调查收集。《最高人民法院关于适用〈中华人民共和国民事诉讼法〉的解释》第94条对当事人因客观原因不能自行收集的证据进行了细化，具体包括：①证据由国家有关部门保存，当事人及其诉讼代理人无权查阅调取的；②涉及国家秘密、商业秘密或者个人隐私的；③当事人及其诉讼代理人因客观原因不能自行收集的其他证据。当事人及其诉讼代理人因客观原因不能自行收集的证据，可以在举证期限届满前书面申请人民法院调查收集。第96条对人民法院认为案件需要的证据进行了细化，包括：①涉及可能损害国家利益、社会公共利益的；②涉及身份关系的；③涉及《民事诉讼法》第55条规定诉讼的；④当事人有恶意串通损害他人合法权益可能的；⑤涉及依职权追加当事人、中止诉讼、终结诉讼、回避等程序性事项的。

收集证据是法院行使审判权的一种重要的、不可或缺的方式。法院收集证据以当事人是否申请为标准，分为依申请而收集和依职权而收集。梳理我国民事诉讼立法的发展史可以看出，人民法院调查收集证据一直处于限缩的趋势。2012年《民事诉讼法》和2015年《最高人民法院关于适用〈中华人民共和国民事诉讼法〉的解释》进一步限缩了法院依职权调查取证的案件的范围。法院依职权可以调查的证据的种类：当事人陈述、证人证言、书证、物证、视听资料、电子数据。鉴定意见是当事人申请，法院委托鉴定机构提供的专业性意见。《民事诉讼法》和《最高人民法院关于适用〈中华人民共和国民事诉讼法〉的解释》规定了当事人可以申请鉴定人出庭，必要时法院也可通知鉴定人出庭，由鉴定人对鉴定意见发表意见，接受当事人质证。勘验笔录是人民法院审判人员为了查明案情，对与争议有关的现场或者物品，亲自进行勘查检验，进行拍照、测量，将勘验情况和结果制成笔录，称为勘验笔录。

法院依职权调查取证。人民法院具有的依职权调查收集证据的权力，又称为职权查证权，是指在案件审理过程中，法院对证明案件事实有证明作用的诉讼证据有依照法定程序进行调查、收集的权力。就其属性而言，法院依职权查证权是法院审判权应有的内容之一。[①]

①当事人陈述。虽然当事人作为案件的亲历者，其如实陈述对法院有较大的帮助，同时其也会基于与案件的利害关系，夸大、虚构对自己有利的事实，淡化、隐瞒对自己不利的事实。但是，法官询问当事人，对法官心证的形成具有重要意义。因此，大多数国家的民事诉讼制度都规定了询问当事人由法官进行。我国《民事诉讼法》规定，在审前准备程序和庭审中可以对当事人进行询问。

②证人证言。证人证言是证人在法庭上就案件事实向法庭所提供的证言，其一般应当在法庭上形成。但是，由于我国民事诉讼中证人出庭率较低，法院也缺乏强制证人到庭的手段，所以作为变通的举证方法，实践中存在当事人或诉讼代理人自己去找证人，请证人把所了解的案件事实写下来，形成书面证言，然后再把书面证言提交给法院。

③书证。书证是民事诉讼中最常见的证据。书证原则上应当由当事人向法院提供或者根据当事人的申请由法院调取。当法院认为某一书证对于核实当事人提交的证据或者查明争议事实重要时，应当有权主动要求书证的持有者提交。书证与鉴定意见、勘验笔录、当事人陈述、证人证言不同，这类证据在诉讼前已经存在，书证一般由当事人提供或者当事人申请法院调取，我国的“调查令”制度也主要针对的是书证。对于仅仅涉及书证的“调取”，而不涉及调查取证、影响法官心证的行为，可以交由辅助人员或者专门机构或人员调取。

④物证和视听资料。书证、物证、视听资料在法院调取之前就已经存在，既不像鉴定、勘验那样需要通过采用技术手段、现场体验的方式后才能形成，也不像当事人陈述、证人证言需要他们作出陈述后才会作为证据存在。

2. 是否可以委托其他机构代为调查取证的证据种类分析。

（1）在8种证据种类中，鉴定意见属于专业机构运用专业知识后作出的判断，不存在调查取证问题；勘验笔录是法院依职权对现场勘验后作出的笔录，也不存在调查取证的问题。

（2）证人证言是证人在法庭上就案件事实向法庭所提供的证言，其一般应当在法庭上形成。但是，由于我国民事诉讼中证人出庭率较低，法院也缺乏强

---

① 沈志先主编:《民事证据规则应用》，法律出版社2010年版，第151页。

制证人到庭的手段，所以作为变通的举证方法，实践中存在着当事人或诉讼代理人自己去找证人，请证人把所了解的案件事实写下来，形成书面证言，然后再把书面证言提交给法院。理论上，证人不出庭质证，这样的书面证言一般不会被法院认可。即使是法院向证人调查形成的笔录，由于同样无法质证，所以同样不能作为认定事实的根据。但是，如果把证人出庭接受质证的问题做变通处理，不把它作为认定案件事实的根据，法院为核实争议事实，向证人调查，获取证人的书面证言后，以该书面证言作为认定事实的根据就成为可能。我国一些基层法院，法官依职权走访证人，通过询问证人形成书面的证言笔录。同当事人相比，法官由于同案件没有利害关系，走访证人获取的书面证言一般会更可信，也更容易为当事人所接受。因此，上述法官走访证人属于案件审理法官进行的调查行为，是审判权行使的过程，直接影响到法官的心证，因此，是属于不能让渡的司法权，只能由案件的承办法官或者主审法官进行。

（3）当事人陈述（同前述）。

（4）书证、物证、试听资料、电子数据证据。书证、物证、试听资料、电子数据证据是在法院调取之前就已经存在的，所以存在调取问题。根据《民事诉讼法》的规定，调取证据分为法院依职权调查取证和当事人申请法院调查取证。

①书证。由于对于作为以承载内容证明待证事实的书证，由其他主体调取的过程对案件事实的认定应当没有影响，因为双方关注的焦点在书证的内容上，必要时可以通过鉴定进行认定。因此，“取”证的过程由非法官、法院工作人员、律师、中立第三方主体进行对书证的证据资格没有影响。同样的道理，视听资料也存在由第三方主体进行“取证”的可能。

②电子数据证据作为一类新型的证据形式，其实时变化性、动态性的特征使“调查取证”的调取过程会成为双方当事人质疑、质证的焦点，且由于电子数据证据的专业性特征，使得法官主体并不一定是计算机等方面的专家，因此电子数据调查取证过程由专业性、中立第三方进行，可以说是更好的选择。实践中，一般当事人也会在自己调取这类证据时申请公证机构参与。在法院依职权调查取证时，征得当事人同意，将此类证据的调查取证问题委托给公证机构进行，也是可以的。实践中公证机构应当事人申请对电子数据的取证过程进行公证也是常见的。

③物证是以其外形、痕迹等作为证明方法的，所以，必要时借助鉴定、法庭质证等，可以实现调查取证的目的，而不必借助第三方。

综上所述，可以委托第三方调查取证的证据类型包括书证、电子数据、视听资料。

3. 家事诉讼中的家事调查员制度。

在家事审判改革中，涉及当事人的婚姻状况、未成年子女的抚养情况等事实需要调查时，法官会将这些事项交给家事调查员进行调查。

（1）家事调查员的范围。目前，在推行家事调查员的法院中，法官助理、书记员等司法辅助人员担任调查员。此外，一些法院从社区、居委会、村委会、妇联等组织中挑选家事调查员，有些从公证人员、执业律师、专职人民调解员、心理咨询师、社工等人员中选取家事调查员。这些家事调查员通过走访等方式对当事人的婚姻状况、亲属关系、房地产权属变动情况、未成年子女的抚养情况等事实进行调查。

（2）家事调查的性质。对家事调查性质的认识，存在两种观点：第一种是应将其定位为司法调查的范畴，因其是在法院主持或引导下进行的；第二种是将其定位为社会调查的范畴，因其是引入社会资源参与的调查。严格来说，司法调查也并非严谨的诉讼术语，在诉讼中，只存在当事人调查获取的证据和法院调查取证获取的证据，在法律没有规定法院中除法官外的其他主体的调查取证权外，法院的调查取证也即法官的调查取证。从主体上看，承担调查员职责的是司法辅助人员以及社会力量；从调查的事实看，主要涉及的是对某些事实是否存在的调查，基本不涉及法律适用问题。因此，将其界定为社会调查较为合理。

（3）其他国家的家事调查员制度。目前，实行家事调查员制度的主要有以下两种：第一种，日本和我国台湾地区的家事调查员制度。在日本和我国台湾地区，应家事法官的要求，家事调查官对特定的事项进行调查，调查员运用心理学、社会学、经济学等专业知识，对相关人员的性格、经历、生活和财产状况、家庭及其他环境等进行调查，调查之后，形成书面报告或提供意见供家事法官参考。日本的家事调查员还参加一些法官的评议活动。相关资料尚未显示家事调查员要出庭，接受当事人的询问。由此可以得出，日本和我国台湾地区的家事调查员是法官的“助手”，是法官在相关问题上的顾问。第二种，澳大利亚的家庭顾问。在澳大利亚，涉及未成年子女相关问题时，法官会任命家庭顾问，对案件中的各种问题进行独立评估，帮助法官对未成年子女的安排（子女监护、探视）作出决定。庭审时，家庭顾问在法庭上接受交叉询问。经过交叉询问后的意见具备了采信的资格。

（4）我国家事调查报告的证据分析。对比我国的家事调查员制度，在调查官调查后，形成的报告或考意见是提供给法官参考的。这类似于日本和我国台湾地区的做法。从证据法层面，对调查意见的性质以及如何采信法律还没有相关规定。所有的证据都要经过举证、质证，才能作为证据采信。第一，对于家事审判中，有家事调查员的，要向当事人释明，在哪些问题上由家事调查员负责调查。第二，家事调查员出庭。家事调查事项属于争议事项的，当事人申请或者法院可以依职权要求调查员出庭，对调查事项进行说明，接受当事人询问。

（四）执行与公证的协同

民事执行权的性质及具体权能分析。不同国家在执行主体的选择上，既有共同的特征，也各有差异。为了对我国的执行主体有着更加清晰的定位，有必要对执行权的性质进行分析。

（1）民事执行权性质的再认识。传统大陆法系理论对民事执行权的归属存在以下三种观点：第一，债权人说，认为民事执行权源于债权的固有权能（法律上之力），只有债权人才能掌握和行使这种权力，但因国家禁止私人救济，债权人不得亲自行使民事执行权，而采取强制代理制度，债权人必须委托民事执行机构行使。第二，国家说，认为民事执行权源于国家统治权，只有国家才能掌握和行使民事执行权，债权人仅享有民事执行请求权，不得强制债务人履行义务，而只能请求国家对债务人实施民事执行。第三，折中说，认为民事执行权行使的主体是国家，但国家将其让与债权人行使，而债权人复又委托民事执行机构行使。①

国家说是得到我国理论界和实务界认可的学说，“按照强制执行理论，民事执行权，也称强制执行权是执行机关使用国家强制力，强制债务人履行义务，

① 江必新：《强制执行法理论与实务》，中国法制出版社2014年版，第87~88页。

从而实现债权人依据生效法律文书所判定的民事权利的一种国家公权力”。[①] 但是，有学者研究发现，债权人说和国家说并非完全对立的两种学说，而是其各自界定的民事执行权并不完全相同，债权人说将民事执行权作为强制执行权的上位概念，国家说将民事执行权等同于强制执行权。在这种语境下，债权人说和国家说之间并不根本对立，因为“债权人享有民事执行权但只能向执行机构申请通过国家公权力迫使债务人履行给付义务”和“只有国家才能掌握和行使民事执行权”所指相同。债权人说的内容比国家说丰富，其在实质上区分了民事执行权、强制执行权、申请执行权，债权人基于“法律上之力”的保障而对生效法律文书确定的债权享有民事执行权，但国家普遍禁止私力救济之后，债权人原则上不得越过公权力机关直接对债务人采取强制执行措施，而只能通过公法意义上的申请执行权启动强制执行程序。[②]

既然民事执行权属债权人所有，强制执行程序自然应当以债权人为中心，涉及债权人利益的诸多事项应当征询债权人的意愿，不得以强制执行权系国家所有而采取明显违背债权人意愿的执行措施。

在当前执行力量难以胜任强制执行需要的语境下，允许债权人进行适当的私力救济，有利于实现执行资源配置的优化。债权人说为立法者将某些强制性色彩不强烈的简单执行实施实务交给债权人及其律师自行或者委托具有特定资质的执行从业人员具体完成奠定了理论基础。最高人民法院及各级地方法院均倾向于将某些事务性执行工作交给社会中介机构按照市场规律办理，并强化债权人及其律师在查找被执行人可供执行财产方面的手段。[③]

（2）民事执行权的具体权能。从民事执行权行使过程看，主要涉及三类事项：一是调查被执行人的财产，查封、扣押、冻结、划拨、提取、拍卖、变卖、分配价款等实施事项（属于执行实施权）；二是执行中变更和追加被执行人、执行异议、执行复议、不予执行、中止执行和终结执行等裁决事项（属于执行裁决权）；三是执行过程中涉及的实体权利义务争议的处理事项（属于民事审判权的范畴。另有学者将其称为涉执行审判权）而执行实施权又分为执行命令权和实施事务权两种不同性质的权力，其中作出查封、扣押、冻结、划拨、提

① 肖建国主编：《民事执行法》，中国人民大学出版社 2014 年版，第 20 页。
② 肖建国：《民事执行权与审判权的分离研究》，载《法律与社会发展》2016 年第 2 期。
③ 黄忠顺：《民事执行机构改革实践之反思》，载《现代法学》2017 年第 3 期。

取、拍卖、变卖、以物抵债、分配等裁决的权力为执行命令权；具体实施该命令的权力为实施事务权。[①] 因此，从某种意义上说，强制执行权的权能可以理解为包括执行裁决权、执行命令权和实施事务权。其中执行裁决权应纳入广义的民事审判权的范畴，由法官行使。执行命令权涉及对于是否启动执行程序的审查，应定位为审判权，由执行法官行使。[②]

（3）实施事务权本质上属于司法行政权。实施事务权是执行事务办理权，主要是指落实执行法官的决定和命令，开展执行事务性工作，包括执行案件的现场查封、扣押、拘留、搜查及诉前和诉讼保全、组织重大执行活动、调配本地执行力量、处理突发事件、协调维稳工作及协助其他地区法院执行等工作实施事务权是对执行法官已经作出决定的事项的贯彻落实，是执行事务性工作的具体经办。[③] 在比较法上，几乎所有法治发达国家都根据实施事务的重要性，分别交给执行法官、执行员或者其他辅助人员、债权人及其代理律师负责，不具备法官资格的执行员或者其他辅助人员只负责对动产的执行实施事务，而且需要先行从执行法官处获得执行命令，而不动产执行案件、请求债务人作为或不作为的案件、代替执行措施、间接执行措施等较为重要或复杂的实施事务则往往由执行法院负责。实际上，只要执行法院有效行使执行命令权和执行裁决权，执行员或者其他辅助人员行使实施事务权的过程将获得有效的司法控制，实施事务权交给不具备法官资格的执行员或者其他辅助人员行使并无不妥。即使保留由执行法官行使的实施事务权，执行法官往往也是通过书记员、执行员及其他辅助人员具体处理相关事务。

根据执行命令具体采取强制执行措施并接受执行法院监督的实施事务权，在本质上属于与司法权存在密切联系的司法行政权。[④]《中共中央关于全面推进依法治国若干重大问题的决定》将司法行政权与审判权相分离作为本轮司法改革的目标之一。司法行政本不是法院的固有职能，实施事务权本应由政府机关或法院以外的其他机构行使，但很多国家为了防止行政机关干预司法而授权法

① 肖建国：《民事执行权与审判权的分离研究》，载《法律与社会发展》2016年第2期。

② 肖建国：《民事执行权与审判权的分离研究》，载《法律与社会发展》2016年第2期。

③ 刘东方：《司法权与司法行政权若干问题思考》，载《中国司法》2005年第12期。

④ 李旺：《日本司法行政的特点与司法改革新动向》，载《清华法治论衡》（第1辑），清华大学出版社2000年版，第319页。

院自己行使司法行政权。[①]实施事务权是在法院内部分离还是将部分实施权剥离出法院进行外部分离是目前改革中尚待决定的改革方向，理论界和实务界也存在广泛争议。由于司法惯性以及外分的高成本，在法院系统内部进行分离具有现实意义和可实现性。将执行裁决权、执行命令权、涉执行审判权合并由执行裁判庭行使，而执行事务实施权由执行（事务）局行使。鉴于司法行政权（包括实施事务权在内）属于中央事权，实施事务权在全国范围内进行统一配置具备正当性基础，民诉法学界对此已达成共识。对于无涉实质性判断的简单实施事务可以交给由执行权及其辅助人员组成的官方民事执行机构行使，有学者建议，未来可以考虑允许当事人申请将这样的事务交给由具备执行从业资格人员组成的私人民事执行机构行使，实行有偿委托执行。

（4）实践探索：我国民事执行中实施事务权的改革。北京法院建立了“分段统筹执行的流程管理模式”；宁波法院把执行调查从执行实施中分离出来，专门成立财产调查组对执行案件的财产线索进行集约化调查；上海法院 2007 年在全市推行执行案件专人查控财产制度，由专职调查人员负责对本院执行案件中所涉及的有关基本的财产线索和相关信息进行集中查询和采取相应的控制措施。2009 年重庆法院推行的执行实施事务权改革，在直辖市的层面上实现了分权模式的统一。重庆法院的执行案件流程分为启动、查控、处置、结案四个阶段。

执行实施事务权的上述改革，其背后的法理基础在于诉讼案件与执行案件的差异性，即：执行案件具有同质性和可分割性，而诉讼案件具有个性化和不可分性。执行案件的处理应当以法院与被执行人的关系为中心构筑起来的，以被执行人责任财产为执行标的的程序制度，具有“对物不对人”的特点，追求效率而非程序保障。其程序可以分割为不同阶段，各阶段相互独立，并且程序具有多重性、反复性，一个执行标的可以反复发生多个执行程序，最终直到申请执行人的权利得到满足。我们认为，执行法官负责处理争议，执行人员负责执行。可以是基于当事人自己委托的执行机构，也可以是法院将执行实施事务委托给具有资质的机构来执行。

① 黄忠顺：《民事执行机构改革的深度分析》，载《法律科学》2016 年第 4 期。

四、公证参与诉讼的保障机制

公证机构参与诉讼与公证协同创新工作，其本质上就是提供司法服务。既然是服务，那就必然有人、财、物的投入才能保障运行，这是公证机构参与多元纠纷解决可持续运转的根本保障。

（一）组织保障

推动公证与诉讼的协同创新，是贯彻落实《中共中央关于全面推进依法治国若干重大问题的决定》以及《中共中央办公厅、国务院办公厅关于完善矛盾纠纷多元化解机制的意见》的重要举措。为此，需要坚持党政主导、综治协调、多元共治的基本原则，协调各方力量共同保障公证机构参与纠纷调解、承接审判辅助事务。在中央层面，中央政法委、中央综治委、最高人民法院、司法部等部门，应当支持地方基层单位积极进行探索、尝试，尤其是作为各级法院指导机关的最高人民法院和作为公证行业、公证机构管理部门的司法部，要及时给予指导，及时进行总结推广。在地方层面，地方党委政府要给予大力支持，特别是经费保障方面要给予政策支持，对于需要跨部门协调解决的问题，可以通过联席会议制度予以解决。

（二）人才保障

公证与诉讼的协同创新，关键在于人才的保障。公证作为专门的法律服务业，自身具有专业性和职业性的优势，在从事司法辅助事务的过程中，更需要继续发挥这一优势，将公证专业与诉讼事务相互融合，需要加强人才保障建设。

1. 加强司法辅助人员的管理。为加强对从事审判辅助事务的公证人员的管理，有必要建立司法辅助人员协会，吸纳参与审判辅助事务的公证人员作为会员，以符合为会员活动服务为目标，尽可能地为会员提供服务，充分尊重会员代表的意见，根据公证行业发展水平和会员的实际需求设计工作机构，工作机构应是知识型、专业化、能工作，真正为会员服务的机构，应当建立良好的工作机制和监督机制。

2. 通过专门培训提升公证人员能力。尽管公证人员为自身具备法律专业知识，并通过国家统一司法考试的专业人才，但在承接审判辅助业务时，仍然需要进行专门的业务培训。人民法院、司法行政机关及公证机构应当根据承接司法辅助业务的项目和内容，设立专门的培训课程，定期或不定期地对公证机关相关参与人员进行培训和指导，每年至少组织一次对公证机构相关人员的集中培训。

（三）经费保障

法院将审判辅助事务交由公证机构负责具体实施后，法院原先负责审判辅助事务的人员则得到解放。被解放的法院辅助人员可以回流到业务一线，更好地辅助法官从事核心审判业务，推动了法院人员分类改革和新型审判团队组建的顺利进行。因此，公证机构承担审判辅助事务以后，法院原先负责审判辅助事务的人员经费、工作经费等相应经费应当从法院的年度经费中适当进行扣减。所扣减的部分经费应当形成单独的财政预算，用于支付公证机构实施审判辅助事务的人员经费、工作经费等。为此应当将公证参与纠纷调解、负责实施审判辅助事务定性为政府购买司法服务，价格的计算主要考量成本，通过单列“司法专项费用”方式予以解决。

但是需要特别指出，由于公证机构参与纠纷调解、参与诉讼活动，其业务机会、业务收入将会有所增加，因此公证机构也应当承担部分实施审判辅助事务的人员经费、工作经费等。

（四）制度保障

推动公证与诉讼的协同创新，是贯彻落实《中共中央关于全面推进依法治国若干重大问题的决定》以及中共中央办公厅、国务院办公厅《关于完善矛盾纠纷多元化解机制的意见》的重要举措。从当前情况来看，一些地方的公证机构在司法服务方面已经取得一定成绩，但是公证机构开展此类业务仍然面临一些障碍。因此，如果要在全国范围内推广“诉讼与公证协同创新”这一模式，让各地公证机构充分参与到这项工作的开展中来，需要从司法改革的大局中统筹考虑，从公证制度改革与公证机构改革中统筹谋划，这需要从国家制度层面上予以明确。

总结务实的操作指南。在承认公证与诉讼协同创新的大背景下，需要作为直接承接方的公证人员，作为公证主管机关的司法行政机关，作为服务购买方的人民法院三方协调配合，制定公证参与诉讼协作的工作指南，总结工作中存在的问题及明确未来需改进的方向。

目前，法院系统内部没有一个完整的规范性文件来规范购买社会化服务，因此，应该加大力度，延伸广度，进一步探索社会化服务的购买模式。

一方面需要加大力度，从内外机制磨合角度改变现有格局。在借鉴政府采购规则的同时，应从顶层设计入手，结合法院的实际情况，建立一套相对规范的引入社会化服务的管理和指导制度；强化对社会化服务工作的内部规范管理，统一引入社会化服务工作的归口管理，建立高效内部协调运作机制，提升社会化服务利用效率。解决对社会化服务的购买、管理、评估等工作分散，职责不清的问题。

另一方面需要扩展广度，在更多工作层面引入社会化服务。在司法辅助工作中应探索引入社会化服务的内容，主要是档案扫描上传、诉讼引导、速录等少数方面。建议在这个工作量集中的工作板块持续性地探索，如探索引入专业送达机制，协助查找执行线索等。

结　语

厦门模式的诞生，是对上述宏大叙事的基层回应。既有时代的因素，也有主观能动性的体现。厦门市思明区人民法院是全国模范法院、全国优秀法院和福建省多元化纠纷解决机制改革示范法院，鹭江公证处是全国首批合作制公证试点机构，全国公证体制合作制改革试点单位，也是国内公证行业技术的领头羊。二者强强联合，根植于厦门这片改革开放创新实践的沃土，把握时代发展机遇，以坚韧的勇气肩负起先行探路的试点责任，以奋楫争先的姿态勇于开拓、锐意进取，在切实推动矛盾纠纷多元化解机制探索实践向更深层次领域迈进，实现“法官专注于审判，优化审判资源配置”的方向上取得了一系列可喜的成绩。厦门模式，已经在许多地方开花结果，为贯彻《最高人民法院关于人民法院进一步深化多元化纠纷解决机制改革的意见》，积极拓展合作范围，探索完善工作流程，走出了一条人民法院与公证机构跨界合作的成功路径。

基层社会治理

人民法庭与诉讼服务中心职能交叉的分工与协同*

钟萍萍　李　晨**

内容提要：本文围绕诉源治理背景下，人民法庭与诉讼服务中心的职能交叉问题，探究二者如何分工、协同。在厘清二者在诉源治理的触发机制、纠纷类型等存在差异基础上，提出摒弃“双立案模式”，由诉讼服务中心统一登记纠纷，将地域依附型及专门管辖的纠纷指派给法庭诉源治理，对诉前纠纷指派、分流、调解在线运行、全程信息化纳管，科学设置诉源治理考核指标等，完善内设机构的协同配合，促进诉源治理与审判权高效运行。

关键词：人民法庭；诉讼服务中心；职能交叉

2019 年，J 区法院发生两起涉诉群体信访事件，均涉及法庭辖区内的房产纠纷，该两处房产将土地用途私自变更为商业住宅，由于合同履行问题，购房方诉至法院，后因诉讼请求未得到全部支持引发群体访事件。而这两处房产早前因违法建设、私自变更土地用途等问题被责令整改，相关情况也早已通报给各综治职能部门。尽管诉讼服务中心在受理上述系列案件后，快速作出了示范裁判，进行批量审判、执行。但如若辖区法庭能在街镇综治协同机制下，及时开展诉前源头调处，对购房者指导维权途径，与相关职能部门共同监督违法者的整改，将有效防止此纠纷进入诉讼程序，避免信访事件。由此可见，人民法

* 基金项目：本文系 2021 年度国家社科基金重大项目“民事司法程序现代化问题研究”（项目批准号：21&ZD205）的阶段性研究成果。

** 作者单位：福建省厦门市集美区人民法院，厦门市委政法委。

庭与诉讼服务中心在诉源治理工作中的职能交叉问题亟待梳理。在探讨该问题过程中，将结合J区法院的诉调对接工作样态[①]进行分析，尝试明确人民法庭在此过程中的定位。

一、现象审视：人民法庭与诉讼服务中心诉源治理职能交叉与功能失灵

在现代诉讼服务、多元解纷改革过程中，一方面，诉讼服务中心职能不断强化，人民法庭诉源治理的作用成效逐步被淡化，而另一方面，诉讼服务中心亦未能充分发挥应有的成效。

（一）人民法庭诉源治理的功能式微

从J区法院法庭与诉讼服务中心、其他业务庭2019年度民商事案件结案数、人员配置、调撤案件数来看（见图1），人民法庭与其他民商事审判庭并无明显区别，反观诉讼服务中心则各方面数据均明显优于人民法庭，人民法庭诉源治理功能日渐式微，主要存在以下三个症结。

【症结一】职能同质化。目前，大部分人民法庭已与法院内部其他民事审判庭同类化，除设置的个别专业法庭外（如J区法院的交通法庭），人民法庭与其他业务庭的职能均为民商事审判，且案件类型并无区别。从图1可以看出，诉讼服务中心的办案数、调撤数、人员配置是各民商业务庭的近三倍，而法庭与其他民商业务庭的情况高度一致。

① J区法院目前诉调对接工作：一是以“诉非联动中心”为主体，构建法院、法庭、综治单位的联动体系。二是“非诉挺前”的制度，网格员、行政人员、律师分类调解民生、专项、信访纠纷等，诉前梳理事实、证据衔接诉讼。三是“数助治理”的科技制度，对接人民调解平台在线、联合调处诉前纠纷。四是注重当地文化特色，将当地文化特色融入辖区调解场所文化建设，开展德治宣教工作。

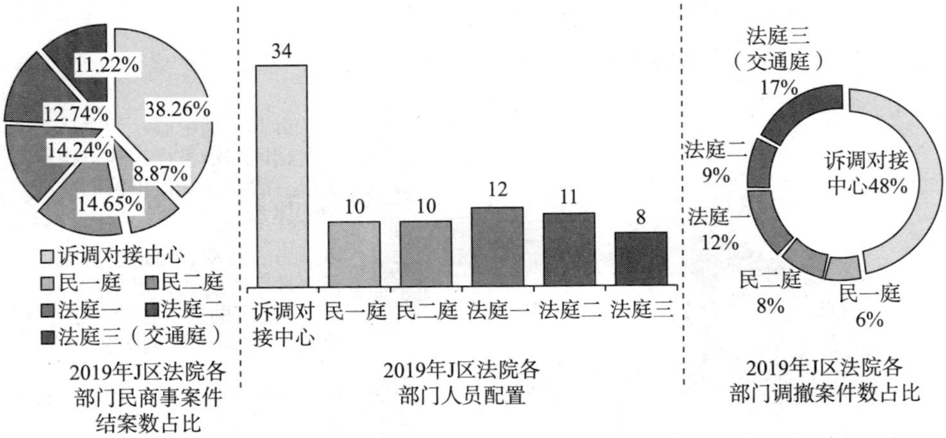

图 1　2019 年 J 区法院人民法庭与各民商事部门相关数据

【症结二】诉源远离化。诉讼服务中心的成立，推行集中立案的方式，法庭不再具有立案审查权。辖区当事人不再到法庭起诉，辖区综治职能单位与法庭通过综治联席会议等形式，共同预防化解辖区矛盾纠纷的积极性、主动性受到一定的影响。因此，在原本参与社会治理力量就不足的情况下，看似远离矛盾纠纷的“旋涡中心”，实则失去了掌握化解方向的先机。①

【症结三】人员短缺化。如图 1 显示，法庭的人员配置与其他民商业务庭一致，较诉讼服务中心存在较大差距。人民法庭面临的审判业务繁重，法官分身乏术，难以提高诉源治理的积极性。

（二）诉讼服务中心诉源治理成效缺位

实践中，诉讼服务中心在多元解纷机制改革方面尚存在建置、功能定位以及具体工作程序做法不一、运作不够规范等问题，在一定程度上影响了平台效能的发挥。②J 区法院的情况是，依托院部诉调对接中心，与辖区综治单位进行

① 梁维：《加快推进人民法庭转型发展》，载《人民法院报》2019 年 11 月 14 日第 8 版。人民法庭面临基层基础建设薄弱、基层办案力量短缺、一审案件量激增之间的不平衡问题，在矛盾化解手段上又比较单一，若在矛盾化解力量上仍重自身轻借力，那么人民法院参与基层社会治理、服务保障乡村振兴战略则成为空谈。

② 姜树政：《诉调对接：多元化纠纷解决机制之重要平台——以人民法院诉调对接中心的设置运行为视角》，载 http：//www.doc88.com/p—4049733456203.html，最后访问时间：2023 年 5 月 6 日。

对接，聘任特邀调解员进行诉调对接和纠纷化解（见图2）。实践过程中，以诉讼服务中心为核心的诉源治理工作仍存在一些劣势。

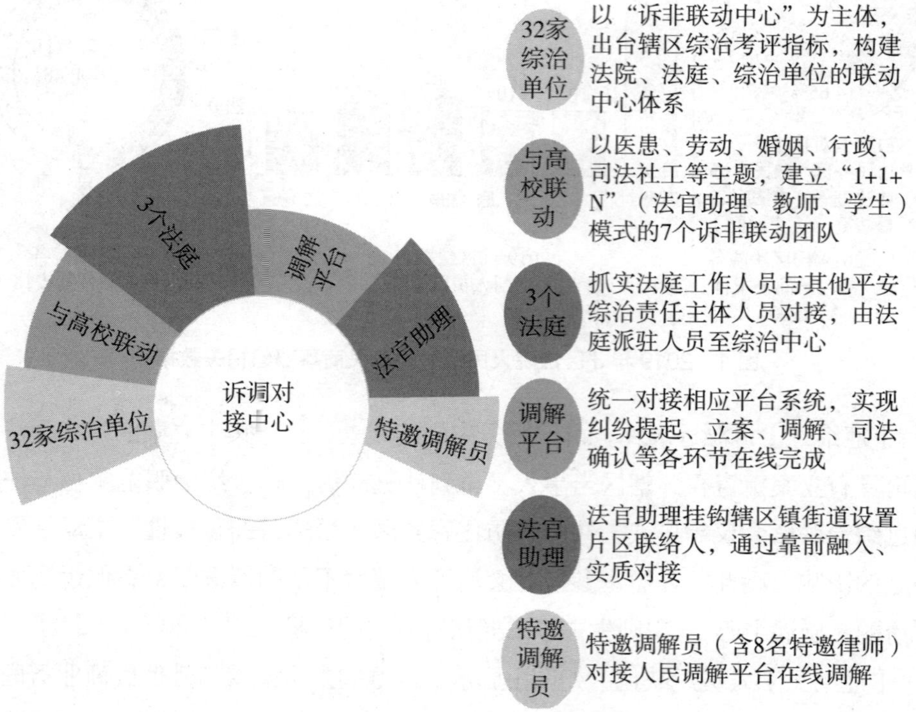

图2 J区法院以诉讼服务中心为核心开展诉源治理工作

【劣势一】基层组织衔接不足。诉讼服务中心较人民法庭而言，与基层组织的衔接较少，街镇、社区、司法所、派出所等纠纷化解的一线部门与诉讼服务中心的衔接磨合不足。诉讼服务中心对尚未起诉到法院的纠纷参与度较低，在此方面而言，诉讼服务中心必然无法取代具有地域优势的人民法庭。[①]

【劣势二】调解人员能力不足。诉讼服务中心聘请的调解员并非法律专业人员，一般为本辖区内有一定知识文化水平的退休教师、街道工作人员等。调解员的法律业务能力较低，容易模糊法定权利义务的界限，很多当事人在调解过后反而抱怨调解员水平不足、法院未能真正维护权益，不利于促进社会管理。[②]

---

① 钟明亮：《法院在诉源治理中的角色定位及完善》，载《人民法院报》2020年1月9日第8版。

② 徐忠俊：《人民法庭参与社会管理创新探析》，载《中国——东盟博览》2012年第6期。

【劣势三】诉前纠纷压力较大。诉讼服务中心集中开展诉源治理工作将导致大量纠纷处于立案登记后的诉前调解阶段。在缺乏强制调解或者调解前置制度[①]的情况下，容易异化对案件立案数量的调控，增加了当事人的负担，应受到严格规制。

【劣势四】专业能力缺乏优势。诉讼服务中心的速裁团队主要围绕简单案件进行快速处理，相较于业务庭而言，办理疑难复杂案件的能力较弱，对于矛盾风险发展及预防的能力受到一定限制。同时，诉讼服务中心并未形成专门案由进行审理，比如医患、劳动、建工等，难以对接专项行政、行业等非诉机构进行联动、诉源治理。

二、需求审思：人民法庭诉源治理的优势及破除部门利益的需求

（一）人民法庭职能定位

基层民事纠纷解决之道，包括“私力救济”的自行和解，“社会救济”的第三方调解、仲裁，最后才应该是“公力救济”的行政裁决或司法审判。[②]但如今，司法机关早已不是矛盾纠纷救济的最后一道防线，到法院提起民事诉讼成为化解矛盾纠纷的“前线”。为及时化解社会矛盾纠纷，同时，也为建设符合司法规律的法治社会，从1979年开始人民法庭在各地设立，其职能重点也呈现变迁的阶段性特征（见表1）。第一阶段：设立之初的“两便原则”。从历年来关于人民法庭的法律规定及职能侧重中看出，人民法庭就是为了维系友好稳定的社会关系，旨在地域交通上更为方便民众提起诉讼，也有利于方便法院能够独立地进行公正、高效的裁判而设立。第二阶段：社会发展之后的“专业管辖”。为了凸显司法权的权威，提升司法专业化水平，各地开始设置包含交通法庭、

① 澳大利亚法院可以不经过当事人双方自愿，即使当事人对调解提出异议的情况下，法官仍然有权交付调解。在日本民事调解中，如果调解是在一方当事人向法院申请而开始的程序中，即使另一方当事人不情愿，法院也可以强制其进入调解程序。受到传唤的当事人如果没有正当理由而拒不到场接受调解，法院可以处以罚款。

② 程春明:《司法权及其配置——理论语境、中英法式样及国际趋势》，中国法制出版社2009年版，第280页。

生态法庭、知识产权法庭等的专业法庭。第三阶段：诉讼案件“井喷”增长之下的诉源治理。纠纷进入法院形成诉讼案件后再进行审理化解的模式，显然已经无法适应诉讼案件“井喷”状况。因此，人民法庭开始重新思考诉源治理的问题，通过参与社会矛盾纠纷源头治理，避免案多人少矛盾延续。

表1 人民法庭职能的历史回溯

年份及主要规定	主要内容	突出重点
1979年，《人民法院组织法》	基层人民法院根据地区、人口和案件情况，可以设立若干人民法庭。人民法庭是基层人民法院的组成部分，它的判决和裁定就是基层人民法院的判决和裁定（注：1983年、1986年、2006年、2018年修改《人民法院组织法》时，对该部分规定均未改动）	人民法庭的设置基础
1999年，《最高人民法院关于人民法庭若干问题的规定》	人民法庭的任务：（1）审理民事案件和刑事自诉案件，有条件的地方，可以审理经济案件；（2）办理本庭审理案件的执行事项；（3）指导人民调解委员会的工作；（4）办理基层人民法院交办的其他事项	人民法庭的任务
2005年，《最高人民法院关于全面加强人民法庭工作的决定》	人民法庭审理涉及人民调解协议的案件，对合法调解达成的有民事权利义务内容的调解协议应当给予支持	提出庭前调解及司法确认
2008年，《最高人民法院关于进一步做好2008年人民法庭工作的通知》	“能调则调、当判则判、调判结合、案结事了”是指导民事审判工作的基本原则。其中，“调判结合”是手段，“案结事了”是目的……决不能滥用调解损害当事人合法权益，损害人民法院司法权威。在绩效考评时，不得以案件调解数量和调解率作为唯一标准	“调判结合”原则，避免硬性调解
2009年，《最高人民法院关于进一步做好2009年人民法庭工作的通知》	注重与基层政府、村民自治组织等其他多元纠纷解决主体的联动协作，构建纠纷解决的全覆盖网络，争取将矛盾化解在诉前，消除在萌芽，促进农村社会和谐安宁	加强与人民调解组织的配合，完善多元纠纷解决机制
2014年，《最高人民法院关于进一步加强新形势下人民法庭工作的若干意见》	积极参与基层社会治理，切实发挥人民法庭桥梁纽带和司法保障作用……充分发挥人民法庭在“四个治理”中的纽带作用和在多元纠纷解决机制中的示范、保障作用，为提高乡镇、县域治理法治化水平作出积极贡献	参与社会治理，做好与非诉讼矛盾纠纷解决机制的衔接工作

续表

年份及主要规定	主要内容	突出重点
2021 年,《最高人民法院关于印发〈人民法庭安全管理规定(试行)〉的通知》	人民法庭应当根据法庭规模、案件数量、所处位置和环境等因素，配备足够的安保人员……人民法庭在建设和改扩建过程中，应当严格执行相关规定，配置和完善各项安全防护设施……	人民法庭的安全保障
2021 年,《最高人民法院关于推动新时代人民法庭工作高质量发展的意见》	准确把握新时代人民法庭工作原则、积极服务全面推进乡村振兴、积极服务基层社会治理、积极服务人民群众高品质生活需要、不断深化新时代人民法庭人员管理机制改革……	人民法庭服务乡村振兴及基层社会治理的最新职能定位

（二）人民法庭诉源治理的职能优势

1. 人民法庭诉源治理的综治优势。

（1）人民法庭与基层部门、基层组织的密切联系优势。人民法庭与辖区内的街道、司法所、派出所联系较为密切，甚至形成相对独立的、分工明确、职能充足的街镇层面的综合治理系统。人民法庭可主动参与各类社会治理的常规化工作，利用社区网格员，跟踪掌握辖区内的矛盾纠纷情况。对辖区内的重大群体性纠纷、重大安全事件、常年无法化解的纠纷制定处置预案，对已进入诉讼程序的重大敏感案件制作案件情况通报，具有辖区纠纷源头治理的先天条件。

（2）人民法庭有开展司法确认、诉前调解的先天优势。《最高人民法院关于深化人民法院司法体制综合配套改革的意见——人民法院第五个五年改革纲要（2019—2023）》提出要完善诉源治理以及合力打造线上调解平台，通过司法确认、诉前调解等方式从源头上减少诉讼案件的增长，从而实现司法权集中处理更具有调整社会规则意义的案件。[①] 而从表 1 即可看出人民法庭早在 2005 年左右就已经着手开展诉前调解、司法确认等诉源治理工作，具有充足的经验和机构协作基础。人民法庭作为诉源治理的桥梁，与基层部门、基层组织的通力合作，推动多元化纠纷解决机制的发展，可形成“党建引领、三治融合、法庭指

① 李少平:《以习近平新时代中国特色社会主义思想为指导　推进实施人民法院第五个五年改革纲要》，载《中国应用法学》2019 年第 4 期。

导”的纠纷解决模式。①

2. 人民法庭发展为专门法庭的内生动力。

（1）城区交通便利需求不再迫切。在一二线城市，人民法庭的地域性优势逐渐弱化，以此为契机，“专门法庭”如雨后春笋般开始设立，有效地对城区人民法庭进行了改建。专门法庭从地域性优势已不明显的法庭作为试点改革，结合社会经济发展的特点，设立诸如交通法庭、知识产权法庭、家事审判庭、金融法庭等专业化法庭。

（2）类型化案件由同一审判团队处理较为高效。物业合同纠纷、侵害集体经济组织成员权益纠纷、金融借款合同纠纷等类型化案件，由较为独立的人民法庭进行专门审判，有利于提高司法效率是毋庸置疑的。②

（3）专业审判延伸到专业治理。如将人民法庭建制设置为专业审判团队，可利用其审判经验及资源优势，发展与行政机关、行业等非诉讼纠纷解决机制的衔接。比如医患法庭、劳动法庭、交通法庭等加强与卫计委、劳动仲裁委、交警等部门衔接，强化社会矛盾纠纷治理。

3. 人民法庭参与基层治理的传统职能。

（1）指导人民调解员、调解组织工作的需求。人民调解员大多来自基层，与人民法庭工作联系较多，人民调解员选任以后，人民法庭一方面在日常工作中对人民调解员进行岗位培训，另一方面人民调解员也可以分享其基层工作经验以助力诉前调解。对于双方是互助有利的。③另外，对人民调解组织进行业务指导，规范人民调解协议，也有助于推动司法确认工作。

（2）指导群众自治工作的需求。人民法庭与辖区内街道、村（居）联系密切，对于辖区内的群众自治，由人民法庭的法官指导进行，能够从源头上预防矛盾纠纷的产生。尤其是村居征迁、乡规民约、经济发展政策制定等，由人民法庭加强指导，可提高辖区内群众自治的合法性。

---

① 应金鑫：《新时代人民法庭参与社会治理的立足点》，载《人民法院报》2019年10月23日第2版。

② 金晓平：《经济学视角下专业合议庭制度的构建》，载《研究生法学》2017年第2期。

③ 范愉、史长青、邱星美：《调解制度与调解人行为规范——比较与借鉴》，清华大学出版社2010年版，第104页。调解人员必须有一个管理委员会或组织对调解人员负责审查，同时提供培训，以推进调解人员走向职业化和专业化。

（3）普法宣传的需求。以往人民法庭通过“下乡审判”“入户宣传”等方式加强法治宣传工作。那么在居民关系相对紧张、群众法律意识有所提升的今日，更应该通过对矛盾较为多发的小区、村（居）侧重进行普法宣传。[①] 组织宣传各领域法律知识，加强党政机关行政执法规范等，也是法庭的应有职责。

（三）破除部门利益的现实需求

人民法院的职能调整应以人民利益为中心、以破除部门利益为目标。[②] 从中心统筹思想出发，对诉源治理职权进行科学配置是避免诉讼服务中心隔离于其他部门的重要途径。不论是人民法庭还是法院其他业务部门，都应该承担诉源治理部分职权，即便是专业审判的案件类型不同，但在公共事务中必然存在交叉。为避免消极推诿的问题，诉源治理工作中，对诉讼服务中心与人民法庭的职能分配，必须回归以人民利益为中心、科学统筹、统一行动上，真正实现职权整合，促进诉源治理工作规范化开展。

三、职能分工：人民法庭与诉讼服务中心优势互补

人民法庭与诉讼服务中心在诉源治理方面具有职能要求，也各有不可替代的优势，改革过程中，不宜顾此失彼，应根据各自特点合理分工进而形成合力。

（一）诉源治理的参与方式有别

人民法庭与法院其他业务庭的区别在于，其除了属于法院的内设机构外，还属于街镇层面综治责任成员单位的一员，与司法所、派出所、社区等各综治单位内设部门形成一个相对独立的综合治理闭环。人民法庭的地域性就基于该特点产生。由此，人民法庭应服务保障街镇中心工作，与在其他综治单位共同排查、预防、就地化解矛盾纠纷。人民法庭对诉源治理的触发机制应更

---

① 周强：《发扬陕甘宁边区人民司法优良传统 充分发挥人民法院在基层治理中的作用》，载《人民法院报》2014 年 10 月 23 日第 1 版。

② 徐庭祥：《以机构改革破除部门利益》，载《人民法治》2018 年第 1 期。部门利益是指行政部门偏离公共利益导向，在决策或履行职能过程中，过多从本部门利益出发，追求部门局部利益，影响了决策的全局性和前瞻性。

具有主动性，可通过街镇发展需求、其他综治责任部门的联动联调中进行诉源治理。

法院诉讼服务中心作为法院立案审查、诉调对接、繁简分流等职能枢纽，集中受理案件纠纷，其职能更侧重于纠纷分流疏导中心。诉源治理的表现形式或者触发机制，应该是起诉到法院后的纠纷被识别为适用调解的，或者行政机关等专门性的综治单位接收纠纷后申请法院协助的情况，诉讼服务中心通过委派特邀调解员、专职调解员、法官（法官助理）开展诉前调解工作。

触发及参与方式的不同与二者的机构属性有关，人民法庭是纠纷治理的责任部门，诉讼服务中心更侧重于纠纷流转分流的职能，该分类是相对的，后者也具有纠纷化解的直接职责。

（二）诉源治理的纠纷类型分工

人民法庭诉源治理的纠纷类型主要有两方面：一是地域关联性强的案件，即与辖区综治责任紧密相关的或者便于实地查看协调的纠纷类型，包括辖区重点工程建设、拆迁征地、房产、物业、相邻权、企业劳资、人身财产损失等。这是从人民法庭综治职能及便于纠纷调处的考虑进行的划分。二是专门集中审理的案件，有些法庭是专门法庭则对于治理该类纠纷更具有权威和话语权，更具专业能力，与相关职能部门联系、指导、协作更为充分，因此，该类纠纷的源头治理应由该法庭进行。

诉讼服务中心诉源治理的纠纷没有特定的类型，应该是上述两种类型之外的所有简单纠纷，其对于纠纷范围的衔接应该是横向切片式的，对适宜调解的纠纷进行治理。

（三）诉源治理的附属功能有异

诉讼服务中心纠纷对起诉至法院的案件进行诉前调解，对简单案件进行筛查，对能够调解或者速裁的案件快速处理，调解不成的，固化证据及归纳争点也为后期业务庭的审判工作奠定了基础。由此，诉讼服务中心还具有繁简分流、简案快裁的职能，并对调解不成的纠纷进行无争议事实和证据固定，起到预审衔接的作用。

人民法庭诉源治理的目标侧重于纠纷化解于萌芽，避免大的纠纷和矛盾的发生，其繁简分流、速裁、预审衔接等职能相对较弱。同时，人民法庭面向基层综治单位，应承担对基层调解员选聘、培训、任免、评价的职责，应协同辖区司法所、调解委员会共同完成。

四、衔接协同：同一组织系统内人民法庭与诉讼服务中心的协作

美国审前程序通过和解方式解决的民事案件达到96%，只有不到4%的案件才会进入庭审阶段。[①] 我国诉源治理工作还有很大空间，人民法庭与诉讼服务中心如何协调衔接以促成顺畅运行，形成1+1>2的效果，是不可回避的课题。

（一）“统一立案审查”抑或“双立案模式”

该问题是基于失去立案审查权将影响诉源治理的假设而产生的。客观上说，立案审查统一到法院诉讼服务中心，法庭不再立案，确实会对辖区纠纷源头治理的权威性和话语权造成一定的影响。因此，还有一种选择是法庭与诉讼服务中心同时具备立案权限，也即双立案模式。

这两种方式哪种更为适宜，更有利于诉源治理以及法院综合效能？法庭继续享有立案权限，固然能够接收到当事人起诉到法院的纠纷，其他综治单位也有更多机会和场合需要与法庭联系纠纷处理事宜，法庭有压力和动力，更有时机对诉前纠纷进行化解。但该影响范围和程度较小。因为法庭仍然具有对该辖区纠纷的审判管辖权限，诉前化解的权威、专业能力和动力更多地产生于审判权力和责任，另外，只要与统一立案审查、纠纷分流的诉讼服务中心对接分流顺畅，同时，积极强化与街镇综治单位的沟通，纠纷化解的及时性、主动性并未受到太多影响。反过来，法庭由原先的立案、审判、执行权限于一体，渐渐移除了执行权，现在逐渐探讨立案权移除，实际上是权力制衡、标准化、专业化、效率化等趋势的必然结果。首先，法庭如果保留立案权，其很可能为了部门的收结案指标，人为调控案件；其次，法院难以掌握诉前登记全部数量，不

---

① 范愉：《非诉讼程序（ADR）教程》，中国人民大学出版社2012年版，第67页。在美国司法文化中，民事纠纷的解决被认为是私人事务，诉讼的高成本使得司法系统无力应对纠纷解决的实际需求，而市场化的律师服务业和普通法体系的灵活性，使得民事纠纷大部分通过ADR非诉纠纷化解机构调处化解。

利于案件各庭室的案件统筹；再次，集约立案有利于立案流程的标准化，提高效率的同时，还集中了立案人力资源；最后，立案审查的统一，还将信访工作集中起来，为法庭减负，使法定更集中于案件的审判工作。因此，统一立案审查利大于弊，应该由法院诉讼服务中心统一进行立案。

（二）诉源指派的精细流程设计

在统一立案的基础上，诉源治理的分工衔接如何进行，需要结合双方分工需求，进行精细化设计。

1. 诉源指派的流程安排（见图3）。

一是对于当事人起诉至法院的纠纷，或者其他综治机构邀请诉讼服务中心协同化解的纠纷。由诉讼服务中心对纠纷进行识别，根据纠纷性质分类处理。对于属于地域关联性强的或者法庭集中管辖的专门纠纷，则指派法庭诉前化解；对适宜通过其他非诉机构解决的纠纷，引入社会各方调解资源进行诉前委派调解或联合调解；对不适宜诉前、诉外解决的，进行立案登记，进入诉讼程序，分流至速裁团队或者后端业务庭做繁案处理。

二是对于人民法庭参与辖区综治单位联合防控等发现的纠纷。对其中属于地域性纠纷或者专门管辖等自身便于诉前化解的，参与诉源治理；如需要由法院全院统筹的可交由诉讼服务中心作好统筹分流。

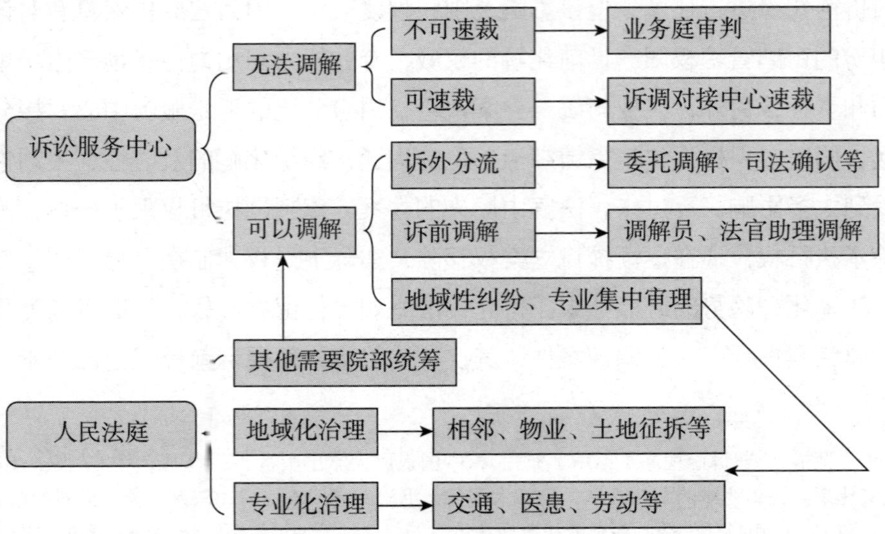

图3 诉讼服务中心与人民法庭诉源指派流程图

诉源指派实际上是对诉前纠纷在非诉机构以及法院业务庭之间进行分配。为确保诉源指派的法院内部顺畅运行，需要在机构设置上，适当高配诉讼服务中心主任或者成立相应的诉源指派领导小组，由分管副院长兼任，或者建立督促机制促进落实。

2. 诉源指派的目标成效。

法院诉讼服务中心统筹诉源及案件的指派、立案、分案，将有效推进多元化纠纷解决机制。正如苏力教授所说，委派调解由诉讼服务中心统一管理，通过时间优先、手段优先实现调解的法律效果。① 同时，诉讼服务中心还承担对简易纠纷采取调解、速裁的方式结案，对固定争议焦点、固定证据、固定无争议事实、确认被告的送达地址等，这些工作都有利于后期送达、审判工作的高效开展。② 而人民法庭则利用其优势，通过参与社会治理、矛盾纠纷排查等工作，将矛盾纠纷化解在诉前。同时也承担一部分由诉讼服务中心分流的诉前调解工作，以及专业审判工作。

（三）数字化治理落地高效运行

1. 在法院及非诉讼纠纷解决机构端口，推广“人民法院调解平台”等网上平台的运用。

在法院内部、非诉讼机构中均推广人民法院调解平台等，将诉前纠纷的系统平台全面纳管，有利于实现诉前纠纷的可视化的管理，风险的可放可控，详细统计各非诉机构、各庭室、各法庭的工作绩效。“人民法庭调解平台”通过利用互联网大数据、人工智能、云计算、区块链等技术，整合调解资源、涉稳排查、数据分析、调解指导培训、在线调解、在线司法确认等功能于一体。③ 信

---

① 苏力：《关于能动司法与大调解》，载《中国法学》2010 年第 1 期。世界上从来没有万能的工具或知识或制度，所有的知识、工具和制度都只有在对症下药的基础上才真正有用和有效。调解一般则在熟人之间、在长期稳定关系并希望保持这种关系的人们之间更为有效……而审判一般对陌生人之间的问题，确认规则更为有效，因此更多适用于城市社会、工商业社会。

② 习近平总书记在 2019 年中央政法工作会议上强调：“要深化诉讼制度改革，推进案件繁简分流、轻重分离、快慢分道。”中共中央办公厅 2019 年 5 月印发的《关于政法领域全面深化改革的实施意见》，将“推进民事诉讼制度改革”确定为重大改革任务，由最高人民法院牵头推进。

③ 《足不出户“无讼朝阳”指尖上调解纠纷》，载 https：//www.sohu.com/a/353617778_161623，最后访问时间：2023 年 5 月 6 日。

息化管理是诉源分流治理能够精准落地的必然要求。

2. 在群众端，提升智能法院平台的服务体验。[①]

信息化应用的初衷是服务人民群众、服务法官办案，实现审判质效的提升。推进智能法庭建设，应该从平台发展及用户体验两处细节出发。在平台发展方面，推广统一的线上法院App，加强微信、微博、支付宝等互联网平台数据的互联互通共享，并对法院工作流程进行优化重组，实现线上法庭大众化操作。尝试引入人工智能、全景VR等技术，为当事人提供完整的、更现实的诉讼指导、庭审、调解等服务。另外，将移动微法院、人民法院调解平台、12368司法热线等链接增加至二维码门牌中，当事人实名验证后，信息就进入后台，法官端可直接了解详细位置，当事人也能选择最近的调解员或调解组织获得帮助。[②]

（四）评价体系优化：诉源治理风险管理与绩效考核

1. 增加法庭诉源治理的考评。

人民法庭对辖区内的矛盾纠纷应主动进行排查化解，与相关职能部门通力合作，把矛盾纠纷化解在诉前。将人民法庭排查次数、排查出的矛盾纠纷案件数、引导非诉机构达成调解协议的案件数等工作，纳入工作考核的加分范畴。对诉前调解并立即执行的纠纷折抵一定办案数。增设诉源治理考评细则，促进法庭法官积极主动地了解辖区内的敏感隐患，从源头上化解纠纷，减少诉讼。

2. 细化法官诉源治理的得分。

在实际工作中，做好诉源治理工作需要耗费法官大量的工作时间，包括前期与基础组织的对接、重点项目矛盾纠纷的排查、疑难案件的诉前化解等工作，

---

① 乔文心：《“人民法庭工作平台”“人民法庭信息平台”正式上线运行》，载《人民法院报》2019年11月9日第1版。时任最高人民法院院长周强指出：“人民法庭工作平台”和“人民法庭信息平台”要充分尊重用户体验，体现人民法庭工作特点，把平台建设得更加方便、快捷，更好服务法官办案，更好服务人民群众。要强化平台应用，加强数据收集、分析和应用，全面掌握法庭工作动态，提高工作指导的针对性、实效性、预见性。

② 巨云鹏：《上海市闵行区以数据支撑推进社会治理“平安指数”引导精准防控》，载《人民日报》2020年1月21日第11版。基层纠纷类警情一般占辖区总警情的50%，在二维码门牌中增加各类功能，由当事人写明纠纷缘由后直接推荐相关职能部门处理。社会治理须团结所有的社会资源，群防群控，才能减少矛盾纠纷进入诉讼程序的数量。

暂时都无法在绩效评分上体现。当前，仅仅按照案件数量、适用程序、时间指数等质效指标来评价法官工作量，无法客观评价人民法庭及诉讼服务中心法官的实际工作。[①]因此，在法官绩效评分上应该纳入基层组织、调解委员会的民主评测等情况，通过量化诉源治理的质效，逆向考核新收案件数，发挥法官考核的真正作用。[②]

司法救济本应该是纠纷解决的最后一道防线，而不应是纠纷化解的“前线”。面对庞大的民事案件数量，在公正与效率之间取得平衡才是衡量矛盾纠纷是否真正化解的标尺。只有“将非诉讼纠纷解决机制挺在前面”，加强法院与各基层职能部门的衔接，深化繁简分流、快慢分道，才能高效而公正地化解日益增多的社会矛盾纠纷。随着司法改革的深入，粗放型的衔接和配合已经不能适应时代需求，审判体系和审判能力现代化要求法院内设机构、非诉讼纠纷解决机构之间职能分工与配合合理化、体系化。公权力机关的职能设置转变将影响纠纷处理结构。[③]以诉源治理为出发点，调整人民法庭与诉讼服务中心的分工与协同机制，发挥各自优势，避免出现部门利益冲突问题，降低诉源治理工作成本，真正做好诉源治理工作必然对司法改革的进程产生深远影响。

---

① 康宁：《英国法官制度及其启示——关于法官职业化问题的思考》，载何勤华主编：《英美法系及其对中国的影响》，法律出版社 2009 年版，第 45 页。

② 朱福勇：《民事法官能动性论纲》，法律出版社 2012 年版，第 279 页。

③ 郑永流：《转型中国的实践法律观——法社会学论集》，中国法制出版社 2009 年版，第 267 页。任何制度设计都无法面面俱到，无法与现实完全契合，只有在实践中不断地反思、修正，才可能不断贴近完美地实现法治。

公共服务新视野

诉前调解成本分析[*]

肖安定[**]

内容提要： 本文试图从社会需求与资源供给之间的关系出发，探索诉前调解的可持续发展之路。第一部分论述目前诉前调解成本费用及分担方式存在的问题；第二部分分析不同调解方式需要的必要条件与措施成本；第三部分提出构建可持续发展的在线化、社会化、要素化诉前调解模式构想。

关键词： 诉前调解程序；公共法律服务体系；解纷成本分析

1999年国务院颁布了《人民法院诉讼费用管理办法》，明确法院“收支两条线”原则，我国逐步完成了审判活动不包含经济利益的变革，诉讼活动成本实现了由市场导向型向社会福利型的转变。这是国家为推动法治社会的发展，实行诉讼费用福利化策略，将本应由当事人承担的诉讼成本变成了国家机关的审判成本的一项重大制度安排，对排除司法地方保护主义等因素影响具有重要意义。立案登记制实施后引发了当事人缺乏诉讼指引而增加诉累、大批量案件涌入法院等现象。在法院人案矛盾突出的背景下，诉前调解被认为是最有可能解决法院人案矛盾的替代性纠纷解决机制。在目前诉前调解缺乏强制性的条件下，如何降低参与诉前调解各方的成本，并探讨诉前调解成本在政府、个人、社会与市场之间的合理分配，对于构建现代化的诉非联动机制具有现实意义。

---

* 基金项目：本文系2021年度国家社科基金重大项目“民事司法程序现代化问题研究”（项目批准号：21&ZD205）的阶段性研究成果。

** 作者单位：福建省厦门市湖里区人民法院。

一、诉前调解制度比较成本优势不足

降成本是目前我国民事诉讼改革面临的三大任务之一。[①] 美国经济学家科斯在《社会成本问题》一文中指出，一定比率的成本足以使许多在无需成本的定价制度中可以进行的交易化为泡影。[②] 诉前调解作为我国民事诉讼法规定的解纷措施之一，长期以来实施效果并不显著。以 X 市 H 区法院（以下简称 H 法院）为例，2019 年度诉前委派调解员化解纠纷 736 件，仅占同期法院结案数的 4.85%，占调撤案件数的 8.43%。

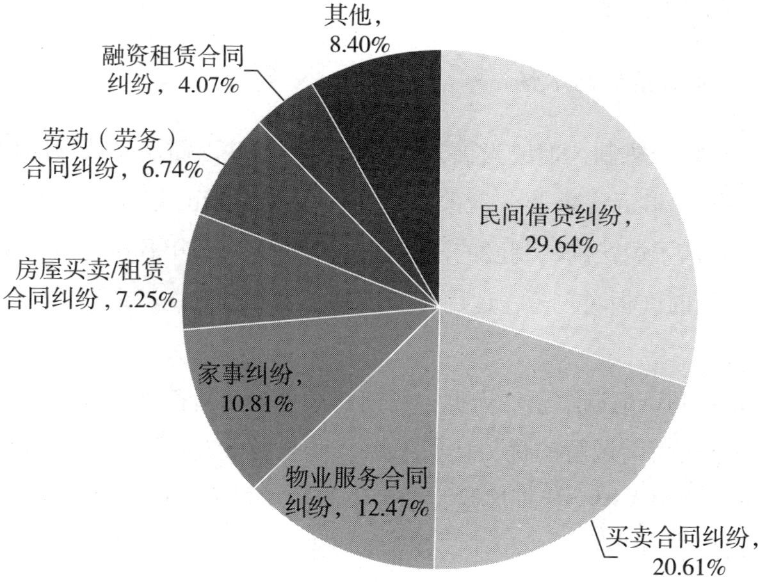

图 1　H 法院 2019 年诉前委派调解化解案件情况

（一）片面降低当事人诉讼成本并不能提高社会整体法治获得感

齐树洁老师就深刻地指出：过高的代价换来的正义是非正义的。[③] 作为普

---

① 汤维建：《多元化纠纷解决机制改革的时代意义及其要点》，载《多元化纠纷解决机制改革精要》，中国法制出版社 2019 年版，第 36 页。

② ［美］罗纳德·H. 科斯等：《财产权利与制度变迁：产权学派与新制度学派译文集》，刘守英等译，上海人民出版社 2014 年版，第 20 页。

③ 齐树洁：《构建小额诉讼程序若干问题之探讨》，载《国家检察官学院学报》2012 年第 1 期。

遍性的诉讼政策，中外民事司法实践都将诉讼费用作为鼓励调解（和解）的手段加以使用。长期以来，为倡导法治社会理念，让人民群众拥有更多的接近正义的机会。我国的诉讼费制度一直保持在很低的水平，甚至可以称为免费司法。免费司法带给审判机关的问题是大量低质量的诉讼请求涌入法院，在耗费了宝贵的司法资源的同时，也增加了当事人不必要的诉累。①

免费司法带来的另外一个问题是大机构挤占司法资源。诉讼费改革与立案登记制后，一些具备自行解决纠纷能力的机构也开始将纠纷诉至法院。② 2016年以来，X市两级法院同一原告起诉在100件以上的当事人有76438件，占同期法院案件受理数的29.36%。

（二）诉调衔接机制不畅

通过多元解纷机制，促成当事人之间达成协议并以司法确认程序保障协议的履行是本轮民事诉讼繁简分流改革的重要举措。2010年在我国《人民调解法》中正式确认了司法确认制度的法律地位，并于2012年8月写进了《民事诉讼法》。但适用时间相对较短，适用频率不高，大部分人民群众对司法确认制度了解不多。

1. 法院强制诉前调解于法无据。目前，案件进入诉前调解程序须征得原告同意。但由于对诉前调解的优势认识不足，一些当事人对诉前调解程序存在抵触情绪。一些代理人担心代理风险，或者不愿意承担诉讼程序之外的沟通工作，不同意诉前调解。以H法院为例，2019年以来，一般民商事案件进入诉前调解案件比例仅为15.43%。

2. 非诉讼纠纷解决机构公信力不足。以H法院为例，H法院对调解组织提

---

① 以一件民事纠纷为例：一名业主通过网络预约了上门修下水管的服务，但在维修过程中施工人员要求增加维修费用，业主当时按要求支付了费用。但事后其称当时系受到胁迫，遂以在线立案、邮寄立案方式在X市与F市两地法院多次起诉。但因诉讼主体问题、管辖权问题两次均被驳回起诉。类似因为诉讼成本低廉、诉讼便利而产生的无益诉讼既浪费了当事人的时间，也耗费了稀缺的公共司法资源。

② 例如，一物业公司退出某小区，小区业主共有263户尚欠物业费29万元。物业公司委托律师支付律师费5.26万元。法院预收诉讼费6575元。法院处理263件案件的实际应支出的审判成本，如立案人员、送达人员、档案管理人员、审判人员工资及文印、扫描费用支出实际超出了29万元。因立案登记制，法院不能拒绝批量案件受理，但因为审判资源总体有限，不可避免地造成了其他案件的诉讼拖延，影响了整体司法效率。

出的司法确认申请确认成功的案件中大部分为医疗纠纷与交通事故纠纷案件。而物业服务、民间借贷、买卖合同等调撤率较高的案件由于缺乏便捷的纠纷处理机制而只能通过诉讼方式解决。由于我国并无强制律师代理制度，理论上，当事人只要来到法院，便可以获得司法救济，法律甚至规定当事人可以以口头方式提起所有的诉讼。在诉讼门槛如此之低，诉讼效果又被强有力的制度保障的情况下，当事人很难有动力去选择替代性纠纷解决机制。

从 H 法院近五年民商事案件的结案情况来看，其平均调撤率为 47.77%。[①] 除信用卡纠纷、金融借款合同纠纷等因被告无法送达调撤率较低外，其余各类民商事纠纷的调撤率均在 30% 以上。其中民间借贷、买卖合同、物业服务合同、机动车交通事故责任、房屋租赁合同、离婚纠纷这五类案件调撤的案件数 12801 件，占全部调撤案件数的 51.31%。集中度相对较高。但这五类案件因机动车交通事故责任纠纷存在交通事故一体化处理平台而有较多的非诉讼组织参与外，其余案件主要为诉讼调解的结果。

表 1　H 法院 2018 年以来调撤案件统计表

序号	案由	收案数量（件）	调撤数（件）	调撤率
1	民间借贷纠纷	10075	3936	39.07%
2	买卖合同纠纷	4565	2294	50.25%
3	物业服务合同纠纷	4165	3572	85.76%
4	信用卡纠纷	3500	1045	29. 86%
5	融资租赁合同纠纷	2332	956	40.99%
6	机动车交通事故责任纠纷	2190	2012	91.87%
7	劳动争议	1843	559	30.33%
8	房屋租赁合同纠纷	1823	987	54.14%
9	合同纠纷	1759	659	37.46%
10	车辆租赁合同纠纷	1701	658	38.68%
11	商品房销售合同纠纷	1540	461	29. 94%

① 数据截止日期至 2022 年 6 月 1 日。

续表

序号	案由	收案数量（件）	调撤数（件）	调撤率
12	离婚纠纷	1402	794	56. 63%
13	金融借款合同纠纷	1300	302	23.23%
14	房屋买卖合同纠纷	973	370	38.03%
15	劳务合同纠纷	827	417	50.42%
16	网络购物合同纠纷	769	693	90.12%
17	侵害商标权纠纷	373	246	65.95%
18	侵害集体经济组织成员权益纠纷	362	175	48. 34%
19	著作权权属、权属纠纷	294	171	58.16%
20	承揽合同纠纷	281	147	52. 31%
21	装饰装修合同纠纷	260	126	48.46%
22	建设工程施工合同纠纷	260	123	47.31%
23	服务合同纠纷	245	148	60.41%
24	运输合同纠纷	218	101	46.33%
25	提供劳务者受害责任纠纷	190	95	50.00%
26	居间合同纠纷	184	109	59. 24%
27	侵害作品信息网络专播权纠纷	172	124	72. 09%
28	侵害其他著作权、财产权纠纷	149	122	81.88%
29	其他	8460	3542	41.87%
	合计	52212	24944	47.77%

3. 委托调解须经两次程序方可获得强制执行力，当事人费时费力。当事人向法院起诉，法院将案件委派给非诉讼调解组织调解。调解员促成当事人各方达成调解协议后，该份调解协议并不能自动获得强制执行效力，仍需重新回到法院，由法院作出司法确认，调解协议方可获得强制执行效力。这样一来，使得原本一次司法调解程序可以解决的纠纷人为地分成了三个步骤：委派、调解

与确认。如果当事人在达成调解协议后，申请司法确认前反悔的，还有可能使得前期调解员的调解工作成为无用功。这种程序上的成本浪费阻碍了诉前调解的顺利推广。

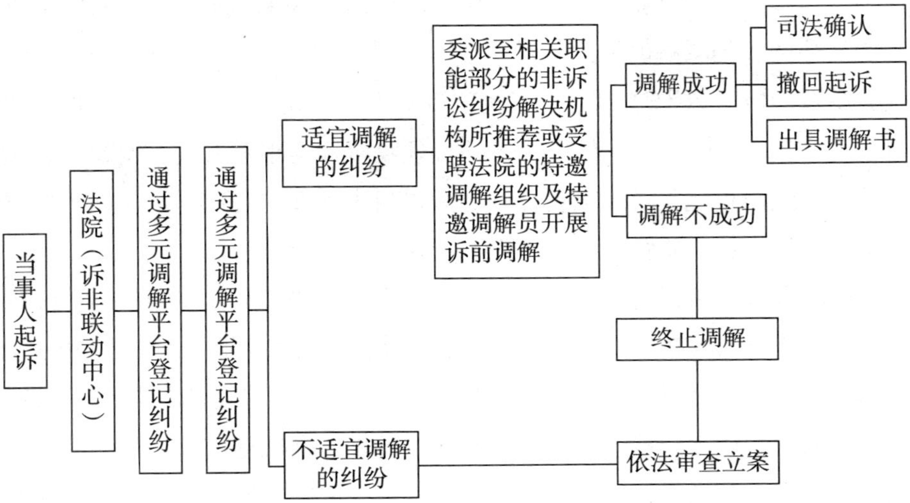

图 2　X 市 J 区司法确认流程图

4. 法律职业共同体缺失使得调解协议审查工作的职业风险较高。相比于判决案件时经过庭审中的与证据展示与诉辩交锋形成的内心确信，法官往往难以凭借一纸协议而断定双方是否有重大误解，或者侵害了第三人或社会公共利益。在法官办案终身责任制背景下，确认调解协议的责任风险往往比判决更大。

（三）诉讼外调解力量调解成本与收益不匹配

1. 基层调解组织化解矛盾纠纷的动力不足。基层人民调解组织成员主要由镇街机关人员与村（居）委会主任及其成员兼任。调解过程主要是依靠调解员个人的能说会道，为促进当事人达成调解协议，甚至有个别调解员欺软怕硬，曲解法律，给人民群众一种调解就是让老实人吃亏的感觉，也容易导致人民调解协议在申请司法确认时重复返工，造成调解资源的浪费。长此以往，社会调解机构的积极性也不足，一些调解机构甚至怀着多一事不如少一事的心理主动告诉当事人："你们不要来找我们，我们说了不算，法院说了算。"[①]

2. 律师调解员参与诉前调解的时间成本过高。为解决人民调解不专业、不规范的问题，最高人民法院、司法部于2017年9月30日共同下发了《关于开展律师调解试点工作的意见》，但实施以来各地律师调解成效并不显著。究其原因主要是律师参与调解的时间与经济成本问题。根据最高人民法院下发的《诉讼服务质效考核指标2.0》规定，各地法院对于调解成功的案件补贴标准不得低于200元/件。而这一补贴标准与律师代理收费标准相差太大。调解一起纠纷与代理一起纠纷相比，可能需要律师调解员付出更多的心血。从代理人到调解人的角色转化并非一蹴而就，律师群体在调解能力上也亟须加强。[②]

3. 行政调解力量相对不足。经过多年的行政机关改革，我国基层行政机关公务人员工作量已趋饱和。法律虽然规定了对于因民间纠纷中违法情节较轻的，行政机关可以调解处理。通过耐心的说服教育，使纠纷的双方当事人互相谅解，在平等协商的基础上达成一致协议，从而合理地、彻底地解决矛盾纠纷。但实际操作中鉴于行政力量的不足，行政机关往往采取警民联调、服务外包等方式将行政调解事项外包给相关社会机构处理。这些外包机构处理行政机关本身的纠纷尚且吃力，更遑论接受法院的委派调处案件纠纷。同时，由于开展行政调解工作的人员往往不具有国家公务人员身份，导致调解人员对民事纠纷事实调查的权力缺乏法律保障，不利于纠纷事实的查清。

二、国内、外法院主导的诉前多元化纠纷解决机制借鉴

日本法学家棚濑孝雄认为：通过审判的纠纷解决与诉讼外的纠纷解决紧密联系、相互作用，把任何一方孤立出来单独加以研究从理论上讲都未必妥当。[③]如果我们不将目光聚焦于某项具体的解纷路径，而回归矛盾纠纷产生的本源，

---

① 杨娟：《法院主导型诉调对接机制的困境与出路》，载《淮北师范大学学报（哲学社会科学版）》2017年第2期。

② 洪冬英：《律师调解功能的新拓展——以律师主导民事调解服务为背景》，载《法学》2011年第2期。

③ ［日］棚濑孝雄：《纠纷的解决与审判制度》，王亚新译，中国政法大学出版社2004版，第15页。

则更容易获得解决之道。一般说来社会矛盾纠纷产生无非来自三个方面：事实误解、观念差异与利益冲突。产生矛盾纠纷的原因不同，则应对之道亦应不同。这也是案件繁简分流的本质含义。[①]

（一）国外法院主导的诉前多元化纠纷解决机制借鉴

西方国家的现代民事司法也普遍存在着成本高昂、诉讼拖延等现象，引发了民众对司法的疏远、不满、不信任增加。[②]司法权具有争讼裁判权和非讼裁判权的双重内容。就争议实体问题作出的所有判决，都属于争讼性司法权性质的行为，在没有争议的情况下，法官制作特定的文书，参与某种法律行为则属于“非讼裁判权”。[③]国外民事诉讼实务中均存在着灵活处理诉讼与非诉讼事件的司法实例。

1. 日本等国的诉讼事件非讼化。《日本民事调停法》规定日本简易程序法院与地方法院的法官能够依职权或应当事人的申请将纠纷交由调停委员会调处。[④]调停委员会由一名主任和两名成员组成。主任一般由法院不参与审判的法官担任。调停委员会成员是具有律师执业资格的人员，具有化解民事纠纷的专门知识的人员，或具有一定的社会工作经验且年龄在 40~70 岁之间的正直博学之士。[⑤]根据《日本民事调停法》第 26 条规定：“调停委员会可根据当事人的申请，发布命令禁止对方当事人及利害关系人变更现状或处分物品。如果当事人或者利害关系人无正当理由不服从，法院可处以 5000 日元以下的罚款。”2003 年，日本有 60 万件案件经调停委员会处理，有力地缓解了诉讼案件对法院的压力。

---

① 与一般以案件标的额大小作为案件繁简分流的标准相比，是否存在法律价值层面的利益冲突更应当作为案件繁简分流的标准。但因为案件标的额大小更为直观、可操作，故最高人民法院《民事诉讼程序繁简分流改革试点方案》仍主要以案件标的额作为繁简案的分流标准。

② [英]阿德里安 .A.S 朱克曼：《危机中的民事司法》，傅郁林等译，中国政法大学出版社 2005 年版，第 3 页。

③ [法]让 · 文森等：《法国民事诉讼法要义》，罗结珍译，中国法制出版社 2001 年版，第 23 页。

④ 邱联恭：《诉讼法理与非讼法理之交错适用——从民事事件之非讼化审理及诉讼化审理论程序保障之机能》，载《“民事诉讼法”研究基金会 .“民事诉讼法”之研讨（二）》，我国台湾地区三民书局 1996 年版，第 445 页。

⑤ 李德恩：《论法院转介调解之路径》，载《法治研究》2014 年第 10 期。

2. 英国的诉前议定书制度。英国诉讼改革的理念认为，诉讼应当是最后的选择。当事人应当开诚布公地交换观点，以合作解决双方之间存在的争议，双方当事人应当采取合适的行为，以在诉讼前尽量减少争议焦点。诉前议定书要求当事人在起诉前必须向对方当事人发出诉因声明书，简洁而全面地阐述自己的诉求与事实和理由。收到诉因声明书的一方应当如实而完整地回复其答辩意见。如果未发出诉因说明书而直接向法院起诉，将被认定为不合理的诉讼行为而受到惩罚。[①] 英国诉前议定书制度运行良好，促进了诉前和解，减少了理由不充分案件进入诉讼程序的比例。

3. 法国的非讼事件诉讼化。法国的法官参与非讼事件的目的并不是解决纠纷，而只是体现为批准、保护、认可或者确认。但非讼裁判采用职权探知主义，即法官可以依职权对司法确认等非诉讼案件进行有益的调查，并且有权不经任何手续听取可能对说明事实真相的人以及利益可能受裁判决定影响的人的意见。[②] 如果第三人参与程序后表明对非讼事件申请有争议，则该程序就转化为诉讼程序。法律非讼事件第三人程序保障的规定为我国法院对无争议案件第三人权益保护问题提供了有益的借鉴。

（二）四川眉山法院行政主导型诉前调解模式

2020年1月15日，最高人民法院下发《民事诉讼程序繁简分流改革试点实施办法》，鼓励各地法院积极探索实践以诉前调解实现诉非联动、诉调对接与诉源治理。司法实践中，各地诉前调解模式具有行政主导型、司法主导型与专业主导型几类。

行政主导型诉前调解，包括党群组织主导，即“党委领导、政府支持、多方参与、司法推动”，主要是借助行政力量统筹全社会非诉讼调解组织的调解力量，加强非诉讼调解组织与法院诉讼活动的对接。并辅以法院对非诉讼调解组织的考核。法院需要借助行政的力量去管理、协调非诉讼调解组织。这种模式能切实减轻法院的工作量，但难以充分调动非诉讼调解组织的积极性。行政机关掌控着当地的人力、财力与物资源，但法院省级统管后与当地行政机关的隶

---

① 齐飞：《英国民事审前程序的改革与展》，载《时代法学》2009年第5期。

② 郝振江：《法国法中的非讼程序及对我国的启示》，载《河南财经政法大学学报》2012年第2期。

属关系弱化，缺乏外部有效考核机制制约。

以四川省眉山市为例，市委将“民商事纠纷诉前调解成功率”“民商事纠纷委托、委派调解成功率”“民商事案件万人起诉率”三个比率纳入综治维稳目标考核，并授权法院对其考核，大大加强了诉非衔接工作力度，成效显著。但也出现了群众在遇到各种社会矛盾纠纷时第一时间诉至人民法院，进一步导致了眉山市各级法院的案件数量的增加，也有当事人认为法院委派调解是在推诿办案责任。

从现实环境来说，行政主导型的诉前调解模式固然基础最好，但因为行政有其倾向性，可能因为自身利益而在诉调过程中缺乏中立性，如可能因为就业、税收原因袒护本地企业。而且行政运作模式与司法运作模式有着本质区别，一些行政调解不能进行司法确认，将民事主体之间的纠纷交由行政机关主导的调解组织处理也不符合世界司法潮流。

（三）福建厦门法院司法主导型诉前调解模式

司法主导型诉前调解由法院主导，党政配合。法院注重将案件直接委派、委托给相应的调解员，调解不成时由速裁庭进行裁判。这种模式下，诉前调解的大部分工作仍留在法院，案件质量较高，但效率较低。法院对非诉讼调解组织的统筹力度不足，行政机关借故推脱责任现象突出。非诉讼调解组织调解案件经费不足，调解人员往往身兼数职，很难调动其调解工作积极性。以福建省厦门市集美区法院为例：该院在立案庭分配 4 名速裁法官 +5 名法官助理 +4 名书记员 +8 名驻法院调解员的组织方案。全部法院诉前调解案件分配至 4 名速裁法官名下，每名速裁法官有 2 名对应常驻特邀调解员，由特邀调解员对案件进行初步筛选与调解。调解不成的形成调解报告，由速裁法官决定是否适用速裁程序审理案件。此种操作模式将诉前调解与案件繁简分流相结合，有利于提高诉前调解效率，但法院收案较多，而调解资源不足时，容易出现案件积压。且与社会人民调解、行政调解联动性不足，不利于形成大立案、大调解、大服务的纠纷化解局面。

司法主导型诉前调解模式的问题主要在于：法官直接介入调解可能被说成以判压调。有限的法院工作人员难以应付招录、考核、培训数额庞大的特邀调解员队伍，而且法院政治部人员不直接接触特邀调解员，法官又没有管理调解员的权限，造成调解队伍素质仍然难以保障。

（四）浙江杭州法院专业主导型诉前调解模式

专业调解组织在机构、人员、制度等方面都比较健全和完善，而且人民法院每年受理的该类案件数量和类型又比较稳定。由于传统的司法确认程序较慢，专业调解组织进驻法院不能有效解决问题，一般由人民法院派驻人员进驻非诉讼调解组织进行联合调解办公。以交通事故责任纠纷一体化处理机制为例：法院将办案人员直接派驻交警部门，将行政调解、人民调解与司法调解融为一体，交警队、司法局、法院、保险机构、评估机构集中统一办公，[①]相互协作，无缝衔接。行政调解无效的，可以由行政部门出具事故责任认定书，双方凭此到处于同一场所的人民调解机构进行人民调解，人民调解无效，可当场办理民事诉讼起诉材料。行政调解、人民调解达成协议，且涉及后续履行的，可以一并申请司法确认，以赋予调解协议强制执行力。此种专业化、一体化调解方式对当事人来说更为便利，也更有利于集中调解资源，充分发挥各方调解优势。但是此种专业化调解机制需要更强的知识管理与调解标准统一，而且只能通过在线化的方式完成。可以说，专业化、在线化的人民调解平台打破了传统的依靠增加人力、物力解决矛盾纠纷的思维模式，改变了传统的社会治理模式，符合社会治理现代化要求。

三、H法院以在线化方式降低诉前程序成本实例

法院不断克服诉讼程序的烦琐和司法资源的有限性，为非诉调解协议效力争议当事人权益提供法律保护，是基于诉讼价值的追求。[②] H法院以智慧法院建设为抓手，加强诉前调解工作宣传推广力度。积极引导当事人尽量选择通过微法院、律师服务平台及该院全在线平台开展网上立案、网上调解工作。当事人上传完立案材料后，动态提示其法院存案工作量，建议其选择为期30天的免

---

① 杭州市余杭区人民法院课题组、韦英俏、范愉：《保险行业调解机制的实证探析——以余杭法院道路交通事故纠纷“网上数据一体化处理”综合改革为例》，载《中国应用法学》2017年第2期。

② 吴少军、宋旺兴：《走出积案的困境——论人民调解制度前置》，载《人民司法》2008年第15期。

费诉前调解程序。如其选择同意诉前调解，须填入诉前调解联系人（系统默认为立案申请人）及联系方式，并要求原告确认被告方的手机、电子邮箱、阿里旺旺、微信号等电子送达地址，以便开展诉前电子送达。如其不同意诉前调解，须选择不同意诉前调解理由，如被告已下落不明，已自行沟通无效，担心被告利用调解期间转移财产等，并根据当事人选择开展立案原件核对、引导当事人进行诉前财产保全等工作。积极开展无纸化办公。当事人通过微信接收诉前调解告知书，查询调解案件进展情况。微信实时推送案件进展情况，告知当事人法院处理案件的进展情况，提醒其及时到法院立案，或者提供被告的其他联系方式。

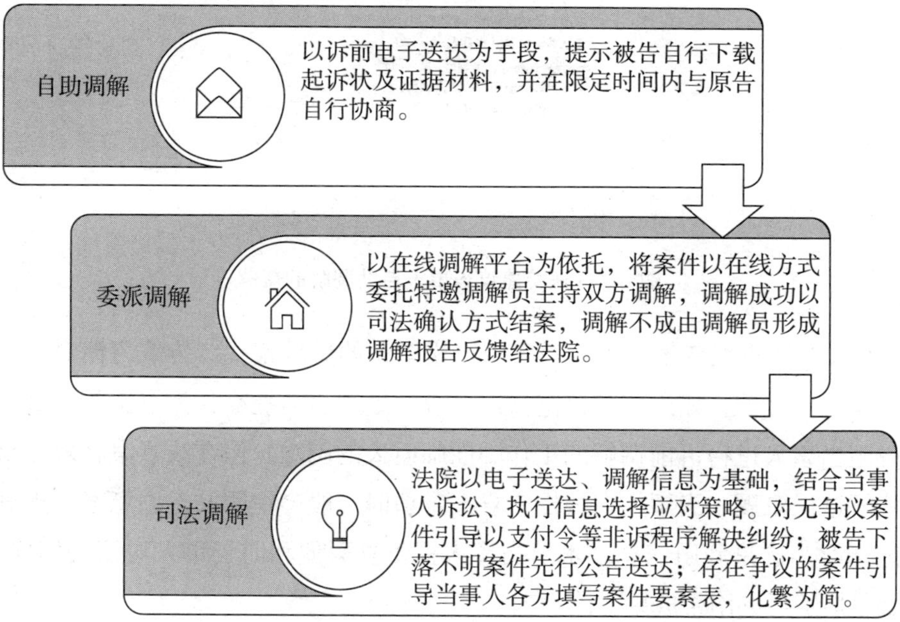

图 3　H 法院诉前案件分层过滤机制示意图

（一）以在线立案＋电子送达＋自助调解方式减少调解信息沟通成本

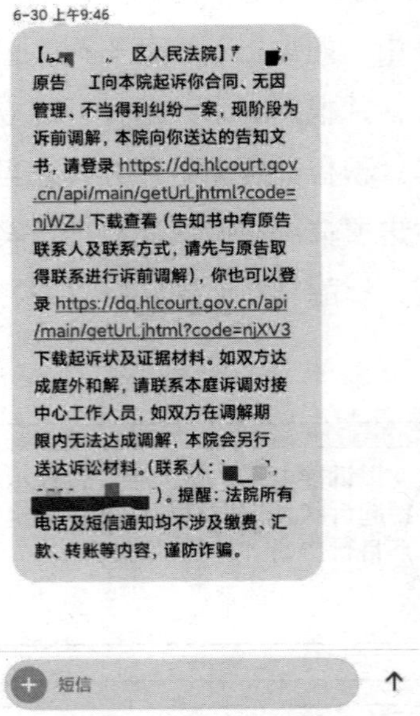

图4 H法院建议当事人自助调解的短信

1. 以在线立案变革当事人对传统诉讼解纷的思维定式。传统习惯对一个人的影响是巨大的，如果法院仍坚持以传统的纸质材料提交作为立案的方式，将在说服当事人进行诉前调解的工作中面临巨大的困难。但在线立案将轻而易举地化解这一难题。当事人在线提交立案申请时一般会在网站上同意案件先进行诉前调解。这是利用信息技术给当事人提供立案便利时当事人对法院信任度、好感度增加后的附带成果。

2. 当事人在线提交的电子诉讼材料为低成本电子送达提供了基础。当事人通过在线立案提交的电子材料可以直接成为法院电子送达的基础材料。现代社会，许多纠纷的产生并非恶意侵害他人权利，而只是出现了意外或者信息沟通不畅所导致。此时，专业性与权威性并非纠纷解决的核心要素，沟通能力才是。这也是人民法院长期以来注重调解工作的现实基础。对于当事人通过线上申请的诉前调解案件，经审查属于法院管辖范围的，通过系统向被告发送调解案件信息，督促各方当事人以自动方式达成调解，自助协商降低调解成本。

3. 先期的在线自助协商降低调解成本。当事人接收到法院的电子送达材料后可以选择自行与原告协商，在诉前调解阶段自行协商解决纠纷的，法院不收取诉讼费。同时为了尽量降低案件对当事人的影响，对于即时清结的案件，法院以即时清结笔录方式结案。这种结案方式减少了因文书上网给当事人造成的隐私保护和信用方面的问题。2020 年上半年电子送达方式促成当事人自助达成调解协议 86 件，占同期诉前调解成功案件数量的 16.48%。① 当事人未能自助达成协议的，法院再结合当事人申请决定由法院调解或者委派调解。

（二）以在线委派调解 + 在线司法确认方式降低诉调对接管理成本

程序选择权存在的前提之一就是处理同一纠纷具有可资利用的不同程序，程序的差异性越大，选择的必要性和有益性也就越强。由法院自行组织的先行调解与诉讼调解，因人员、机构的同质性，并不存在大的差别。因而从程序的差异性方面来说，也应当更多地委托诉外调解组织进行调解。

1. 以在线委托方式调解降低调解员参与法院调解的时间与机会成本。针对传统委派调解需要调解员定期到法院来接受委派调解费时费力的问题，H 法院积极探索人民法院调解平台在线委托功能，并创造性将当事人材料电子化后在线委托特邀调解员调解的先例，调解员只要在手机上即可查委托案件材料并联系双方当事人，便利了调解员开展调解工作，降低调解员参与法院委派调解的时间与机会成本。

2. 充分利用微信等实时通讯软件指导当事人、调解员在线参与调解。在线调解虽然便利了当事人和调解员参与调解工作，但新的在线工具使用往往伴随着大量的说明指引工作。H 法院为方便调解员、当事人开展在线调解工作，专门以法院名义开通了三个用于在线调解的工作微信号，将在线调解操作指引、风险提示、送达地址确认事项告知等内容通过微信方式告知当事人，并接收当事人通过微信提交的简单证据材料，在加强调解力度、减轻法院在线调解工作量的同时提高了当事人在线调解的用户体验。

3. 规范化、智能化调解技术的运用。在收集大量案件数据的基础上，去除

① 《一条短信促和解全程无纸易解纷》，载 https://mp.weixin.qq.com/s/j1_yhbwjgXY0A3z99Kt9xQ，最后访问时间：2023 年 8 月 1 日。

冗余数据，找到真正适合调解的案件，并将其推送给合适的调解员，并给调解员一定的建议。通过图像处理技术，寻找适合调解的案件，在规定时间之内完成委托调解，并进行案件的繁简分流。批量案件分层处理机制。在进行电子送达与自助调解后再进行委托调解。法院挑选典型案件进行类案裁判后再进行批量处理。加强对调解方案可执行性方面的审查，避免出现当事人利用调解进行恶意诉讼、虚假诉讼事件。

2019年1月至2020年4月，H法院以委托调解+司法确认方式办结司法确认案件570件。在线立案审查阶段同步了解调解意愿，引导当事人选择诉前调解程序，拓宽司法确认案件来源以及多元解纷化解覆盖面。推行在线解纷。由调解员调解达成调解协议的，当事人可通过人民法院调解平台完成司法确认相关事项，2020年1月至6月在线司法确认65件。

（三）以司法调解+要素式审前调查方式增加诉前调解对审判工作的增益

1. 以团队化方式主导诉前案件纠纷化解，提高诉前调解成功率。H法院诉调对接中心强化衔接指导。根据特邀调解员类型、特长整编为5个调解团队，每个团队指定一名法院工作人员为联络员，负责工作衔接和业务指导。对于当事人在调解过程中出现的违规行为以调解委员会的名义及时加以制止，当事人出现违法行为时，采取训诫、罚款和拘留措施。

2. 以类案指引模式注重诉前调解的释法说明工作。针对当事人对案件实体存在争议且经特邀调解员调解终结的案件，法院对接人员会在最后再审查调解员无法调解的原因。对于双方当事人因存在实质性争议而无法达成调解协议的，诉调中心会在征得双方当事人同意的情况下，在原告办理立案交费手续的当天再现场沟通一次，针对双方当事人的诉辩意见进行要素式审查。如果是系列案件，则会将此前的先例判决告知当事人，以减少不必要的诉讼案件发生。

3. 以要素表形式归纳争点，将案件化繁为简。针对部分当事人诉求不合理、依据不清楚、事实模糊等问题，诉前调解阶段会适当引导当事人明确其诉求，并以要素方式归纳双方的争议焦点。使得看起来繁杂的案件变得更为清晰明了，将案件化繁为简。即便案件未能在诉前调解阶段化解纠纷，也仍然提高了诉前调解程序对于后续审判工作的附加价值。

结　语

立案登记制使得传统立案环节具有的纠纷过滤与释法说明功能明显下降。诉前调解程序可以在党委领导下的多元解纷体系下一定程度弥补上述问题，但诉前调解中因信息沟通、程序衔接及思想变革等方面带来的成本过高现象应当引起注意。新时代人民法院应以在线化、精准化思维，以信息沟通自助式、委派调解在线化、司法调解要素化方式，统一对外窗口和标准，借助于在线调解平台、诉非联动机制建设，以一站式多元解纷机制、一站式诉讼服务中心建设为契机，在诉前程序中以协同方式化解更多的矛盾纠纷，让广大人民群众体会到司法改革带来的更多法治获得感。

公共法律服务：破产预重整制度优化进路 *

王丽菊 **

内容提要： 低成本、高效率的预重整制度在优化营商环境、修复经济秩序方面具有不可替代的制度价值。实证调研显示，近年来我国预重整制度呈现司法供需矛盾的困境，从公共法律服务的视角看，预重整中的资源不足、专业性不强、开发不全、供给零散均是预重整难以发挥制度功能的成因。以破产法庭建设为契机，将公共法律服务资源化零为整，在破产法庭建构前置型“互联网 +”预重整“一站式”协同平台，形成诉源管理、资源集聚、资本融通的协同效应，可以助力预重整制度效能转化，推进破产审判体系和审判能力现代化水平的提升。

关键词： 破产预重整；破产法庭；公共法律服务

引　言

《论语》有曰：“百姓足，君孰与不足；百姓不足，君孰与足。”习近平总书记指出，市场主体是经济的力量载体，保市场主体就是保社会生产力。具有预防式、辅助社会调节功能的预重整制度成了当前紧迫的司法需求。那么，预重整制度当前的适用效能是否能满足人民期待呢？在公共法律服务资源覆盖不均等、质量不精、合力不足，中小企业重整难的困局下，预重整的下一步优化路

---

* 基金项目：本文系 2021 年度国家社科基金重大项目“民事司法程序现代化问题研究”（项目批准号：21&ZD205）的阶段性研究成果。

** 作者单位：福建省厦门市中级人民法院。

径该如何探索？如何发挥我国已成立的12家破产法庭的平台优势，使之成为优化预重整制度的改革窗口？本文以当前后疫情经济形势为切入点，实证分析当前预重整制度无法满足司法需求的客观现状，从公共法律服务视角论证预重整制度适用困境的成因，进而根据协同学理论，以整合预重整中的公共法律服务资源为突破口，建议在破产法庭构建"互联网+"全流程预重整协同机制，形成开放共治格局，通过预重整路径推进机制变革，促进国家治理体系和治理能力现代化水平的提升。

一、局限效应：破产预重整制度的时代呼唤与适用困境

"规范并非借解释由原则中发现的，毋宁是借裁判的统合过程被创造出来的。只有判例法才能告诉我们，什么是真正的法。"① 本文以近年来预重整成功案例、全国法院破产审判审理态势和当前经济形势对预重整制度司法需求的实证调研为基础，呈现预重整制度供需矛盾严重的客观现状。

（一）局势之迫：后疫情时代对预重整制度的紧迫司法需求

新冠疫情在全球爆发，很多市场主体陷于经营与债务困境，临近破产界限，特别是中小企业困难凸显。② 因此，如何保障恢复经济社会秩序，服务经济高质量发展成为司法实务的第一要务，从破产审判来说，强化破产保护和挽救价值是人民法院贯彻中央经济政策方针，落实"六保"任务以实现"六稳"的重要体现。重整程序作为破产制度"保市场主体"功能发挥的重要载体，不仅符合破产保护和挽救的价值理念，更是疫后社会经济发展的客观要求，③ 从最高人民法院及相关部门频繁出台的各类政策依据足以证明这一点，具体详见表1。可见，如何发挥破产重整的制度效能，成为后疫情经济复苏时期市场主体司法机关需要面临的重要课题。

---

① ［德］卡尔·拉伦茨：《法学方法论》，陈爱娥译，商务出版社2003年版，第19页。

② 根据5月12日的《欧洲时报》，截至5月11日，日本已有133家企业因新冠疫情而破产。可见，疫情对供需两端的强力冲击，必然将大批企业推到破产的边缘。

③ 郁琳、樊星：《常态化疫情防控中破产审判的法律适用问题》，载《法律适用》2020年第15期。

表1 强化重整、预重整制度的政策依据

序号	发布机关	文号	发布时间	文件名称	相关指导意见
1	最高人民法院、国家发展和改革委员会	法发〔2020〕25号	2020年7月20日	《最高人民法院、国家发展和改革委员会关于为新时代加快完善社会主义市场经济体制提供司法服务和保障的意见》	充分发挥破产重整的拯救功能，细化重整程序的实施规则，加强庭外重组制度、预重整制度与破产重整制度的有效衔接
2	最高人民法院	法发〔2020〕19号	2020年6月1日	《最高人民法院关于为黄河流域生态保护和高质量发展提供司法服务与保障的意见》	强化破产重整案件审判，完善市场主体退出制度机制。助力美丽乡村建设，支持流域省区打赢脱贫攻坚战，保障乡村振兴战略顺利实施
3	最高人民法院、国家发展和改革委员会	法发〔2020〕17号	2020年5月15日	《关于依法妥善审理涉新冠肺炎疫情民事案件若干问题的指导意见（二）》	人民法院应当引导债务人通过庭外调解、庭外重组、预重整等方式化解债务危机，实现对企业尽早挽救
4	最高人民法院	法发〔2020〕16号	2020年5月13日	《关于依法妥善办理涉新冠肺炎疫情执行案件若干问题的指导意见》	充分发挥破产和解、重整制度的保护功能；充分发挥破产和解和破产重整制度的保护功能，帮助企业及时走出困境
5	最高人民法院	法发〔2019〕35号	2019年12月16日	《最高人民法院关于在执行工作中进一步强化善意文明执行理念的意见》	依法用好执行和解和破产重整等相关制度，对具有营运价值的企业通过破产重整、破产和解解决债务危机，充分发挥破产制度的拯救功能，帮助企业走出困境
6	最高人民法院	法〔2019〕254号	2019年11月8日	《全国法院民商事审判工作会议纪要》	继续加大对破产保护理念的宣传和落实，及时发挥破产重整制度的积极拯救功能

重整程序通过市场资源再配置，解决了具有存续价值企业的债务问题，使企业重新焕发生机，但为保证程序公正不可避免造成效率低下，并产生一系列的制度成本、时间成本、费用成本和企业不利经营的间接成本，于是，一种补强该程序的制度应运而生——预重整。本文“预重整”指的是美国破产法意义上的预重整语境，即债务人在法定的司法程序外，根据法律对重整的规定，与债权人进行沟通、商定重整计划的程序和过程。[①] 该制度在自愿重组谈判成功后接续启动的重整程序可以简化许多原有程序，使之能够快速、简易进行。[②] 因此，在资源减量、形势紧迫而市场主体对重整司法需求又急剧增加的形势下，高效、低成本的预重整制度将成为保市场主体的最佳司法路径。

（二）供给不足：预重整制度适用局限的困境分析

预重整制度包括庭前准备和司法程序两个阶段，最终要依法申请与重整程序衔接，故从重整程序的适用现状亦可以反映出预重整制度的特点，因此，本文以预重整成功案例、全国法院 2013 年至 2019 年的破产案件受理情况及国内典型重整案例为样本，[③] 分析预重整制度当前适用局限、供给不足的困境。

1. 制度适用率低。如图 1 所示，2013 年全国法院破产案件新受理数仅为 1929 件，此后总体呈上升态势，2022 年为 19329 件，达到最高值。破产案件受理量总体呈上涨趋势，特别是 2020 年呈暴涨趋势，增幅达 95.5%。可见，社会对破产的司法需求量不断上升。

---

① Mark E. MacDonald.PREPACKAGED CHAPTER 11 PLANS: THE ALTERNATIVE TO “FREE FALL” BANKRUPTCY [J] .Journal of Bankruptcy Law and Practice.November/December，1991，p320.

② 王欣新：《以破产法的改革完善应对新冠疫情、提升营商环境》，载《法律适用》2020 年第 15 期 。

③ 全国法院数据来源于 2013 年至 2019 年《最高人民法院公报》、预重整案例和国内典型案例来源于相关报道。该数据仅指受理企业破产的案件，不包括强制清算、破产申请审查等案件。

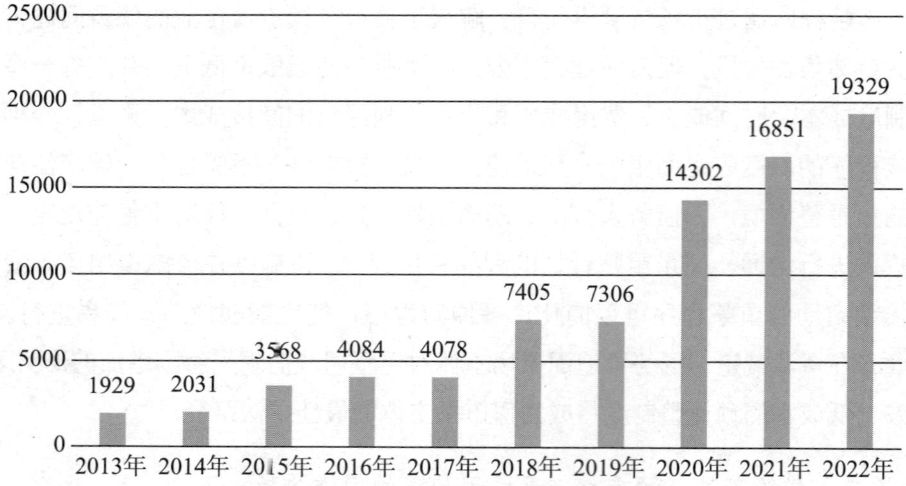

图 1 2013—2019 年全国法院破产案件受理量（单位：件）

但是，从图 2 可知，在破产司法需求不断上涨的情况下，全国近 3 年新受理的破产案件中，重整案由仅占总受理案件数的 5.43%，说明当前破产审理基本以清算为路径出口，企业适用重整程序的积极性不高。可见，重整程序并未发挥其优胜劣汰、调整社会产业结构的破产制度功能，[①] 预重整更无法承担起后疫情时期修复市场秩序、防范社会风险的使命。

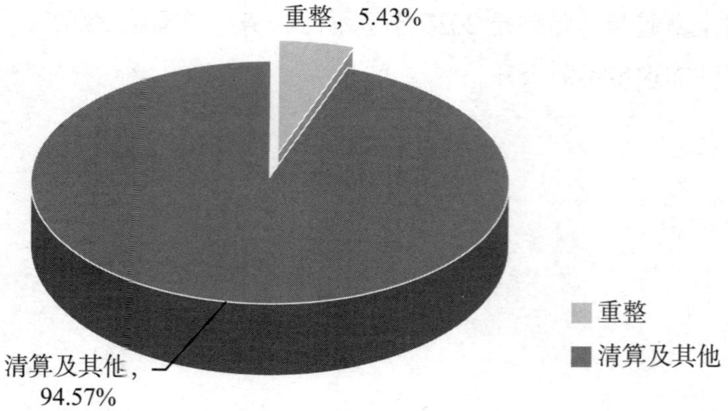

图 2 2017—2019 年破产受理分布情况

① 参见王欣新：《破产法理论与实务疑难问题研究》，中国法制出版社 2011 年版，第 5 页。

2. 制度运行成本高企。根据预重整制度的发源地美国学者研究表明，传统重整案件平均耗时 25 个月。[①]2020 年中国营商环境报告显示，B 市企业破产的平均办理时间约为 20.4 个月。[②] 可见正常的破产重整案件往往需要历经两年时间才能实现程序完结。与之相应，预重整制度可以促进重整程序大幅缩短程序耗时，其意义在于将重整程序中协同联动、融资谈判、政府援助保障等需要耗费时间和协调成本的事项“前置”到预重整程序之中。然而如表 2 所示，目前国内预重整成功的 6 大案例，其成功的根本经验在于拥有足够的协同力量，协调各方资源和利益平衡，若没有政府主导支持，预重整程序极易“戛然而止”。因此，较高的运行成本和协调成本使得预重整往往只适用于对社会经济影响较大的企业，中小企业与预重整制度基本无缘。

表 2 国内主要预重整案例情况表（来源于相关报道整理）

预重整企业	中国二重	盛润股份	福昌电子	怡丰成	琪顺运输	三工
府院联动	银监会、国资委、区政府等	无	区政府等	区政府等	无	市处置办等
程序主导人	债务人	股东	破产管理人	破产管理人	债委会	债务人
预重整计划制定	债务人	股东	破产管理人	债务人	债务人	债务人
预重整方案决定	各方主体达成方案	各方主体达成方案	无	召开债权人会议，债权人书面表态	分组表决通过，其中担保、税收债权人收到方案后未反对	债权人书面表决

① 参见曹文兵、朱程斌：《预重整制度的再认识及其规范重构——从余杭预重整案谈起》，载《法律适用》2019 年第 2 期。

② 参见《2020 年中国营商环境报告》，载 http：//chinese.doingbusiness.org，最后访问时间：2023 年 5 月 12 日。

续表

预重整企业	中国二重	盛润股份	福昌电子	怡丰成	琪顺运输	三工
特色做法	法院受理前，银监会就已组织各方达成框架性方案；提供充足金融支持	聘请专业财务顾问处理预重整专业事项	强化府院联动	向法院预登记；政府使用欠薪保障基金；建立债权人联络和协商机制；通过政府融资平台，银行融资2.1亿元	明确预重整投票效力延伸至破产程序；设定二次表决条件，提高效率	府院协同；成立破产援助专项资金；隔断担保链

3. 司法引导缺位。根据《企业破产法》及相关司法解释的规定，破产审理的司法介入主要体现在案件受理后对相关主体和方案的控制及否决。司法机关未能在重整前发挥能动性引导，也是预重整适用难的原因之一。

例如，国内首个破产航企某航空公司（以下简称某航空）通过清算程序虽然终结了企业的“厄运”，却引发了大量诉讼纠纷，该企业是否应通过清算予以破产颇受争议。2009年3月10日，因该航空拖欠巨额债务，6家飞机租赁公司向W市中级人民法院提出对某航空进行破产清算，3月30日，W市中级人民法院裁定受理此案并于8月26日裁定宣告某航空破产。[①]之后，某航空的股东和债权人均向法院提出破产重整的申请，未被法院受理。法院驳回某航空重整申请的主要理由是企业进入清算程序后，债权人没有权利提起重整申请。[②]但某航空的航空运输经营权以及航线、飞行员等核心资产只有重整才有存续价值，清算后给债权人造成巨大损失。这一典型案例充分说明，如果没有司法程序的前置引导，预重整只能由政府主导而适用于政府关注的重点企业，由此极大限缩了预重整制度的适用范围，与让市场在资源配置中起决定性作用的要求背道而驰。

① 参见田宇生、张亚琼：《破产案件法律适用中的利益衡量——基于“东星航空”破产案的探索》，载《法律适用》2011年第12期。

② 参见陈姗姗：《东星国旅、中航油纷纷上诉——法律界呼吁东星航空应重整》，载《第一财经日报》2009年7月7日第10版。

4. 适用主体单一。如前所述，6 家预重整成功的企业均为大型企业，对当地的行业影响巨大，甚至是产业链的龙头企业，政府为了保牌、稳定当地经济，必须强势介入主导，推动预重整完成。相应地，从实证案例可知，目前未有预重整成功的中小企业，因其个体影响力不大、资金渠道有限，一旦发生财务困境、陷入资金链断裂的恶性循环，难以在预重整阶段取得成功的谈判方案。从实证调研可知，虽有中小企业进行重整申请，重整成功率并不高，即使重整成功，却因前期付出过高成本，资金补给不及时，从财务困境又陷入经营困境，大大减损了重整效果。因此，当前的预重整适用机制限制了该制度的适用主体类型，未能挖掘其核心价值。

二、公共法律服务视域下预重整适用困境的成因分析

破产重整程序的目的是通过扩大参与程序的主体范围，综合社会各方力量，挽救困难企业。[①] 预重整制度是借助重整程序使重整计划具有法律效力的一种拯救机制，[②] 将法庭外重组与法庭内重整相衔接。[③] 故预重整的运行也应基于社会力量协同的综合治理，单纯的司法机关职能无法完成，只有借助具备公共性、服务性的公共法律服务体系[④] 才能实现预重整的制度效能。但是，当前公共法律服务的覆盖面、服务质量、供给主体等方面存在短板，导致其在预重整制度运行中功能失范，限制了预重整的适用。

（一）资源难覆盖——公共法律服务“厚此薄彼”之乏

预重整成功的前提条件是重整计划草案，而法院批准重整计划草案考虑的最关键因素是重整资金是否落实，因此债务人预重整的最大困难是融资。这意味着债务人需要庞大的融资平台、财务测算和计划制定的专业人员等公共资

---

① 陈婷：《破产重整中存在的问题及法律思考》，载《第十二届“中部崛起法治论坛”论文汇编集》第 1 页。

② 胡利玲：《困境企业拯救的法律机制研究——制度改进的视角》，中国政法大学出版社 2009 年版，第 188 页。

③ 贺小荣、王富博、杜军：《破产管理人与重整制度的探索与完善——〈全国法院破产审判工作会议纪要〉的理解与适用（上）》，载《人民司法》2018 年第 13 期。

④ 宋方青：《公共法律服务的科学内涵及核心要义》，载《中国司法》2019 年第 8 期。

源。[①]当前预重整成功企业顺利完成庭前融资，主要得益于政府机构和司法机关的提前介入，尤其政府主导是预重整成功的关键。政府参与预重整主要针对对当地财税、产业结构和社会稳定具有重大影响的企业，这势必导致在政府的主导下公共资源向大型企业倾斜，大量的中小企业难以得到公共服务进入预重整，这将极大限缩中小企业在疫情下重整的适用。[②]

从公共法律服务的供给来看，当前公共法律服务由司法行政机关统筹提供，不仅供给来源单一，而且司法行政机关同时担任公共法律服务生产者、监督者及裁判者等多重角色，难免造成供给不足、效率低下的问题。[③]在供给资源不足的情况下，预重整的运行必定很难得到全覆盖，大型企业易得到行政机关的关注，连锁带动公共资源向大型企业倾斜，作为保就业最大容纳器的中小企业将因资源匮乏难以适用预重整。但是，政府退出重整程序是市场经济发展的必然趋势，也是破产重整程序市场化转型的基本要求，[④]建设多维度、多层次的立体供给体系[⑤]应当成为完善预重整制度的题中应有之义。

（二）精耕难提升——公共法律服务“广而不精”之泛

预重整企业最终目的是企业获得后续存在和发展的机会，因此，不仅要对资产、债务进行重整，更要对其经营事业进行重整。经营事业重整专业性强，需要专业人员对税务、资本、经营等各方面作出评估和筹划，方可寻到投资者。预重整的参与人主要有行政机关、司法机关、债权人、债务人和管理人，对于企业的融资战略和经营事业，主要由债务人和管理人完成，而拟重整企业原管理班子和技术一般都残缺不全，难以再发挥作用，故大多专业性问题只能依赖于管理人服务。根据《企业破产法》规定，管理人主要由律师事务所、会计师事务所、清算组等充任，如果不具备企业的经营知识和能力，则无法满足预重

① 参见王佐发：《预重整制度的法律经济分析》，载《政法论坛》2009年第2期。

② 厦门市中级人民法院课题组：《预重整研究：运行机理、实践探索与制度构建》，载《厦门审判》2018年第1期。

③ 湖南省司法厅课题组：《建立健全公共法律服务体系供需机制的思考》，载《中国司法》2016年第4期。

④ 参见王佐发：《预重整制度的法律经济分析》，载《政法论坛》2009年第2期。

⑤ 参见杨凯：《六大体系：建构公共法律服务完整框架》，载《中国司法》2019年第8期。

整的个性化服务需求。[①]

随着供给侧结构性改革不断深入，市场主体日趋复杂和多元化，公众对公共法律服务的需求正走向异质性，公共法律服务也应体现个性化。[②]然而，反观我国公共法律服务的现状，服务产品涉及面广、多样性强，但更像“万金油”，仅有少量骨骼而没有丰富的血肉之躯，[③]缺乏专业化、定制式的产品服务。当前公共法律服务包括三大平台，即实体、网络和热线服务，公共法律服务内容一般包括普法学法、法律咨询和法律服务等（见表3）。可见，公共法律服务的建设更多是事务性衔接而忽略了服务质量的深度挖掘。这对于经营事业差异化大、专业性服务需求大的困境企业来说，公共法律服务专业性、个性化不足成为其无法进入资本市场、启动预重整的基础性因素。

表3　公共法律服务主要产品目录（来源于当前各城市公共法律服务产品的总结概括）

序号	产品类型	产品内容
1	法治宣传教育类	法治讲座、法律知识竞赛、法治文化宣传产品、法治宣传演出活动等
2	法律援助类	各类案件法律援助、公证法律援助、司法鉴定法院援助、申诉案件法律援助
3	人民调解类	行业性专业性纠纷调解、其他纠纷调解
4	法律顾问类	党委政府法律咨询、村（社区）法律顾问、商会法律顾问
5	法律咨询、代书类	12348法律服务热线、公共法律服务网上法律咨询、法律文书代拟
6	社会管理服务类	信访事项服务、法律风险评估、法规规章起草和论证、公益诉讼
7	其他公益类服务项目	特殊群体维权法律服务、企业（商户）服务、老年人遗嘱公证等

① 参见厦门市中级人民法院民二庭、厦门市海沧区人民法院课题组：《破产重整案件审判实务问题调研报告》，载《东南司法评论》2011年卷。

② 湖南省司法厅课题组：《建立健全公共法律服务体系供需机制的思考》，载《中国司法》2016年第4期。

③ 参见杨凯：《六大体系：建构公共法律服务完整框架》，载《中国司法》2019年第8期。

（三）富矿未挖掘——公共法律服务“沧海遗珠”之漏

2019年中共中央办公厅、国务院办公厅发布的《关于加快推进公共法律服务体系建设的意见》提到，公共法律服务应由政府主导、部门协同。因此，公共法律服务体系中，政府应担任主要角色，除了由司法行政机关统筹提供，其他政府部门也是重要的安排者，包括政府服务、政府间协议、合同承包、特许经营、补助等。[①]但从实践中发现，行政职能在公共法律服务中参与度较低。根据表3公共法律服务产品来看，当前常态化的公共法律服务平台和产品主要由司法行政机关安排、政法机关参与，行政职能更多的是配合办理，并未发挥其能动性及资源优势。

但是，在预重整运行中，司法权和行政权经常交叉，企业重整不仅由司法程序推动，更需要行政部门协调合作，如债转股、出售、发行债券等，需要相关行政主管机关批准，[②]司法权和行政权能否紧密配合，是减少预重整制度运行成本的关键，也直接影响了预重整的成功率。行政机关出于公共经济管理、优化产业结构、推进市场经济的发展等考虑，对于大型企业会积极主导推动，此外，行政机关鲜少主动参与企业重整程序。因此，将预重整推广为一项常态化机制的前提，是充分开发政府机关在公共法律服务体系中的职能发挥和资源优势，将其纳入主动供给主体，并带动其管理的社会组织的服务功能，提升公共法律服务的供给数量和质量水平。

（四）发酵无平台——公共法律服务“遍地开花”之散

相较于传统的重整程序，预重整是各利害关系人通过成本收益计算所做出的符合利益最大化原则的理性选择，[③]其高效率、低成本的制度优势源于庭前已完成了战略投资、利害关系人博弈的过程，而这一过程的前提基础在于债务人具有资源对接、沟通谈判的便利机会，所以由行政机关牵头主导的预重整案例，

---

① 参见杨凯：《六大体系：建构公共法律服务完整框架》，载《中国司法》2019年第8期。

② 王欣新、李江鸿：《破产法制中司法权和行政权关系探析》，载王欣新主编：《破产法论坛》（第3辑），法律出版社2009年版，第10页。

③ 参见龚家慧、胡晓敏：《破产拯救的金融思维——以实质合并预重整为研究对象》，载《上海商学院学报》2019年第6期。

因具备行政机关搭建的聚集式的平台机制，才能顺利完成预重整。

相反的是，目前公共法律服务产品呈现的是矩阵式、条块状的服务模式，散落分布。从公共法律服务的供给主体来看，服务产品，包括：司法行政机关通过制定政策规划、投入资金等统筹提供的公共法律服务；市场化社会组织，如律师事务所、公证处等从事市场性活动之外提供的公共法律服务；社会化组织，主要是法律援助中心和各行业协会等非营利性的法律服务。[①] 这些资源再通过实体、网络、热线平台分为法宣类、咨询类、服务类零散地服务于公众，这大大降低了庞大的公共资源的合力效应，难以推动公共法律服务纵深发展。因此，预重整制度急需一个集约型的模块状公共法律服务。

综上所述，当前公共法律服务资源有限，但政府职能尚有巨大的潜能待开发，且现有公共法律服务资源因缺乏统一平台仍未发挥最大效能，因此，亟须建立机制，将公共法律服务资源化零为整、建立“淘宝式”协同中心，促进预重整制度的效能转化。

三、司法协同：建构破产法庭的前置型预重整“一站式”服务

公平是破产法的第一理念。[②] 从上述的实务分析可知，资本衔接是预重整案例成功的基础因素，而资本对接又大多依赖于政府支持引导下的资源集约和机制协同平台，这并不符合破产法公平、共治的制度初衷。在当今落实“六保”以及打造国际一流营商环境的大背景下，结合我国正在全力推进破产法庭建设的改革期，充分发挥公共法律服务资源的协同效应，以“互联网 +”为切入点，在破产法庭构建前置型协同诉讼服务，通过公共法律服务推动预重整制度效能转化或可成为下一步提升预重整司法供给质效的突破口。

（一）逻辑起点：在破产法庭建立司法协同机制的理论基础

协同学，即协同作用的科学，一个由多个子系统组成的系统，其内部子系

① 湖南省司法厅课题组：《建立健全公共法律服务体系供需机制的思考》，载《中国司法》2016 年第 4 期。

② 参见李永军：《破产法——理论与规范研究》，中国政法大学出版社 2013 年版，第 8 页。

统相互作用，互相合作产生一种协同性机理，实现效用的最优化，提高运行效率。[①]司法能动主义，即强调司法的社会效果及积极参与社会治理的态度，是司法追赶社会发展需求的表现及结果。[②]随着社会经济发展呈现出的经济关系复杂、变动性强的趋势，人民对法律的需求日益上涨且多元化，单纯的司法审判已很难满足人民的司法需求。因此，发挥司法的能动性，建立协同机制，实现有限资源的协同作用，应当成为预重整司法供需矛盾的破解之路。

当前，建立破产预重整司法协调机制的历史契机是在全国遍地开花的破产法庭。破产法庭是破产审判专业化提升、专门破产审判体系深入推进的重要成果，这是我国优化营商环境的标志性事件。[③]而破产制度作为现代化经济体系的一项重要制度，是深化供给侧结构性改革的重要内容，[④]兼具维护债权人、债务人合法权益及维护社会、修复经济秩序的调节功能。[⑤]因此，破产法庭应该成为发挥司法能动性、服务经济发展大战略的载体。在破产法庭建设起步阶段[2019年1月，深圳破产法庭破冰，至2020年8月18日厦门破产法庭正式挂牌成立，全国已有12家挂牌成立的破产法庭（14家已批准成立）]，以“法庭”为建制的专业化破产审判机构，完全可以参照“一站式”诉讼服务中心的建设模式，设立前置型预重整司法协同中心，使破产法庭成为破产公共政策和司法政策的协调者和落实者，不仅可以实现现代破产法社会本位价值追求，也有助于提升破产预重整制度运行的总体运行水平。[⑥]

（二）平台建设：建构破产法庭预重整“一站式”司法协同中心

习近平总书记在2019年中央政法工作会议上强调“要努力提供普惠均等、便捷高效、智能精准的公共服务”。破产法庭的“一站式”司法协同中

① 田淑云：《构建公共法律服务的协同机制》，载《知与行》2018年第2期。

② 宋远升：《司法能动主义与克制主义的边界与抉择》，载《东岳论丛》2017年第12期。

③ 参见杜万华：《深圳、北京、上海成立破产法庭具有标志性意义》，载《人民法院报》2019年3月21日第2版。

④ 参见2017年12月25日时任最高人民法院院长周强在全国法院审判工作会议上的讲话，载http：//www.legaldaily.com.cn/locality/content/2017-12/26/content_7430817.htm，最后访问时间：2023年7月15日。

⑤ 参见杜万华主编：《商事审判指导》，人民法院出版社2016年版，第69页。

⑥ 参见李曙光在厦门破产法庭“破产法庭建设与营商环境提升”主题讨论会上的讲话。

心既挖掘了公共法律服务的深度潜能，亦是解决预重整制度适用困局的优化路径。

1. 服务功能：模块式公共法律服务。预重整不仅是司法机制，也是一项综合治理工作，只有将程序中各个参与主体的公共职能集约成“一站式”服务产品，才能最大化发挥制度效能，提升公共法律服务质量。中心的目标应当是构建从源头治理、分流识别、资产推介、庭内庭外衔接、线上线下的一站式法律服务，进而建立立体化、集约化、信息化的预重整平台，为困境企业特别是中小企业提供资源聚合、便捷高效的全流程司法服务。

具体而言，“一站式”服务应当包括：（1）协同研判。加强企业信息大数据资源库和破产审判态势共享机制建设，定期召开或举行研判风险企业的识别、预重整路径，提出防范、联动工作建议。（2）协同治理。充分发挥司法能动作用和多元资源聚集优势，前置型分流引导企业精准适用破产审判，对拟预重整企业进行预登记、资产推介、制定方案、企业重组等“一站式”处理。（3）协同修复。即企业重整后社会问题解决及矛盾化解，如职工重组、监管登记信息、信用恢复等，司法机关将破产审判服务延伸至经济、社会秩序修复的“最后一公里”，真正实现通过破产审判优化营商环境的目标。

2. 组织架构：闭合式多元主体运作。中心的运行模式应当是多元化资源的整合机制，应纳入人行所在市中心支行、金融监管部门、工商部门、税务部门、财政部门、市场监督管理部门、人力资源和社会保障部门、经济和信息化委员会、破产管理人等与企业预重整流程相关的融资和行政部门，化零为整，形成预重整的“一站式”协同处理机制。可以在直接应对危机后复苏时期的大量预重整法律服务需求的同时，又破解长期困扰破产审理的企业注销、信用修复、税收减免等制度运行的痛点难点。具体组织框架详见图3。

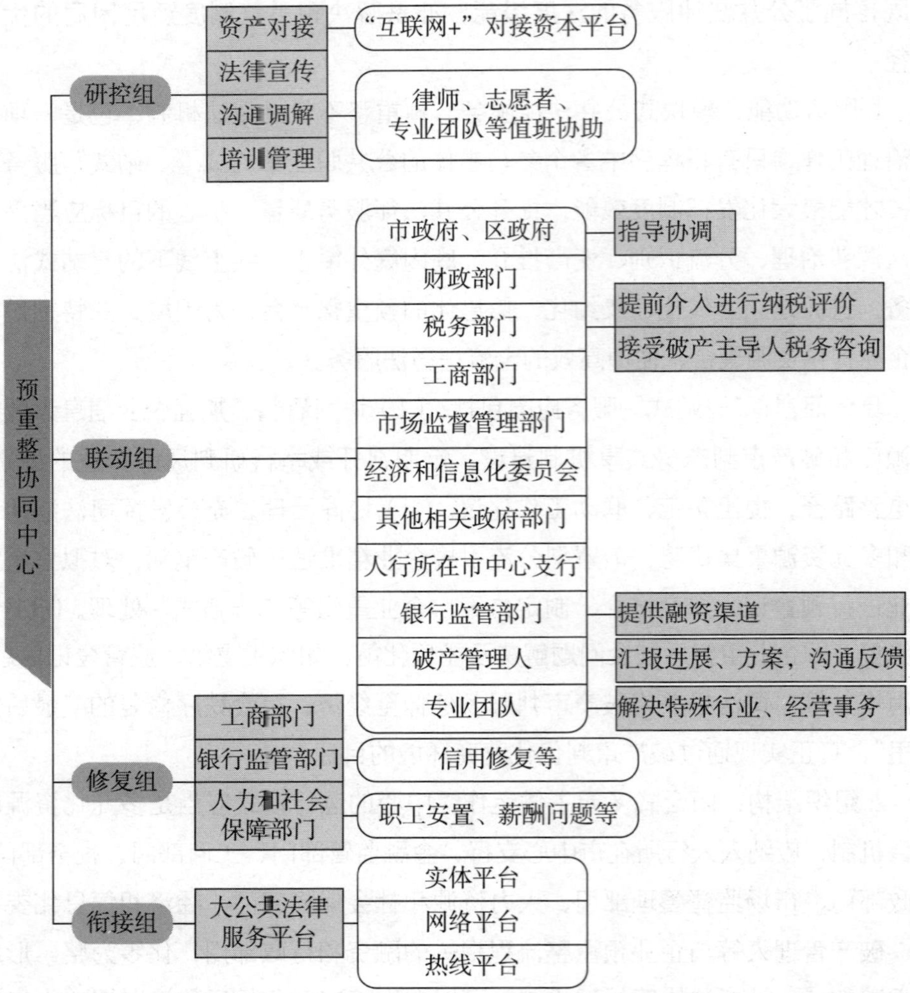

图3　预重整“一站式”协同中心主体框架的组织架构

3. 实施路径：预警式数助协同机制。中心通过平台对接等方式汇入各个协同主体的信息数据，形成纵向联通预重整运行全流程、贯通各类企业信息资源库，实现大数据集成和大平台管理；横向联通各协同主体，对接网络运营商资本平台和大公共法律服务平台，实现全方位互联和全流程互动。具体流程详见图 4。

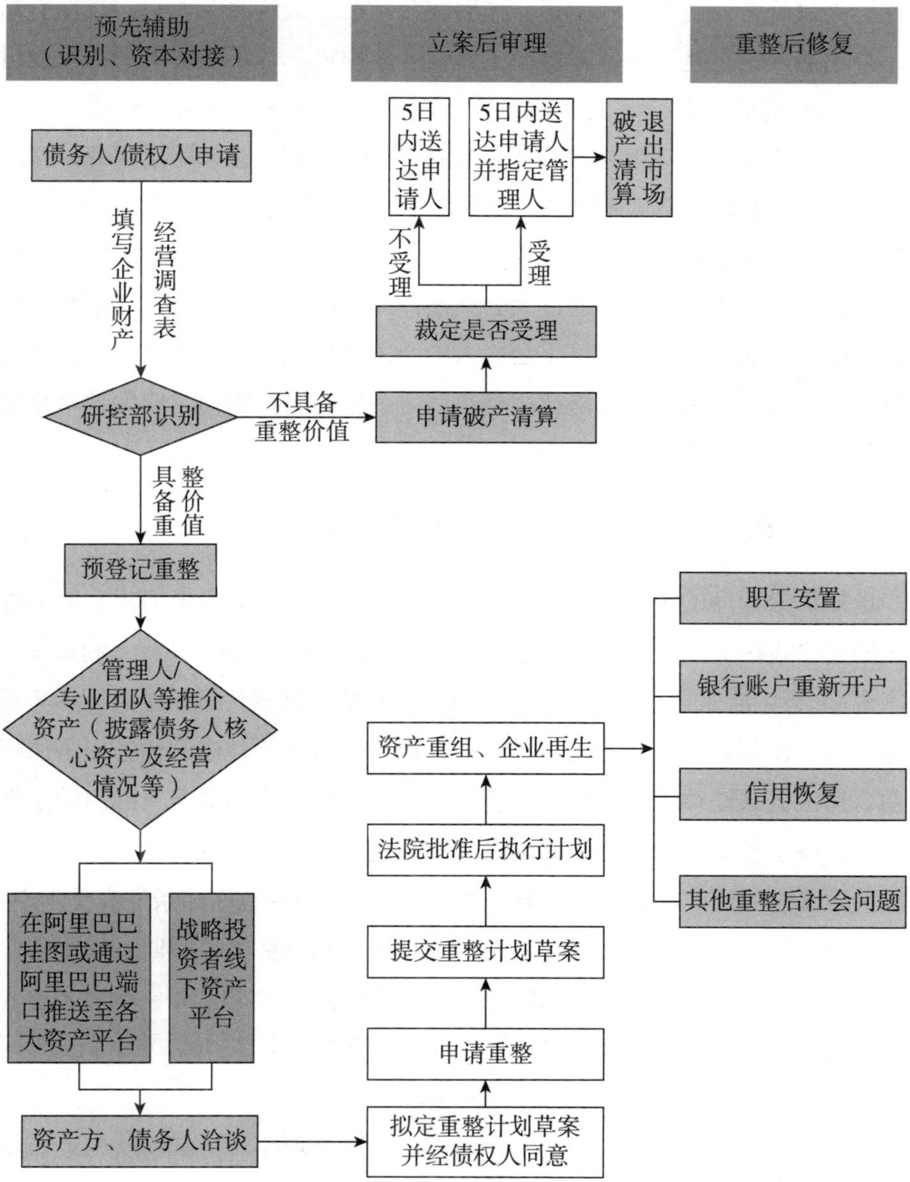

图 4　预重整“一站式”协同中心流程图

建立预警机制。中心接入各协同单位的信息汇总平台或各家信息共享平台的相关数据，实现全流程数据动态管理，建设信息资源库，建立预警机制，提前在协同平台发布融资战略需求、完成前期财税评估和成本测算，精准寻找投资主体；构建多元联动机制。运用集聚的资源贯穿全流程、各环节，实现“一站式”高效服务。提前对困境企业作出综合判断，做到源头识别，实现前端重构。企业进入预重整程序后，协同主体全方位跟进，开拓投资渠道，积极组织多方主体的沟通协调，达成和解方案，减少企业成本，提高重整质效；形成“互联网 +”资本对接。将主体框架平台接入阿里巴巴、京东等运营商，打造财产交易专区，拟预重整企业通过中心将企业核心资产及债务信息等推送至专区，由运营商引擎对接至各大资产交易平台或线下推介，打破信息壁垒和资本鸿沟；融入大公共法律服务平台。通过大公共法律服务的实体平台融入预重整法律服务，借助公共法律服务的网络平台嵌入中心的操作流程和功能介绍，做好宣传引导和咨询服务，依托公共法律服务热线平台作为对接窗口，成为预重整全流程服务的信息枢纽站。

（三）防范恶意：对滥用预重整制度的债务人的规制

正如诉讼程序的价值理念一样，效率虽然是程序法的价值追求，但其程序真正的生命线在于公正性，[①] 而破产法同样将公平原则作为对债权人利益保护的基本遵循。[②] 中心采用“一站式”的集约、便捷服务方式，满足了当下形势对预重整司法资源的紧迫需求，但以防债务人滥用平台优势，逃避债务损害债权人利益、造成公共法律服务资源的浪费，司法机关有必要对债务人的启动条件进行规范。鉴于预重整制度最终需通过与重整程序的衔接完成企业重整，建议司法机关以《企业破产法》第 2 条第 2 款对企业启动重整程序的条件为基本原则，细化债务人启动预重整的标准，并对全流程进行动态监管。同时，借鉴诉讼程序的“斯图加特模式”，缩短司法程序时间，强化庭前材料准备，即对当事人披露信息、企业详细现状材料提交等作出前置引导规范。

---

① 肖建国、丁金钰：《论我国在线“斯图加特模式”的建构——以互联网法院异步审理模式为对象的研究》，载《法律适用》2020 年第 15 期。

② 厦门市中级人民法院课题组：《预重整研究：运行机理、实践探索与制度构建》，载《厦门审判》2018 年第 1 期。

预重整作为一种混合优势的企业拯救模式，是当下保市场主体、缓解预重整司法供需矛盾的破局之口，建议通过立法将预重整制度进行规范化，鼓励更多困境企业选择预重整模式，扩大该制度的优势效应。因预重整包含庭外准备和司法程序，立法对庭外意思自治不宜进行强制规定，但可通过对预重整后提出重整申请的审查条件和重整程序的要求进行规制，达到对庭外准备规范的目的，进而通过法律规范建立预重整简便的审查程序。此外，破产法庭作为预重整程序的改革平台，将其纳入立法予以确认，不仅可以提高破产审判体系的地位，还能为预重整制度的优化改革提供“活水源泉”，因此，建议将破产法庭纳入破产立法，为破产法庭的建设提供法律依据。

结　语

本文从公共法律服务视角分析预重整制度供需矛盾的根源，提出公共法律服务资源集聚、多元协同的“淘宝式”预重整服务，即以破产法庭为改革平台，打造预防式的预重整“一站式”司法协同机制，提升预重整在修复经济秩序、优化营商环境的保障水平。正如古罗马《十二铜表法》所云：“人民的幸福是最高的法律。”受经济下行影响，微观层面的企业生存状况堪忧，预重整作为低成本、高效率的司法制度，对于后疫情时期修复经济秩序和优化营商环境具有不可替代的价值。在资源减量、全球经贸局势面临变数的严峻形势下，如何通过协同机制实现各类资源效能的最大化是我国当下燃眉之急。本文以破产法庭为改革平台，以公共法律服务促进预重整制度效能发挥为突破口，以在破产法庭建构预重整“一站式”协同中心为落脚点，为预重整和破产法庭的立法奠定实践基础，以期强化预重整的市场主体救治功能。发挥司法机关的能动性，带动协同力量，共克时艰，既是落实“六保”任务的体现，亦是司法对人文关怀的践行，希冀以此为起点，绵延成一股改革的“涓涓细流”，助力汇集成民众安居乐业的“滔滔大海”。

减量增效：执源治理视域下解决执行难路径的审视与完善

——以H区人民法院审执案件为分析样本 *

方 珺 陈雅真 **

内容提要：运用执源治理理念，构建始于诉讼之前直至案件执行终了的全流程治理路径。通过建立公证调查、债务人可视化财产清单、被告履行能力评估、优劣质案件分类识别、全流程督促履行等一系列机制，让债权人从执行终局获取财产的模式转变为在冲突进程中递进回收债权的模式，减少劣质案件进入执行程序。将法院超过40%的“终结本次执行程序”案件通过该机制识别消化并分类处理，最终达到执行案件减量增效，从源头治理“执行难”的目的。

关键词：执源治理；公证调查；执前督促履行

引 言

“用两年到三年时间基本解决执行难”攻坚战后，全国法院执行工作精细化、职业化、信息化和规范化的格局已基本建立，综合治理“执行难”的体系亦在持续完善，“基本解决执行难”的阶段性目标已如期实现。然而，人民法院不断加大对执行工作的投入所取得的成效与人民群众的司法满意度仍有较大差

* 基金项目：本文系2021年度国家社科基金重大项目“民事司法程序现代化问题研究”（项目批准号：21&ZD205）的阶段性研究成果。

** 作者单位：福建省厦门市中级人民法院、厦门市海沧区人民法院。

距，全国执行案件量并未有所消减，执行到位率依然低位徘徊。案件持续增长、执行部门超负荷运转、执行不能案件退出阻滞、“拒执罪”追究难等问题依然是法院难以承受之重。为深入贯彻落实“切实解决执行难”重大部署，中央全面依法治国委员会、最高人民法院发布文件，决定“构建长效机制，综合治理执行难”，[①] 执行工作开启“切实解决执行难”的新篇章。然而，法院执行工作如今面临何种矛盾，当前形势下，如何理性看待法院所面对的“执行难”，是当前首先必须面对的问题。

一、从终局到源头：切实解决执行难阶段法院面临的矛盾

以 H 区 [②] 法院执行数据为例，[③] 该院执行案件在 2010 年至 2023 年上半年间均呈现持续增长态势（2023 年上半年执行案件收案数亦高于 2022 年上半年）。执行案件随诉讼案件呈现同样的发展趋势，似乎是合理的规律。但这也意味着，法院生效裁判的自动履行率，涉诉债务人主动履行裁判的法律意识并未因常年的执行攻坚势头而有显著提高，法院的努力对债权回收率的提高并不明显（见图 1）。

---

① 参见中央全面依法治国委员会《关于加强综合治理从源头切实解决执行难问题的意见》，载《人民法院报》2019 年 8 月 23 日第 2 版；参见《最高人民法院关于深化执行改革健全解决执行难长效机制的意见——人民法院执行工作纲要（2019—2023）》，载《人民法院报》2019 年 6 月 12 日第 3 版。

② 研究样本说明：本文选取的主要研究样本海沧区位于东南沿海城市，该院辖区内设有工业集中区，内含港澳台资市场主体，重视营商环境，经济发展态势良好。辖区内既有新城改造带来的土地征迁，亦有外来务工人员聚集，流动人口比重大等特点，执行案件样本丰富。

③ 数据来源说明：文中所指 F 省系海沧区法院所在省份，X 市系海沧区法院所在市，S 区法院系与海沧区法院同属于 X 市辖区。S 区法院是该市案件体量最大法院，海沧区法院是该市案件体量较小法院。本文使用的执行数据采集自全国法院执行指挥平台、执行案件流程管理系统、F 省执行质效通报、海沧区法院执行报表及工作总结；审判数据采集自海沧区人民法院审判态势分析、案件管理系统。

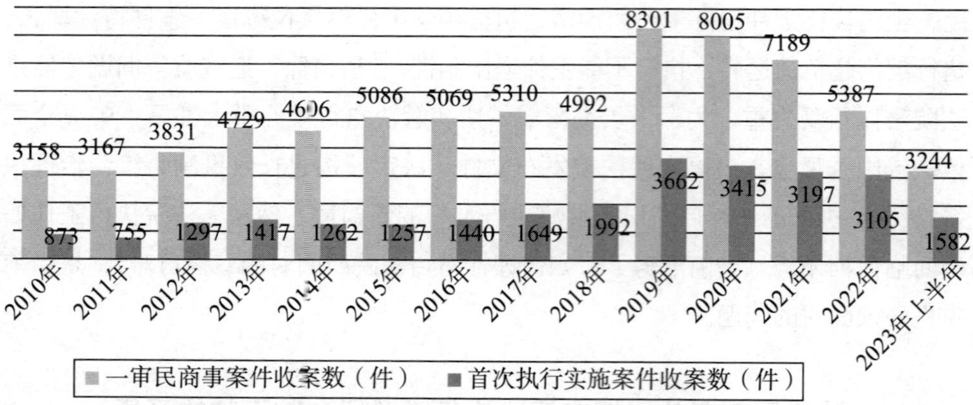

图1 H区法院2010年度至2023年上半年审执案件收案对比

（一）诉源治理持续加强与执源治理效果有限的矛盾

1. 抑制诉讼增量未同步降低执行案量。随着社会转型和法治现代化进程，我国各种非诉讼纠纷解决机制发展迅速，并已呈现出多元化分流诉讼案件，化解社会矛盾的优势。人民法院以“诉源治理”理念大力构建“诉非联动机制”，上线应用人民法院调解平台，有效缓解诉讼增量。2020年，全国民事诉讼案件在连续15年保持10%的增幅后出现首次下降，多元解纷成效显著。①2023年上半年，全国法院诉前调解纠纷770.7万件，占诉至法院纠纷量的36%，同比增长41.5%。②然而，非诉讼纠纷解决机制并未对执行案件的持续增量产生影响。在法院持续不懈为破解“执行难”作出努力后，执行案件受理量仍未有所降低。报告显示，2013年至2015年3年间，全国各级法院新收各类执行案件1013.22万件，③而2022年全国各级法院受理执行案件897.74万件，④是2013年当年新收执行案件的3倍。2023年上半年，全国各级法院新

① 自人民法院调解平台2018年2月上线以来，已有3.3万个调解组织、16.5万名调解员入驻，就劳动争议、道交事故、金融保险、证券期货、知识产权等纠纷领域开展调解。参见2020年《最高人民法院工作报告》，载《人民日报》2021年3月16日第3版。

② 参见《最高院将按季度常态化发布司法审判工作数据》，载《人民法院报》2023年8月8日第1版。

③ 参见《人民法院执行工作报告》，载《人民法院报》2016年3月19日第2版。

④ 参见《2022年全国法院司法统计公报》，载《最高人民法院公报》2023年第4期。

收首次执行案件达 500.4 万件，同比增长 13.48%。[①] 执行案件收案量持续高位运行。

2.“终本”案件体外循环缺乏科学管理。除日益增长的新收案件外，法院还背负着大量的“终本”案件“体外循环”，未实际执行到位的案件未纳入专门的执行案件系统管理。2015 年《最高人民法院关于适用〈中华人民共和国民事诉讼法〉的解释》确立了终结本次执行程序制度（以下简称终本制度），[②] 终本制度确立前，全国法院每隔若干年就开展一次大规模的清理活动，而这不仅未能有效执行积案，还大量占用新收案件的执行时间，造成“边清边积”的恶性循环。主要原因在于大量未实际执行到位的案件并未纳入系统科学管理。虽然全国法院在 2014 年将近 20 年来未实际执行到位的执行案件录入执行案件管理系统，[③] 但目前亦还未建立对库内案件的分类识别和分流机制。有财产案件未能高效恢复执结，无财产案件也尚未建立科学管理与合理的退出机制。这些案件日益增长，已成为法院不能承受之重，一定程度降低人民群众的司法满意度和获得感。

3. 执结率高企与实际执行到位情况相悖。执结率[④] 是执行案件结案率的简称，是法院系统考核案件办理质效的重要指标之一。然而执结率的高低并不能真实反映执行的现状。2023 年上半年，全国法院受理 500.4 万件首次执行案件，执结 422.9 万件，[⑤] 按照该数据统计的执结率为 84.51%。如此高企的执结率并不

---

① 参见《最高院将按季度常态化发布司法审判工作数据》，载《人民法院报》2023 年 8 月 8 日第 1 版。

② 参见百晓峰：《程序变革视角下的终结本次执行程序制度——以〈民诉法解释〉第 519 条为中心》，载《华东政法大学学报》2015 年第 6 期。关于“终结本次执行程序”，《最高人民法院关于适用〈中华人民共和国民事诉讼法〉的解释》第 519 条规定：“经过财产调查未发现可供执行的财产，在申请执行人签字确认或执行法院组成合议庭审查核实并经院长批准后，可以裁定终结本次执行程序。”2016 年施行的《最高人民法院关于严格规范终结本次执行程序的规定（试行）》第 1 条以及《基本解决“执行难”工作报告》亦作此界定。

③ 参见《最高人民法院院长周强作最高人民法院关于人民法院解决“执行难”工作情况的报告》，载《全国人民代表大会常务委员会公报》2018 年第 6 期。

④ 执结率的计算方式为：当年结案案件数 ÷ 当年受理案件数（当年新收案件数 + 上年度旧存未结案数）。

⑤ 参见《最高院将按季度常态化发布司法审判工作数据》，载《人民法院报》2023 年 8 月 8 日第 1 版。

能代表执行程序已实现债权的真实情况，对于权利人来说，执结率并非判断法院是否履行职责的标准，实际兑现的权利才是真正的标准。[①] 高企的执结率不但提高了全社会对法院执行工作的期望值，也引发了质疑。事实上，2016 年发布的《人民法院执行工作白皮书》早已指出：大量在诉讼阶段就呈现出无法执行风险的“僵尸企业案件”、被执行人丧失履行能力或自始无履行能力的案件占总数的 40%。[②] 在执行案件的实际执行到位情况约为 60% 的情况下，执结率反成为法院与社会之间的信息壁垒，与实际执行到位情况的背离反而稀释了法院多年来为解决“执行难”所付出的努力。

（二）执行力度不断加强与案件数量持续增长的矛盾

1. 法院事无巨细包揽全程。《最高人民法院关于深化执行改革健全解决执行难长效机制的意见——人民法院执行工作纲要（2019—2023）》提出要健全繁简分流、事务集约的执行权运行机制后，[③] 各地法院纷纷开展分段集约执行或对案件进行繁简分流的有益探索。但实际上，全部执行流程依然在法院系统内循环运转，执行部门事无巨细包揽全部工作，长期超负荷运转。H 区法院在“基本解决执行难”期间，全部案件平均结案用时均超过 3 个月，执行完毕案件的平均用时亦均超过 2 个月。2019 年全国法院持续优化财产处置流程，构建执行繁简分流机制提高执行效率。2023 年上半年，H 区法院亦将全部案件的结案平均用时压缩到 45 日以内。但与 X 市大体量的 S 区法院，X 市、F 省和全国结案均时相比，海沧区法院的执行平均用时并不因案件体量小、所在地区执行联动环境和营商环境良好而具有显著优势（见图 2、图 3）。

---

① 参见张榕：《“执行难”化解之误区及其归正》，载《厦门大学学报》2017 年第 4 期。

② 参见《人民法院执行工作报告》，载《人民法院报》2016 年 3 月 19 日第 2 版。

③ 参见《最高人民法院关于深化执行改革健全解决执行难长效机制的意见——人民法院执行工作纲要（2019—2023）》，载《人民法院报》2019 年 6 月 12 日第 3 版。

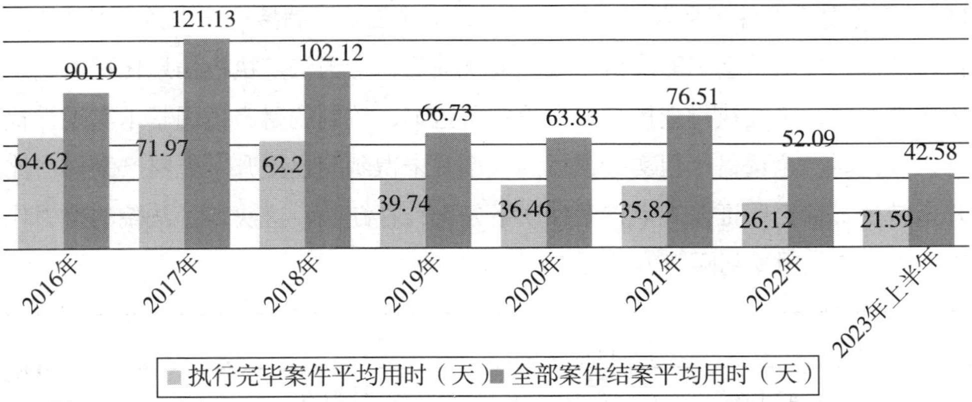

图 2　H 区法院 2016 年度至 2023 年上半年执行案件平均结案时间对比

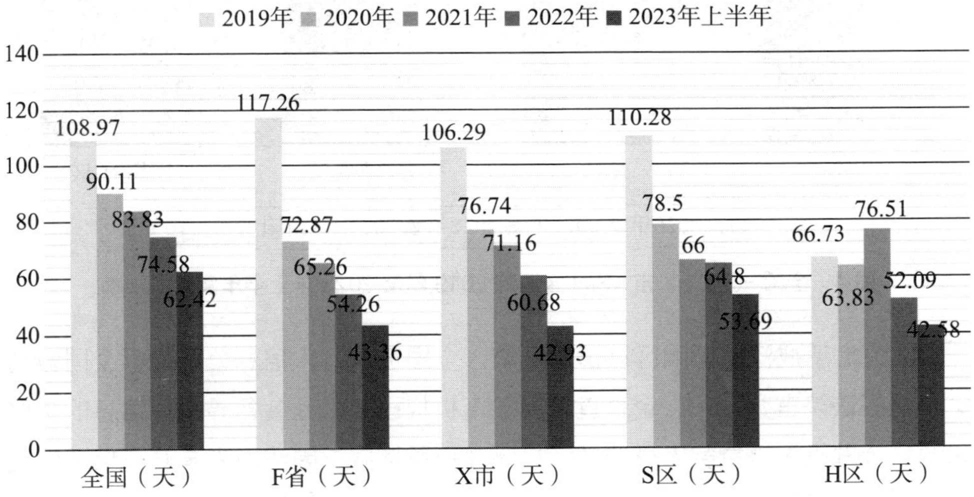

图 3　全国 -F 省 -X 市 -S/H 区法院 2019 年至 2023 年上半年结案均时对比

2. 无财产案件占用大量资源。有观点认为，进入执行程序的案件质量不好，由此导致执行效果不好，这是中国法院执行的核心问题。[①] 无财产案件占受理执行案件的 30%~40%，这部分案件的执行不能是经营风险注定的，是任何国家公权力都无法救助的。[②] 数据显示，2020 年至 2023 年上半年，F 省、X 市、S 区与 H 区法院实际执行到位率最高不超过 50%。若将有财产案件定义为“优质案

① 唐应茂：《法院执行为什么难——转型国家中的政府、市场与法院》，北京大学出版社 2009 年版，第 3 页。

② 参见葛行军：《杂议解决执行难问题》，载《强制执行指导与参考》2004 年第 1 辑。

件”，将无财产案件定义为“劣质案件”，[①] 则全国法院有接近一半劣质案件占用执行资源。经历“基本解决执行难”攻坚战后，全国法院执行信息化程度实现历史性变革，全国执行查控系统覆盖的可查询、控制的财产范围基本实现被执行人登记财产全覆盖。但实际执行到位率并未得到明显提升，无财产案件占比并未减少。恰恰印证该观点：案件质量先天存在缺陷，这决定了法院的努力作用不大，或作用受到限制（见图 4）。[②]

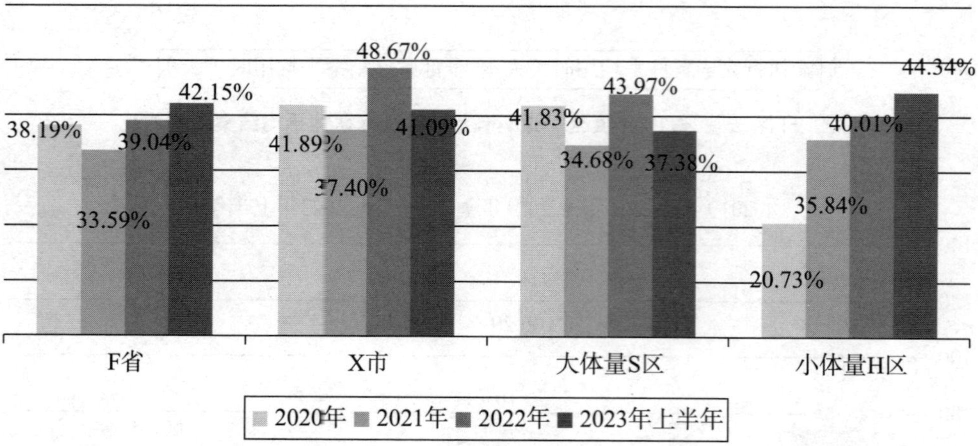

图 4　全国 -F 省 -X 市 -S/H 区法院 2019 年至 2023 年上半年实际执结率

3. 失信惩戒泛用影响区域营商环境。全国被执行人信息公开网、全国裁判文书网等法院官方网站、企查查、天眼查机构已成为社会各界采集信息的主要来源，金融机构对贷款人员的征信检测亦日益增强。因我国尚未对征信评估进行分级，涉诉债务人的征信受损程度往往存在“一刀切”的情形。大量案件进入执行，便有大量被执行人被征信系统识别为信用受损人员。笔者于 2020 年 6

① 劣质案件的典型如国企或金融案件进入执行后取得“终本裁定书”以核销呆账、坏账；极端如停产歇业企业案件批量执行后，债权人拒绝启动破产程序，而以信访方式要求法院买单，政府维稳。在经历大刀阔斧的攻坚战后，反而有更多的劣质案件愿意通过执行取得“核销凭证”。

② 唐应茂：《法院执行为什么难——转型国家中的政府、市场与法院》，北京大学出版社 2009 年版，第 3 页。

月向F省各类银行发出并回收的1214份有效问卷中发现，[①]当前强征信监测背景下，一旦涉诉债务人被贴上“执行”标签，将可能陷入经营失控的境地，标签化效应持续扩大，涉诉债务人陷入信贷困境，可能造成企业资金链断裂，陷入断贷僵局，影响营商环境，加剧市场主体的信任危机（见表1）。

表1　涉诉债务人信贷困境风险表（银行问卷回收统计表）

评估指标	指标内容	高风险	中风险	低风险	无风险
Ⅰ	贷款人被执行银行是否回收贷款	贷款申请无法通过	未到期贷款被标记重点关注	继续跟踪是否失信	不影响贷款
	银行问卷占比	79%	8%	12%	1%
Ⅱ	执行和解是否可以申请贷款	不可以申请贷款	可以但必须提供法院结案通知	可以但必须提供和解履行证明	可以但要提供和解协议
	银行问卷占比	14.09%	39.46%	24.22%	22.23%
Ⅲ	对公账户被法院冻扣的影响	被银行重点关注并可能收回贷款	被银行重点标注并在征信系统标记逾期	被银行标记重点关注暂不影响贷款	不影响贷款
	银行问卷占比	60.87%	17.22%	15.65%	6.26%

（三）群众司法需求渐高与实际执行效果不佳的矛盾

1.法院被动承担执行不能风险。公众衡量执行效果的最重要指标依然是实际执行到位情况。若市场主体交易时缺乏必要的风险防范意识，认为进入诉讼和强制执行之后便可回收债权，并将投资失利的后果全部寄望于法院在强制执行程序中追回，容易陷入“信任误区”而导致对司法公信力的质疑。在当前中国社会转型期，伴随市场经济体系发展、政府职能转变而生的社会风险是客观

① 本次问卷回收来自国有商业银行问卷占比41.02%，股份制商业银行问卷占比27.27%，城市商业银行问卷占比12.03%，外资银行、民营银行及其他银行问卷占比19.69%。1214份问卷中，75.04%来自区（县）级支行，24.96%来自市级分行。填录问卷的人员包含法律合规部门6.92%、贷款审查28.01%、风险控制18.29%、其他46.79%。

存在的，[①]而面对经营交易回报、突发事件缺乏基本的风险评估，是法院长久以来陷入“努力执行—当事人质疑”两难境地的原因。

2. 保全未能保障原告胜诉权益。财产保全制度从禁止转让财产和固定转移证据两个方面对原告实现胜诉权益起到保障作用。但实践中，法院依职权采取保全措施的情况较少，而保全申请人要求采取行为保全、证据保全的情形更不多见。以H区法院2015年至2023年上半年保全数据为例，保全案件占民事案件受理数比例不超过30%，且主要集中在合同、借贷领域，涉及人身损害、侵权纠纷等案件的债权人反而缺乏保全财产的意识。保全缺位的现状阻碍保全发挥其保障胜诉权益快速兑现的功能，也不能将债务人转移财产的行为进行证据保全，为今后追究“拒执罪”提供证据（见图5）。

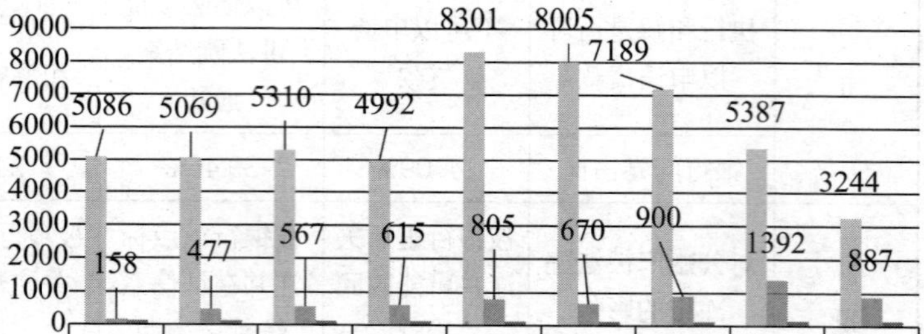

单位：件	2015年	2016年	2017年	2018年	2019年	2020年	2021年	2022年	2023年上半年
■H区一审民商事案件收案数	5086	5069	5310	4992	8301	8005	7189	5387	3244
■H区当年度保全案件立案数	158	477	567	615	805	670	900	1392	887
■当年度保全案件占民商事案件比例	3.11%	9.41%	10.68%	12.32%	9.70%	8.37%	12.52%	25.84	27.34

图5 H法院2015年至2023年上半年保全案件占诉讼受理案件比例情况

3. 审执脱节导致大量失信调解。以H区法院为例，2018年至2019年调解案件申请执行率占比约30%。原因在于：一是法院将调解率作为案件质效考核指标，客观上提高调解案件占比；二是审判法官在案件审理过程中，或主持调解过程中未对调解案件进行履行能力评估，部分案件是为快速生效后申请执行而进行调解；三是调解书生效后，被告对自身履行能力预见不足导致逾期，或

① 参见周超：《社会财富逆转移、风险分配与危机——基于风险社会理论视角》，载《武汉理工大学学报》2019年第4期。

在调解生效后发生其他情形导致其无法按期履行；四是被告恶意调解骗取原告信任，为达到解除诉讼保全转移财产规避执行的目的而进行调解。

（四）司法权威树立需求与执行人员履职失灵的矛盾

1. 缺少引导的保姆式执行方式。职权探知主义容易使执行员陷入包揽式执行的窠臼，忽略要求当事人提供必要的财产线索，容易形成在接收案件后，大包大揽、事无巨细地包办所有执行事务的工作习惯。实际上，案件的强制执行不仅依赖于法院的执行强制，亦取决于申请人提供有效财产线索，债权人与法院合力追回债权才是有效之道。债权人应当了解执行风险，自交易期间有意识地保留债务人的财产线索。

2. 衔接脱节的分段式执行方式。分段执行虽有利于提高执行效率，保证廉洁等优势，但也显露了其可操作性不强、多人参与分工不明、权责不清、产生二次分案等诸多弊端。[①] 在案多人少的压力下，各阶段的执行员都希望尽快完成本段工作，将工作移交给下一阶段的执行员，导致案件质量难以保障。如较早开展执行机制改革的深圳中院已发现分段运行的弊端，该院采用分权不分段的方式进行，虽将事务性工作分离，但执行法官仍然始终负有推进执行进程之责。[②] 而对于当事人来说，执行阶段频繁更换承办法官的感受，亦增加其对司法权威的质疑。

3. 消极被动的拖延式执行方式。2022 年最高人民法院公布的法官人均办案数为 242 件，[③]F 省法院系统内部执行质效情况通报显示，该省执行法官人均办案数 278.47 件，而 X 市以人均办案 453.94 件位居 F 省首位。除办案之外，执行人员还有大量信访接待、异地执行、沟通协调等工作同时进行。部分执行员则形成选择性办案风格：对有财产容易执行的案件优先执行，仅依靠网络查控系统“人机对话”，未采取线下调查而随意“终本”。而对复杂难执案件则能拖则拖，导致大量案件长期未结，执行的效率难以实现，影响司法公信力。

---

① 参见王亚明：《分段集约执行的问题及破解》，载《人民司法》2015 年第 5 期。

② 参见胡志光：《基本解决执行难的地方实践——以深圳法院为样本》，载《中国应用法学》2018 年第 5 期。

③ 参见 2022 年《最高人民法院工作报告》，载《最高人民法院公报》2023 年第 4 期。

二、从浅表到根本：法院司法角色对治理功能的选择

当前社会公共事务日趋复杂，现有社会管理模式尚待健全，二者之间的紧张关系不断加剧，这是中国社会必须由“管理”迈向“治理”的根本原因所在，也是法治社会建设的现实背景和基本主题。[①] 治理的目的是在不同制度关系中，运用权力引导、控制和规范公民活动，最大限度地增进公共利益。[②] 选择治理路径，是法院司法能力现代化的必由之路，也是法院对人民群众日益增长的法律服务需求作出的回应。

（一）角色再造：从全面负责转向风险管控

1. 运用预警防范社会风险。从“执行难”被作为问题提出至今，法院持续投入的司法资源，在执行程序这一终局环节所产出的实际执结率依然徘徊在60%，这并非因为国家强制执行力不够努力，而是社会发展过程中产生的交易风险、履行风险、和解风险和财产灭失的风险所导致的。正因债权人面临市场经济的风险，执行制度的设计应当蕴含社会风险预警功能——注重查明财产情况、收集和固定财产证据、检验履行能力，这将有助于市场主体减轻风险危害所造成的损失。

2. 延伸诉源直至执源治理。习近平总书记指出：“我国有14亿人口，大大小小的事都要打官司，那必然不堪重负！”人口越多，凝聚共识越难，定分止争越难，治理难度越大。人口规模巨大的国情，决定了我们国家不能成为诉讼大国，更不能成为执行大国。“执行难”的产生及演变涉及国家政治和经济体制改革的各个方面。解决“执行难”必须从源头做起，有的放矢，建立起执行生效法律文书的社会综合保障机制。执行作为诉讼的衍生决定着执源治理与诉源治理一脉相承又各有侧重，对执行案件进行诉源监控是大势所趋。通过源头治理，从根本上降低执行案件的数量，否则从目前案件增长态势看，减

---

① 参见江必新、王红霞：《社会治理的法治依赖及法治的回应》，载《法制与社会发展》2014年第4期。

② 参见俞可凭：《论国家治理现代化》，社会科学文献出版社2015年版，第23页。

量拐点很难出现。[①] 源头执行从根本上降低执行案件的数量以达到减量增效的公共利益。

（二）功能厘清：从前沿阵线退回末端防线

1. 强制执行是对不履行裁判的救济。强制执行行为的特性意味着，进入执行程序的被执行人必将面临其责任财产被法院控制或处分的后果，且可能伴随着失信惩戒、限制出境、罚款、拘留等间接强制执行措施。在具备履行能力（包括部分履行能力）情况下，当事人均有必要主动避免在民事纠纷中被强制执行的风险。但实践中，仍存在相当一部分缺乏诉讼能力但具备清偿能力的当事人因诚信和履约意识淡薄而被强制执行。这部分债务人是可以通过督促其自动履行，从而减少有财产可供执行案件进入执行程序。当强制执行的法律后果被充分披露，被强制执行的司法成本被市场主体纳入评估范畴，被强制执行的风险预警将提高当事人对法律文书的自动履行率。剩余进入强制执行程序的当事人，则是法院应当集中司法资源进行公力救济的部分。

2. 强制执行是司法活动的末端防线。司法是维护社会公平正义的最后防线，而执行则是其末端防线，其目的是实现生效法律文书的内容，其取向首先是效率。这就要求法院在启动强制执行程序时有区别于诉讼阶段的实施手段，高效、强制且不间断。然而实践中，往往在案件进入强制执行程序后才将债务人陷入经营困境、暂不具备履行能力等情形呈现出来。在这种情形下，法院不得不采取执行和解、“终本”来消化这些劣质案件，强制执行的高效和强制性得不到体现。执行程序应当回归其价值和目的，通过对劣质案件的专门治理，可以将强制执行之前就可以实现的债权、可查明的债务人经营困境等情形通过多方共治，递进式化解矛盾，使强制执行退回到末端防线的位置。

（三）路径选择：从终端执行转向递进实现

1. 筛选优劣质案件分类执行以减量增效。为有效利用法院有限的资源，应当先从减少无财产案件直接进入强制执行程序空转的情形入手。在执行程序开

---

① 参见江必新：《执行工作的理念、政策与机制》，人民法院出版社2019年版，第55~56页。

始之前建立有财产案件和无财产案件的分类筛选，将其分类放置在不同的框架中执行，让强制执行资源能够用在“刀刃”上，集中在提高财产处置效率、调查规避执行行为以及深度挖掘执行线索上，让更多的法律机构以辅助角色、协同角色参与治理，亦让法院执行干警轻装上阵而非负重前行。

2. 前置债务人财产情况可视化实现预警。债务人财产可视化是指构建递进式的财产查明、固定和推进机制，以期使债权人从执行终局获取财产的模式转变为冲突进程中递进式回收债权的模式。其目的在于，通过亮明市场风险及债务人履行能力现状，让债权人对劣质案件“执行不能”的实然状态有理性判断，尽早评估胜诉后可回收的实际债权，理性选择冲突解决方式；通过对财产线索进行证据固定及财产保全，督促债务人自动履行或防止其规避执行。若司法程序实现在诉讼开始时就对债权人进行债权回收风险的释明和辅助调查，充分呈现债务人的履行能力状况，一方面可在个案中引导当事人理性诉讼，缩小债权人的风险敞口；另一方面可通过机制的建立和数据的发布，引导公众认识和理解交易中必然面临的商业风险、交易风险和法律风险。

三、从区块到流程：以“执源治理”为导向的执行路径

执源治理并非试图将案件挡在“法院的门前”。而是将法院作为纠纷解决机制的选择之一，为冲突当事人提供更多的选择方案，让当事人在“法院的门前”看到胜诉的希冀抑或败诉的成本。

（一）创新公证参与辅助执行功能

1. 公证机构前置司法辅助诉讼。在当前治理型政府转型及“放管服”改革的背景下，公证机构作为具有法定证明功能的中立第三方机构，在监督依法行政执法、协助政府管理社会方面具有天然的优势，这一优势同样适用于对司法权的辅助与监督。[①] 首先，公证参与执行可以实现最大化的外部监督。以其中立与证明功能起到对责任财产的认定和处置的证据固定，与监督法院强制执行的作用。其次，公证辅助执行可以将督促履行、执行前财产查明等普遍性、事

---

① 参见李志江：《社会转型下公证功能的反思与重构》，东南大学2018年硕士学位论文。

务性工作从法院剥离，使法院集中力量处置财产，惩治规避行为。最后，发挥公证准司法权功能，以公共法律服务角色督促当事人履行生效法律文书确定权利义务的行为，提高市场主体的交易风险意识，实现预防次生纠纷（进入强制执行）的作用。

2. 财产查明让财产清单可视化。取证与执行是公证机构参与司法辅助的主要内容，可以在诉讼阶段将二者融合，运用公证的证明效力及公信力作涉诉财产的调查，实现债务人财产可视化并进行证据固定。首先，可作为财产保全的线索。一方面可帮助债权人提供更加精准的财产线索作为保全对象，另一方面可减少法院在采取保全措施时采用地毯式调查，亦遏制法院超标的保全的现象。其次，可作为申报财产的辅助。如公证保存的财产调查证据与债务人在执行程序中申报的财产情况不一致，或债务人无法合理说明财产去向和变动原因的，则应当依照法律规定承担拒不申报财产或不如实申报的责任，法院可依此作为惩戒证据。最后，可作为善意执行的指引。查明、区分债务人企业账户中基础账户及普通账户，在账户内余额均可足额保全情况下，保全普通账户，减少对民营企业缴纳税收、支付工资及其他正常交易的影响，亦可降低债务人在被保全后提出替换被保全财产申请的概率。

3. 法律意见提供多元解纷渠道。公证机构在完成财产调查后，可向债权人出具法律意见及恶意诉讼警示，在对查明的债务人财产状况、涉诉状况综合评估后，建议债权人直接提起诉讼抑或选择调解。对履行能力充分的债务人，可引导其自动履行，减少保全成本。对无财产案件，公证机构可根据债务人情况，对债务人已破产的，引导债权人申报债权；对已有多起执行案件“终本”，债务人资不抵债的，可引导债权人在执行立案前，直接申请破产或是引导其启动“立案、保全转破产”。

（二）强化诉前诉中财产保全措施

1. 加强诉讼财产转移风险告知。立案后对原被告双方进行诉讼败诉风险告知：针对原告，在诉讼案件立案登记阶段，向其送达《督促申请保全告知书》，告知被告可能在诉讼阶段转移财产导致执行不能的风险，督促原告积极申请财产保全。如原告怠于行使保全权利，则其应当承担后续风险。针对被告，在送达应诉材料的同时，向其送达《规避执行责任风险告知书》，告知其因其财产状况已经公证机构调查并取证，如在诉讼阶段恶意转移执行，则可能在败诉后的执行程序中被采取罚款、拘留等强制措施，情节严重的将承担拒不执行判决、裁定罪的刑事责任。

2. 实现保险加财产保全全覆盖。为降低当事人诉讼成本，应当鼓励债权人运用财产保全责任险提供财产保全担保。可在公证辅助的基础上，探索建立“公证 + 保险 + 保全”的辅助服务。法院允许具备资质的保险公司在诉讼服务中心增设财产保全保险席位，鼓励原告购买保全保险提供保全担保，降低申请保全的成本。接受公证机构对接流转保全案件，依照保全到的财产情况制作保全情况告知书。保险公司受理保险业务时，录入原告必要信息，向其推送查封期限预警，提醒原告及时向法院申请执行或续封，避免审、保脱节。一方面可以减少法院对财产保全措施的超期未续控现象，推动法院规范执行；另一方面亦可防止财产未及时续封而导致灭失和转移。

3. 调查匹配被告有效送达地址。原告通过申请保全措施，向法院申请调查被告有效电话及地址。法院运用全国三级查控系统对被保全人微信 / 支付宝账户信息、银行存款余额、预留电话及地址的有效查询，提高送达成功率，优化送达效果。该信息作为立案电子卷宗附卷保留，用于诉讼、执行阶段的送达，且在立案、保全、诉讼阶段均应当对保全申请人、原告保密，避免恶意诉讼或泄露信息情况的发生。

（三）建立被告履行能力评估机制

1. 加强审理过程的财产调查。审判法官扭转“坐堂审案”思维定式，在诉讼过程担任履行能力“观察者”。通过送达，观察被告履行态度，是否存在逃避法院送达、否认事实等情形，并在送达回证中记录；通过庭审，调查被告财产情况、履行能力；通过诉中财产申报，引导被告如实申报财产。诉中财产调查有利于原告逐渐了解被告偿还债务能力，对胜诉后的追讨债权方案的选择回归理性，有利于被告明晰败诉后果、执行风险。

2. 规范制作调解要素式笔录。建立调解案件要素式调查笔录模板并推广运用，就诉讼调解案件中被告的调解主观意愿、调解履行能力评估、还债资金来源等记录在册，并对调解后转移财产的行为进行风险预警。减少恶意调解或以转移财产为目的的虚假调解，压缩被告逃、废债空间。

3. 履行提醒嵌入诉讼全阶段。在案件审理初期，告知被告涉诉后果，向其发出不履行后果告知，载明诉讼中、执行后征信受损的后果，扼杀被告消极应诉、被动执行的心态，促进自动履行。在生效法律文书后增设执行提醒，告知被告未在判决文书确定的期间内自动履行债务承担的不良影响。裁判文书的送达等同于执行通知的效力，减少进入执行后，被执行人采用下落不明的方式规避执行。让裁判文书长出“牙齿”，将法院被动找被执行人转化为债务人积极找债权人履行债务的局面。

（四）构建判后执前督促履行机制

1. 引入公证辅助督促履行。《公证司法辅助试点通知》对法院运用公证机构辅助执行工作提出了有益的建议：一是参与执行。公证机构可以辅助执行法官完成文书送达、执行和解、线索调查与搜集、协助查封和清点财物。二是参与调解，公证机构可以法院特邀调解组织的方式接受委派开展调解工作，发挥其诉前引导作用。[①] 以上均为引入公证机构对生效裁判文书履行督促提供了法律支持。裁判文书发生法律效力后，人民法院可委托公证机构以特邀调解组织的名义进行判后执前调解，督促被告自动履行，提高自动履行率。既有利于提高裁判文书自动履行率，减少案件进入强制执行程序，又有利于公证机构对债务人是否履行债务意愿，有无逃避执行和规避行为进行证据保存。

2. 建立督促信息管理平台。公证督促履行团队与法院建立信息化共享平台，形成法院作出裁判结果—公证处督促履行—案件重点分类—公证处推送建议执行案件信息的联合调处模式。督促平台实现从审判信息管理平台获取裁判文书、送达材料、履约评估记录并用信息化技术予以固定和全程公证。督促平台信息及督促记录全程电子卷宗化，督促作业通过电话、短信推送进行，提高督促履行效率。公证督促履行团队可采取“4+1”工作法，对判决给付类案件、调解案件、公告案件、必须执行案件进行重点督促；对无给付内容案件予以剔除。

3. 构建便捷化预立案程序。建立执行案件预立案制度，在最高人民法院执

---

① 参见《最高人民法院 司法部关于开展公证参与人民法院司法辅助事务试点工作的通知》，载《中国公证》2017 年第 8 期。

行流程系统中开发执行预立案通道，对接公证督促履行信息平台。接受公证督促履行团队推送的第三类、第四类重点区分案件。对第三类重点区分的公告案件，在债权人申请执行后，进行预立案查控。对第四类需经法院强制执行处置财产的案件，如债权人申请执行，识别为有财优质案件，直接立案执行。

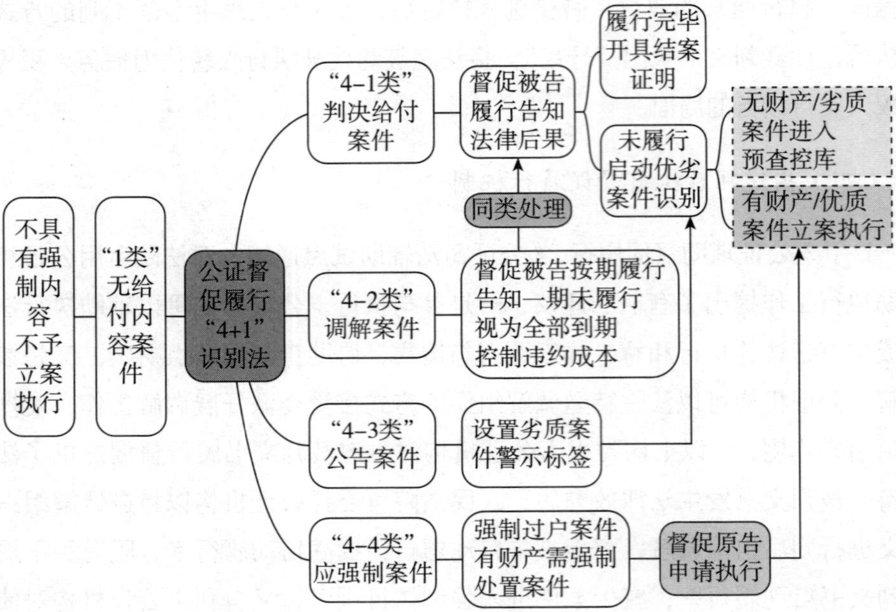

图6 公证督促履行4+1类案

（五）运用预立案分类优劣质案件

1.前置预立案后查询措施。为减少无财案件在执行系统循环，通过预立案查控方式更为便捷。建立执行预立案通道，由债权人通过信息平台或手机终端进行登记预立案。预立案后，由执行实施团队预查控组调查财产。预查控期间30日，期间内发现财产，由法院依职权采取判后保全措施并立即通知债权人正式由法院立案执行，保全措施直接转为执行查封措施。若预审查期间内未发现财产的，推送至预立案定期查询数据库，由系统每6个月进行查询，有财产的直接立案执行。债权人申请预立案后，生效法律文书申请执行的期限自预立案之日为已申请强制执行。

2.识别不良案件引导化解。经10次预立案自动查询后仍查无财产可供执行，且债权人无法提供财产线索，查无债务人下落的，执行法院可将此类案件标记为不良案件，向债权人出具全面查询结果记录。扩大执行财产查控覆盖范围，将执行查控系统接入社区大数据分析系统、网格化系统地毯式排查被执行人关联轨迹、财产及其他信息。[①] 如发现已进入执行程序的企业债务人资不抵债，无法清偿尚未执结的案件的，启动“执转破”程序。在移送破产审查成功后，终结该类案件的执行，并向预查控组推送“执转破”企业名单，由其标记为不良案件，并不予预查控，告知债权人该企业已启动破产审查程序，通知债权人申报债权，无须申请执行。

3. 预查冻扣促成执行和解。预查询同时向债务人推送风险告知信息，责令债务人申报财产并履行债务。对债务人主动履行，且有和解意愿的，将案件信息推回公证督促履行平台。由公证督促履行团队组织执行和解，减少有履行可能的当事人进入执行。结案后法院应出具结案通知书，上传裁判文书网，由当事人自行下载，金融机构自动匹配信息去除涉诉债务人标签。对守信履约债务人减半或不予收取执行费，减少守信人员诉讼成本。

结　语

随着市场经济的不断发展，若强制执行成为实现债权的唯一路径，则意味着司法已经从末端屏障前进至首道防线，不仅法院收案数量必然持续高位运转，当事人对法院承担终局结果的期望亦必然持续白热化，并成为法院难以承受之重。因此，基于社会学范畴的执源治理观念去解决执行问题，将履行风险在立、审、保、执各阶段向当事人明确释明，是“切实解决执行难”阶段的应有之选。不得不承认，法院在错综复杂的经济、政策、社会等各种场域影响下，对于执行案件的处置并不是自身能力提升所能够应对的。本文提出构建始于诉讼之前直至案件执行终了的全流程治理路径，旨在将背负在法院身上超过 40% 的无财产案件案件通过该机制识别消化。在纠正市场经济主体风险负担逻辑的基础上，将债权人从执行终局获取财产的模式转变为在纠纷化解过程中递进式

---

① 参见闵仕君：《运用大数据破解执行难——以无锡法院被执行人履行能力大数据分析系统为视角》，载《人民司法》2019 年第 25 期。

明晰可回收债权的模式。值得欣慰的是，全国法院正持续推进执行难综合治理、源头治理。2023年上半年，全国法院执行到位金额达1.2万亿元，首次在上半年突破万亿大关，同比增长23.03%。不断强化立审执融合，保全案件同比增长39.08%。①

制度的形成须经过无数次对细节的推敲与磨合，本文提出的全流程治理路径很大程度上取决于执行信息化的发展和电子卷宗的深度运用，更取决于大数据在强制执行程序中的常态化运用。过去与未来，法院执行之路一直都在迭代，从过去登门临柜的财产调查方式直至如今执行信息化的飞跃发展，解决“执行难”的理念和方式一直在进步，这样的道路即使漫长，亦值得付出和期待。

是故，若问何以期待来年？坚持，便是答案。

附件：

人民法院关于加强执源治理切实解决执行难的实施方案（草稿）

为深入贯彻落实中央全面依法治国委员会《关于加强综合治理从源头切实解决执行难问题的意见》（中法委发〔2019〕1号）文件精神，从源头减少执行案件，集约执行资源实现案件“减量增效”，有效保障当事人及时实现胜诉权益，着力构建破解执行难长效机制，现根据《中华人民共和国民事诉讼法》《最高人民法院关于人民法院立案、审判与执行工作协调运行的意见》《最高人民法院关于人民法院办理财产保全案件若干问题的规定》《中华人民共和国公证法》《最高人民法院司法部关于开展公证参与人民法院司法辅助事务试点工作的通知》等制定如下实施方案。

① 参见《最高院将按季度常态化发布司法审判工作数据》，载《人民法院报》2023年8月8日第1版。

一、公证辅助阶段

1.【公证辅助】成立公证辅助执源治理中心，公证机构进驻法院诉调对接中心，辅助法院诉讼、执行案件分流化解。

2.【公证前置】当事人向法院提起民事诉讼前，应当向驻点公证辅助机构提交民事起诉状、相应证据材料、对方当事人身份信息，委托公证机构在诉前调查被申请人财产状况、婚姻状况、身份信息、亲属关系、涉诉状况、涉案标的物现状。

3.【公证调查】公证机构接受当事人委托调查相关情况，并出具《财产调查报告书》。对调查的财产情况、标的物现状作证据公证。对有财产的案件，提示当事人向法院申请诉前保全，财产调查报告作为保全线索提供。

4.【法律意见】公证机构应向当事人出具《法律意见书》。对对方当事人财产状况、涉诉状况综合评估后，建议当事人起诉或公证调解。对无财产的案件，提示当事人可直接选择申请破产或是经过执行程序后再申请破产。

5.【虚假诉讼提示】公证机构接受委托后依法审查起诉材料，并向当事人作出恶意诉讼、虚假调解、违法失范行为预警。

6.【诉前保全】法院为公证机构开放查控系统保全财产查询账户和端口，当事人取得公证机构财产调查报告后，可直接向法院申请诉前财产保全，法院可交由公证机构采取诉前保全冻结措施。

二、立案阶段

7.【诉讼风险告知】当事人经过公证机构端口后向人民法院起诉的，立案部门在收取起诉材料时，应当发放诉讼风险提示书、督促申请保全告知书，告知当事人诉讼风险，就申请财产保全作必要的说明，告知当事人申请财产保全的具体流程、担保方式及风险承担等信息，引导当事人及时向人民法院申请保全。

8.【执行风险告知】立案部门在收取申请执行材料时，应发放执行风险提示书，告知申请执行人向人民法院提供财产线索的义务，以及无财产可供执行导致执行不能的风险。

9.【共享信息采集】公证机构、立案部门在立案时与执行机构共享信息，做好以下信息的采集工作：

（1）立案时间；

（2）当事人姓名、性别、民族、出生日期、身份证件号码；

（3）当事人名称、法定代表人或者主要负责人、统一社会信用代码或者组织机构代码；

（4）送达地址；

（5）保全信息；

（6）当事人电话及其他联系方式；

（7）其他应当采集的信息。

立案部门在立案时应充分采集原告或者申请执行人的前款信息，提示原告或者申请执行人尽可能提供被告或者被执行人的前款信息，如未充分提供将承担执行不能的风险。

三、保全阶段

10.【保全保险覆盖】立案部门、保全部门及保全保险辅助部门应当合并办公，立案部门确保保全部门、保险辅助部门在诉讼服务中心席位，向当事人开放。

11.【保险辅助职责】保险辅助部门应当录入原告购买保全保险信息，自原告购买保险之日起的1年、2年、3年到期日前一个月向其推送查封到期风险预警。

12.【保全信息推送】保全部门可通过全国三级执行查控系统对被保全人微信/支付宝账户信息、银行存款余额、预留电话及地址、房产坐落进行查询，并将信息推送立案登记信息中心，作为立案电子卷宗附卷保留，用于诉讼、执行阶段的送达。该信息在立案、保全、诉讼阶段均应当对保全申请人、原告保密。信息应直接流转至执行端口。

四、诉讼阶段

13.【诉中风险告知】案件审理阶段对被告送达应诉材料的同时，一并向其送达规避执行责任风险提示，告知其如在诉讼阶段恶意转移执行财产，将在败诉后执行程序中被采取罚款、拘留等强制措施，情节严重的将承担拒不执行判决、裁定罪的刑事责任。

14.【诉中财产调查】送达过程中对被告履行态度，是否逃避法院送达、否认案件事实等情形，在送达回证中记录。庭审中，对被告财产情况、履行能力进行询问，引导被告如实申报财产。

15.【履约能力评估】对调解案件运用调解案件要素式调查笔录模板，就诉讼调解案件中被告的调解主观意愿、调解履行能力评估、还债资金来源等进行记录，并对调解后转移财产的行为进行风险预警。

16.【自动履行提醒】随同生效裁判文书一并送达《不履行后果告知书》，载明诉讼中、执行后征信受损的后果，督促被告自动履行。

17.【强制执行预警】在生效法律文书后增设“强制执行预警”，告知被告若未在判决文书确定的期间内自动履行债务承担的不良影响，包括利息、违约金、迟延履行利息逐日计增、执行费用负担、征信受损、涉嫌拒执罪。生效裁判文书生效等同执行通知书生效，生效裁判文书送达被告等同执行通知送达被告。

18.【裁判信息推送】案件审理终结后，将裁判文书、送达信息、当事人信息推送执前判后督促管理平台。

五、公证执前督促阶段

19.【成立公证督促团队】委托公证机构作为判后执前督促履行辅助团队。督促团队负责开发判后执前督促管理平台，该平台前端督促履行模块对接诉讼阶段审判管理系统（新法标系统），后端执行预约模块对接执行案件流程管理系统（通达海系统）。

20.【督促平台信息化】督促平台从审判信息管理平台获取裁判文书、送达材料、履约评估记录并用区块链技术予以固定和全程公证。督促平台信息及督促记录全程电子卷宗化，督促作业通过电话、短信推送进行，提高督促履行效率。

21.【4+1 类案督促区分】督促履行团队应当对五类案件进行重点督促、区分、剔除：

（1）重点督促判决给付类案件（包括金钱给付和行为给付）。提醒被告在裁判确认的履行期间及时履行，告知未履行风险及法律后果；

（2）重点督促调解案件按期履行。对调解一期未履行则视为债务全部到期案件提醒被告按期足额履行，控制违约成本；

（3）重点区分公告案件。对公告案件设置不良警示标签，提醒法院在后期的执行预立案阶段重点识别；

（4）重点区分须经法院强制执行的过户类案件、有财产需法院处置变现案件、保全需法院扣划案件。上述四类案件直接移送后端进行执行预立案，并督促原告及时申请强制执行；

（5）专门剔除无给付内容案件。即无给付内容而仅有确认内容的裁判。

六、执行预立案阶段

22.【执行案件预立案】对督促团队推送的本方案第15条第4类案件进行预立案，通知原告申请强制执行。如原告拒绝申请强制执行，预立案件以延后申请方式结案。

胜诉债权人通过执行案件预立案平台向法院申请预立执行案件，以执预立案号进行登记。预立案的案件视为申请人已向人民法院申请强制执行。

23.【财产预查控】预立案查控组对预立案案件以如下方式进行查询、控制：

（1）由预查控组通过执行查控系统对被执行人财产进行调查。预查控期间为30日，期间内发现财产，依职权采取判后保全措施并正式由执行局立案执行。

（2）预查控期间内未发现财产，将案件推送至预立案定期查询数据库，由系统每6个月进行查询，有财产的直接立案执行。

24.【不良案件识别】预立案查控组按如下标准识别不良案件：

（1）经10次预立案自动查询后仍查无财产可供执行，且债权人无法提供财产线索，查无债务人下落的，标记为不良案件，向申请人出具全面查询结果记录。除非申请人与被执行人达成和解，或提供财产线索，不再对该类案件进行查询。

（2）执行法官应向预查控组推送“执转破”企业名单，预查控组在收到涉“执转破”企业预立案审查时，直接标记为不良案件，并不予预查控，告知债权人该企业已启动破产审查程序，责成债权人申报债权，无须申请执行。

25.【促成执行和解】预立案审查组查询时同时向债务人推送风险告知信息，责令债务人申报财产，并履行债务。对债务人主动履行，且有和解意愿的，将案件信息推送回公证督促履行平台。由公证督促履行团队组织双方当事人进行执行和解。

七、强制执行阶段

26.【减免执行费用】对强制执行后自动履行、和解履行完毕的被执行人减半收取执行费。

27.【和解部分豁免迟延责任】执行过程中向双方当事人发送迟延履行责任告知书，载明若全程强制执行，则向被执行人足额收取迟延履行期间的债务利息（金钱给付）或迟延履行金（行为给付）。和解履行或在执行立案之日起30日内自动履行的，迟延履行期间的债务利息全部减免。执行立案之日起60日内自动履行的，迟延履行期间的债务利息减半收取。

28.【结案信息公开】案件执行完毕后，执行法官应当制作执行结案通知书，并上传至中国裁判文书公开网。

八、其他

29.【实施时间】本方案于×年×月×日发布，并于发布次日起实施。

新时代枫桥经验

绍兴“枫桥式人民法庭/共享法庭”公共法律服务体系创建*

高 娟**

内容提要：绍兴“枫桥式人民法庭/共享法庭”公共法律服务体系创建是推动“枫桥经验”实现创新性发展的具体实践，其不仅具有政治性，而且具有人民性，还具有民主性。绍兴法院传承传统文化，赓续红色血脉，同步推进执法办案与政治建设、社会建设，在党委统领下协同多元治理主体共建共治，建立健全基层社会矛盾纠纷预防性工作机制，通过创建“共享法庭”延伸司法触角，推动构建全方位、多层次、综合性的基层社会矛盾纠纷化解体系。实践中，创建“枫桥式人民法庭/共享法庭”还存在一些短板，需要加强与地方党委政府的沟通协作，结合自身特色推进人民法庭改革，促进红色司法基因和传统法治文化的现代化，建立符合人民法庭工作规律和特点的考核机制，从而推动了基层社会治理的法治化和现代化。

关键词：枫桥经验；人民法庭；共享法庭；公共法律服务

* 基金项目：2021年度国家社会科学基金重大项目“民事司法程序现代化问题研究”（项目批准号：21&ZD205）。

** 作者单位：河北省涿州市人民法院，司法部与华东政法大学部校共建“公共法律服务协同创新与数字治理研究基地”。

“枫桥经验”[①] 是对中国古代传统优秀文化的继承与发展，纵观其多年的发展历程，看到了其蕴含的强大力量，本身所具有的开放性使其在传承中不断创新发展。在 1963 年，毛泽东主席对“枫桥经验”给予高度肯定，批示“要各地效仿，经过试点，推广去做”。为了继承和发扬党的群众路线的优良传统，2013 年，习近平总书记就坚持和发展“枫桥经验”作出重要指示，强调要把“枫桥经验”坚持好、发展好，把党的群众路线坚持好、贯彻好。在 60 年的发展历程中，全国各地结合时代的新要求，立足本地实践创特色，推动“枫桥经验”实现创新性发展，绍兴“枫桥式人民法庭 / 共享法庭”公共法律服务体系创建就是推动“枫桥经验”实现创新性发展的具体实践。

一、绍兴“枫桥式人民法庭 / 共享法庭”公共法律服务体系创建的核心意蕴

绍兴“枫桥式人民法庭 / 共享法庭”公共法律服务体系创建的出发点和落脚点皆是为了人民和服务人民，这也是我国在多年的革命和建设实践探索中形成了“人民司法”思想的体现，以人民为中心是“枫桥经验”的核心和精髓。“枫桥经验”的核心要义是：为了群众、相信群众、发动群众和依靠群众，实现“小事不出村，大事不出镇，矛盾不上交，就地化解”的社会治理目标，绍兴“枫桥式人民法庭 / 共享法庭”公共法律服务体系创建正是对这一核心要义的具体化。从这个意义上讲，绍兴“枫桥式人民法庭 / 共享法庭”公共法律服务体系创建的核心意蕴不仅具有政治性，而且具有人民性，还具有民主性。

（一）政治性

绍兴“枫桥式人民法庭 / 共享法庭”公共法律服务体系创建的政治性就是坚持党的领导，坚持党委对纠纷化解工作思想上、组织上、方针政策上的领导，因为这是基层社会治理工作沿着正确方向前进的保证，是发挥保护人民、维护国家安全、服务经济社会改革发展的前提。诞生于 20 世纪 60 年代的“枫桥经

---

① 浙江省诸暨县枫桥区对“四类分子”坚持少捕人、矛盾不上交，依靠群众就地改造的做法，被称为“枫桥经验”。

验”，是党领导人民创造的一整套行之有效的社会治理方案，党组织、党员通过发动群众，引导社会组织参与基层治理，拓展纠纷化解渠道，丰富了纠纷化解形式。如诸暨市提出了“党政领导，综治协调，公众参与，社会协同，法治保障”模式，凸显了党的领导的重要性。绍兴“枫桥式人民法庭 / 共享法庭”公共法律服务体系创建的实践证实，只有在党的领导下开展社会纠纷的预防和化解工作，才能把握正确的政治方向，分清敌我矛盾和人民内部矛盾的界限，对于人民内部矛盾运用协商民主的方式正确处理，这也是坚持中国特色社会主义法治道路的具体体现。

（二）人民性

毛泽东主席指出：“为什么人的问题，是一个根本问题，原则问题。”[①] 绍兴“枫桥式人民法庭 / 共享法庭”公共法律服务体系创建的中心任务就是从人民的需要和根本利益出发，解决为群众以及如何为群众的问题。就像董必武同志强调的：“人民司法工作者必须站稳人民的立场，全心全意地运用人民司法这个武器；尽可能地采取最便利于人民的方法解决人民所要求解决的问题。”[②] 走群众路线无论是对于司法工作，还是对于群众自身都具有重要的作用，“枫桥经验”注重调解工作，调解解决人民内部矛盾，这对群众生活生产具有积极的价值。实践中，绍兴“枫桥式人民法庭 / 共享法庭”公共法律服务体系创建的核心理念就是依靠和发动群众，就地解决纠纷，坚持矛盾不上交。绍兴“枫桥式人民法庭 / 共享法庭”公共法律服务体系创建坚持群众观点，与群众联系，为人民服务，保障社会秩序，维护人民的正当权益，不断创新便民纠纷解决机制，体现的是从群众的立场去思考，用群众的方法化解纠纷。进行司法调解和指导人民调解是人民法庭的一项重要工作。在实践中发现调解工作对群众生活生产具有积极的价值，董必武同志指出：“我们调解人民内部矛盾，也是为了促进生产。如离婚案件，两口子在一起吵吵闹闹，愁眉不展，影响生产，我们把他们

---

① 《在延安文艺座谈会上的讲话》，载《毛泽东选集》（第三卷），人民出版社 1991 年版，第 857 页。

② 《董必武法学文集》，法律出版社 2001 年版，第 153~154 页。

的关系调整好，他们心情愉快，搞生产就有劲头了。”[①] 这也是对毛泽东主席关于“全心全意为人民服务，一刻也不脱离群众；一切从人民利益出发，而不是从个人或小集团的利益出发”[②] 思想在司法领域的具体贯彻。任建新同志认为人民调解工作可以吸收人民群众参加司法活动，是实现司法群众化、民主化的有效步骤之一，是依靠群众办案的有效办法，调解能使办案迅速而正确，在短期内大量处理案件，加强人民内部团结。[③] 任建新同志认为：“群众依法自己解决自己的纠纷，把大量的矛盾化解在基层，消灭在萌芽状态。大大地减少了刑事犯罪，增强人民内部的团结，对于社会治安综合治理起到第一道防线的作用，为改革开放和经济建设提供了有效保障。”[④] 任建新同志非常注重走群众路线，他说：“我们一定要发扬专门机关工作与群众路线相结合的优良传统，并不断创造依靠和发动群众的新经验，丰富和发展社会治安综合治理工作的新内容，使之在维护城乡社会治安中发挥更大的作用。”[⑤] 新时期，人民法庭建设也在不断回应实践新要求，以人民为主体，满足人民群众新期待。

（三）民主性

绍兴“枫桥式人民法庭 / 共享法庭”公共法律服务体系创建的实践中，非常注重密切联系群众，坚持民主作风和合作原则。建立了群众参与司法机制，扩大人民参与司法的范围，走司法的民主化、社会化、大众化之路，建立共建共治工作机制。实践表明，在社会矛盾纠纷综合治理的背景下，协商协同合作是我们的必然选择。正如汪世荣教授所言：“多元主体、多元参与、多元文化、多元价值、多元规则、多元评价是‘枫桥经验’的显著特点，发挥各类社会主体、所有社会成员的积极性、主动性、创造性，形成合作共治的科学治理体系，

---

① 参见董必武：《当前司法工作的几个问题（一九五八年四月）》，载《党的文献》1996 年第 2 期。

② 参见《毛泽东选集》（第三卷），人民出版社 1991 年版，第 1094 页。

③ 参见《加强调解工作 实现司法群众化》，载《政法工作五十年——任建新文选》，人民法院出版社 2005 年版，第 12~17 页。

④ 《一项平凡而又十分光荣的事业》，任建新在第三次全国人民调解暨表彰会议上的讲话。

⑤ 《整治农村治安要处理好四个关系》（1994 年 6 月 11 日），载《政法工作五十年——任建新文选》，人民法院出版社 2005 年版，第 443 页。

切实提高治理能力，是基层社会治理现代化的必然要求。”[①] 这也是马克思主义关于人的解放（个性自由）原则在司法领域的具体体现。一是保障人民权利。董必武指出：“人民司法基本观点之一是群众观点，与群众联系，为人民服务，保障社会秩序，维护人民的正当权益。”1956年，董必武在党的第八次全国代表大会上提出了“有法可依，有法必依”的观点，指出：“党中央号召公安、检察、法院和一切国家机关，都必须依法办事，依法办事有两方面的意义，其一，有法可依……其二有法必依。”[②] 枫桥式人民法庭在审判过程中无论是依法办事，有法可依、有法必依，还是强调重视司法程序，都是为了保障人民群众诉讼实体权利和程序权利，最终是为了人，就像马克思所说，是为了人的自由与全面发展。二是群众参与司法。扩大人民参与司法的范围，走司法的民主化、社会化、大众化之路，在司法领域的一个重要体现就是实施人民陪审员制度。从群众中选任人民陪审员，不仅扩大了民主，而且能够让群众监督法的实施。董必武认为人民群众是我们力量的源泉，强调：“政法工作如果不发动群众来参加并取得他们的支持，单单依靠我们政府机关的干部，工作是做不好的。你们在工作中所取得的每一项成就，都是与人民群众支持分不开的。”[③] 董必武指出：“在陪审制度下，陪审员直接从群众中产生，与审判员享有同等的权利，人民陪审员把人民群众的生活经验、法律意识和道德观念带到法院里来运用，可以加强对审判工作的监督，减少错判。”[④] 群众直接参与司法，使司法权渗入民主权利，包含社会化因素，对于解决人民内部之间的矛盾具有积极的意义。三是共建共治。人民的内部矛盾，需要依靠人民的力量去解决，法院不能解决所有的纠纷，需要与社会各界携手共进，简单的纠纷可以由人民调解组织等机构解决，正如董必武指出的：“人民内部矛盾是大量存在着的，但不是所有的人民内部矛盾都要到法院来解决，是某些矛盾到了不可开交的时候才到法院解决。法院管的只是这一类。”[⑤] 董必武很注重多部门联合解决矛盾，他说：“一个地方不发生

---

① 汪世荣：《提升基层社会治理能力的“枫桥经验”实证研究》，载《法律适用》2018年第17期。

② 参见董必武在八大关于《进一步加强人民民主法制，保障社会主义建设事业》的讲话。

③ 《董必武法学文集》，法律出版社2001年版，第428页。

④ 《董必武法学文集》，法律出版社2001年版，第238页。

⑤ 董必武：《当前司法工作的几个问题（一九五八年四月）》，载《党的文献》1996年第2期。

问题，不是只靠法院，法院可以起一部分作用，如通过审判活动教育群众，法制宣传，陪审员在群众中起作用等，但单靠公安或者三机关同样是做不到的。”[①] 所以，孤举者难起，众行者易趋，实践表明，在社会矛盾纠纷综合治理的背景下，要想实现“一站式”解决纠纷，协同合作是我们的必然选择。

二、绍兴“枫桥式人民法庭/共享法庭”公共法律服务体系创建的具体实践

绍兴“枫桥式人民法庭/共享法庭”公共法律服务体系创建的实践具有多样性，无论是立案环节，还是审判环节，抑或执行、司法救助等环节，司法的各个领域皆有体现。绍兴作为“枫桥经验”的诞生地，在依靠群众、发动群众解决矛盾纠纷方面具有良好的传统，如今，绍兴在继承传统的基础上再创新、再发展。在矛盾纠纷诉源治理的背景下，需要重点抓的改革项目之一就是人民法庭改革，绍兴法院在多次深入基层调研基础上，发现法庭建设面临一些困境，法庭建设需要走出一条新路，需要回答为什么改、为谁改、怎么改的问题，这是现实之问，是时代之问，也是历史之问。

（一）为什么要进行“枫桥式人民法庭/共享法庭”公共法律服务体系创建

绍兴人民法庭改革旨在创新完善人民法庭职能，通过法庭的多元设置，依靠人民群众以调解等非诉方式化解矛盾，促进解纷主体多元化和解纷机制多样化，实现法庭工作的制度化、规范化，实现司法的民主化、社会化、大众化。总体来说，核心点就是不成讼，规矩要定好，责任要到位，法庭要向规范化发展。

1. 历史之思。古代司法实践中，受先秦诸子百家的无讼法律思想的熏陶，纠纷一般在基层解决，不出乡、不出里，倡导多元调解，有民间调解、官府调解和官府指令民间调解。在革命战争时期，董必武强调结合具体实际，继承中国传统文化，建立人民调解制度，县级法院建立巡回法庭，便利群众解决纠纷。从“枫桥经验”的历史来看，人民调解工作有深厚的渊源，经过长期探索，形

---

① 董必武:《当前司法工作的几个问题（一九五八年四月）》，载《党的文献》1996 年第 2 期。

成了一套相对完整的运行模式和理论体系。绍兴“枫桥式人民法庭/共享法庭”公共法律服务体系创建总目标是不成讼，纠纷就地化解，那么解决纠纷的主要方式就是调解，它是对中国传统法律文化、“人民司法”思想和“枫桥经验”的继承和发展，在支持人民调解组织、便利办案便利群众、维护基层社会稳定、完善基层社会治理等方面发挥着重要作用。

2. 法理之思。“枫桥式人民法庭/共享法庭”公共法律服务体系创建涉及司法资源配置、公民司法权利保护等重大问题，具有宪法上的意义。“枫桥式人民法庭/共享法庭”公共法律服务体系创建确立了合宪性观念，以宪法为指引，不超越宪法的空间与界限，不违反宪法精神、原则和规范。创建的目的在于合情合理合法地解决纠纷、保障人权，通过发挥人民陪审员的作用，保障群众参与权，在坚持司法公正优先、兼顾司法效率的宪法原则下，完善人民法庭司法运作模式，实现公平、正义、民主，这是宪法精神在法庭建设中的集中体现。社会主义的政体决定了司法的人民性，即司法应当为了人民、依靠人民、服务人民。毛泽东主席指出：“全心全意为人民服务，一刻也不脱离群众；一切从人民利益出发，而不是从个人或小集团的利益出发。”[①]“枫桥式人民法庭/共享法庭”公共法律服务体系创建坚持“从群众中来，到群众中去”，以司法的“人民性”为指导思想，依靠人民群众的力量解决矛盾纠纷，整合调解的资源与优势，向社会化发展，充分发扬民主，建立社会矛盾纠纷协商解决机制。

（二）如何进行绍兴“枫桥式人民法庭/共享法庭”公共法律服务体系创建

在全面依法治国和司法体制改革的大背景下，人民法庭的机构设置和职能定位需要重新审视。绍兴法院结合实际以及多年的工作经验，形成了人民法庭改革的思想和具体路径。几年前，开启了具有可复制性的实践探索，经过努力，绍兴的每一个乡镇都设置了共享法庭，法院的组织工作不仅覆盖到了乡镇这一级，还延伸到了村，将司法服务工作传递到了神经末梢，送到了群众家门口。绍兴法院按照最高人民法院和国家乡村振兴局关于“枫桥式人民法庭”创建活动的要求，积极推行人民法庭改革和共享法庭建设，以创新人民法庭（共享法庭）工作机制为切入点，传承传统文化，赓续红色血脉，在强化执法办案的同

① 参见《毛泽东选集》（第三卷），人民出版社1991年版，第1094页。

时深度参与基层社会治理，发动群众运用非诉的方式就地化解基层社会矛盾，推动构建全方位、多层次、综合性的基层社会矛盾纠纷化解体系，满足人民群众多元解纷需求，为维护基层稳定提供有力保障。

1. 执法办案与政治建设、社会建设同步推进。

一是创建执法办案新模式。如嵊州法院创立“立审执破”一体化工作机制，组建“员额法官 + 法官助理 + 执行员 + 驻庭调解员 + 书记员”新型工作团队；创设诉前分流、立案分类处置、审执联动、破产衔接的工作模式；提供案件全周期在人民法庭办、诉讼服务跨域办、线上全周期纠纷解决方案无感通办的“一站式”司法服务。2022 年 1~8 月，自动履行率、服判息诉率等指标位于全市第 1 位，诉前化解率同比上升 30.64 个百分点。诸暨枫桥法庭规范审判权力运行掌握潜在风险点，推广运用示范调判机制化解涉众型纠纷，引导当事人参照法庭调解或判决结果协商解决其余纠纷。

二是创建党建引领新模式。如嵊州法院坚持一切工作到支部，统一支部书记思想、干警思想和基层干部群众思想；解决法庭工作问题、干警遇到的问题、基层干部群众提出的问题；提升系统思维能力、协同能力和攻坚能力，解决支部的实质化运行和实战能力问题。支部通过项目化管理把枫桥式法庭和枫桥式共享法庭建设工作清单化、项目化，落实到细微。建立党建 + 一体化工作机制，实现一切工作在支部中谋划；以党建促共建，与辖区街道和村社的党组织共建，常态沟通，联动开展普法宣传、调解培训等活动，党建资源联动共享，共同推动辖区“共享法庭”建设。加强党建品牌建设，如枫桥法庭的“法治先枫”、黄泽法庭的“向日葵”党支部、沃州法庭的“沃 · 法蕴红”、袍江法庭的“领跑者”、钱清法庭的“清风”、东关法庭的“求是先锋”等，通过党建引领法庭工作机制创新。

2. 在党委统领下协同多元治理主体共建共治。

习近平总书记指出：“要善于把党的领导和我国社会主义制度优势转化为社会治理效能，打造共建共治共享的社会治理格局，构建富有活力和效率的新型基层社会治理体系。”[①] 如何充分发挥人民法庭在诉源治理中的职能作用，事

① 《习近平出席中央政法工作会议并发表重要讲话》，载《人民法院报》2019 年 1 月 17 日第 1 版。

关乡村振兴，事关国家治理体系和治理能力现代化。在党的领导下参与诉源治理，这是人民法庭在一站式多元解纷机制中的基本定位。《中华人民共和国国民经济和社会发展第十四个五年规划和2035年远景目标纲要》指出，要构建基层社会治理新格局，健全党组织领导的自治、法治、德治相结合的城乡基层社会治理体系，完善基层民主协商制度，建设人人有责、人人尽责、人人享有的社会治理共同体。健全党组织领导、村（居）委会主导、人民群众为主体的基层社会治理框架。2021年4月28日，中共中央、国务院印发的《关于加强基层治理体系和治理能力现代化建设的意见》指出，力争用5年左右时间，建立起党组织统一领导、政府依法履责、各类组织积极协同、群众广泛参与，自治、法治、德治相结合的基层治理体系。在此基础上力争再用10年时间，基本实现基层治理体系和治理能力现代化，中国特色基层治理制度优势充分展现。完善党全面领导基层治理制度。中共中央、国务院印发的《法治社会建设实施纲要（2020—2025年）》指出："健全地方党委在本地区发挥总揽全局、协调各方领导作用的机制，完善政府社会治理考核问责机制。引领和推动社会力量参与社会治理，建设人人有责、人人尽责、人人享有的社会治理共同体，确保社会治理过程人民参与、成效人民评判、成果人民共享。"从文件规定中看出，在城乡基层社会治理体系和基层社会治理框架中，要坚持党组织的领导地位。党组织全面领导统筹协调、整体谋划基层治理工作，及时帮助基层解决困难和问题，改进基层考核评价，加强基层治理队伍建设。人民法庭参与基层社会治理也要在党组织的领导下开展工作，绍兴"枫桥式人民法庭 / 共享法庭"公共法律服务体系创建是社会治理系统总体结构中的一个子系统。诉源治理是基层社会治理的重要组成部分，充分发挥人民法庭在纠纷解决机制中的职能作用是新时代诉源治理的客观需要，也是人民法庭的职责所在。绍兴"枫桥式人民法庭 / 共享法庭"公共法律服务体系创建就是通过集约化的解决中心，群众的纠纷解决只要进这个中心就可以解决，通过多元解纷，加强联动融合，重塑诉讼格局，提升程序效能，目标是要实现基层法院建立由多数法官办理少数疑难复杂案件，少数法官解决多数简单案件的工作格局；机制上要分层递进、繁简结合、衔接配套，主动融入党委和政府领导的诉源治理机制建设。同时还要实现机制创新，形成符合中国国情、体现司法规律、引领时代潮流的中国特色纠纷解决模式，这也是司法体制综合配套改革的一部分。

一是建立矛盾纠纷解决组织体系。以人民法庭为中心向外辐射，将派出所、镇综治办、司法所、法律服务所、村“两委”、网格员、乡贤、特色产业行业协会、调解员主体等纳入多元解纷队伍，建立解纷组织体系。形成党委领导、部门协同、多方努力参与的工作格局，实现纵向县、镇、村联动，横向多部门、多组织联动。如嵊州市金庭镇法庭在党委统领下依托镇级矛调中心，吸纳派出所、法庭、司法所、村“两委”等成为“调共体”成员，统筹浙江解纷码、“四平台”、网格制度等各类矛盾纠纷排查、信息汇总平台，实现双向“派单”，群众只进一扇门、纠纷一揽子解决。2022 年上半年金庭镇矛调中心收案 269 件，通过法庭派单化解成功率为 90%。

二是多元主体联动建立分层递进的纠纷解决机制。能诉前解决的诉前分流，由职能部门或者社会组织化解纠纷，不能诉前解决的进入审判程序，在审判阶段进行繁简分流。如金庭镇法庭建立“村社先行—镇街协调—法庭断后”解纷机制，发挥镇级矛调中心枢纽作用，构建网格摸排、分流分级解纷模式，形成以“共享法庭”为支点、党委总抓、法院主推、部门联动的基层治理大格局。沃州法庭借助乡镇、农村乡贤力量诉前分流化解矛盾纠纷，2022 年已诉前分流 250 余件，近三分之一的案件实现诉前分流。

3. 建立健全基层社会矛盾纠纷预防性工作机制。

一是在党工委统筹下一体化推进重大风险源头治理。解决大事不成讼。嵊州经开法庭助力街道党工委建立“一庭两所”重大矛盾纠纷和突发事件联合化解机制，工作中发现的可能影响基层社会稳定、可能引发群体性事件或重大舆情的重大矛盾纠纷和突发事件，及时汇报、相互预警、主动对接、联动化解。

二是一体化服务党委政府重大项目。在城改项目、房产项目等矛盾多发领域组建工作专班，基层调解组织、特设“共享法庭”、相关职能部门等解纷资源形成调解共同体，靠前化解矛盾。

三是一体化提供涉企司法服务。在企业众多的辖区借助工会工作室、“劳动人事争议仲裁委服务站”、特设“共享法庭”等载体，优化协同保障、推行示范调处、开展普法指导，规范企业劳动用工管理，构建和谐稳定用工关系，从源头减少劳动争议纠纷。

4. 创建“枫桥式共享法庭”延伸司法触角。

一是明确共享法庭功能定位。如嵊州法院的共享法庭有四大功能：贯彻落实党的群众路线的载体；矛盾纠纷源头预防、多元解纷和一站式诉讼服务的平台；基层四治融合的法治支撑；解决法院自身堵点难点，展示法庭干警才华和智慧的舞台。

二是明确共享法庭工作机制。建立协同机制，实现法院内部多部门的协同和与外部多部门的协同，形成共建共用共享格局。建立共享法庭实效化运行机制，建立民情日记，人民法庭通过走访群众、与代表委员面对面交流等了解民情、听取民意、分析民需，提出法治化工作方案、建议。

三是共享法庭类型多样化、运行模式差别化。在类型上，有村级共享法庭、镇级共享法庭、类案治理共享法庭①、特设共享法庭②、项目化共享法庭③。在管理模式上村级共享法庭和镇级共享法庭结合实际各具特色。

其一，村级共享法庭运行模式（以嵊州雅璜村共享法庭为样本）。基本要素：（1）建立常态化代表委员面对面机制了解民情掌握民需；（2）通过简报、司法建议（解决治理中发现的问题）、白皮书、典型案例宣传、参与联席会议提出法治化治理和纠纷化解对策建议（小事不发生）；（3）双向派单：案件诉前分流派单至村社就地化解，村社派单至法官提供指导、点单式培训（纠纷就地解）；（4）为村级调解实效化赋能。聘请基层调解干部为特邀调解员赋予身份（培养乡村法治带头人），建设具有仪式感的实体化共享法庭，赋予调解协议强制执行力；（5）无诉讼村创建。考虑到村庄空心化突出，农村常住人口流失及法庭人员不足问题等现实情况，在矛盾问题突出、治理需求大、干部有治理热情的村庄重点建设无诉讼村。

其二，镇级共享法庭（以嵊州金庭镇共享法庭为样本）。（1）建立预防中心或联席会议。（2）村级模式加一庭三所重大纠纷协同机制，大事不成讼。（3）民非组织进共享法庭和共享法庭进调解组织，推进社会力量解纷，形成更广泛的解纷力量和更科学的解纷机制。（4）根据治理需求组建项目化共享法庭。

---

① 类案治理共享法庭解决行业系统治理和源头治理问题。已经建立劳动类案治理共享法庭、房地产及建筑业类案治理共享法庭，物业类案治理、保险类案治理共享法庭，法院诉源治理成效明显。

② 特设共享法庭解决重点对象、重点领域的系统治理。如优化营商环境方面的涉企一站式服务共享法庭（崇仁工业集聚区），嵊州小吃传统特色产业、桃形李等特色产业、不动产登记领域共享法庭，“新能源高端装备产业园”共享法庭，票据追索共享法庭。

③ 项目化共享法庭，主要服务党委政府中心工作和重点工作。如黄泽法庭协同金庭镇政府组建涉铁路建设项目化共享法庭，在共享法庭框架下建设跨部门调解共同体。

(5)内部跨部门协同，引入法院行政诉讼，引导基层依法治理和用法治方法、法治思维解决纠纷。(6)推动建立法律顾问为依法治理提供体检工作机制。

5. 传承发展传统文化和红色司法基因。

一是传承发展传统文化。如嵊州法院以清廉文化为底色，从满足人民群众朴素的包青天情结入手，开展清廉法庭建设，从理念、机制、行为构筑清廉文化，使清廉从对自身要求走向群众感受。把嵊州丰富的修身齐家传统文化与法庭工作融合，打造具有识别度的特色法庭。如黄泽法庭融合王羲之家训“讼戒”等文化，建立家事巡回审判制度；建立融合传统与现代的“羲之云法庭”，以文化人，开展诉源治理、普法宣传、便民服务等。

二是传承发展红色司法文化。如沃州法庭打造“红色法治”示范法庭，建立梁柏台工作室，弘扬梁伯台法治精神，用好红色资源，守好红色根脉。

（三）创建“枫桥式人民法庭（共享法庭）”面临的问题

“枫桥式人民法庭”创建活动促进了人民法庭职能作用的发挥，在服务保障乡村振兴和参与基层治理中取得了显著成效，但同时也看到，创建“枫桥式人民法庭”还存在一些短板。

1. 人民法庭的基层基础保障供给不足。

推进改革的综合配套机制却没有与人民法庭改革同步，在一定程度上重视基层基础还停留在口头层面，相对于出实施方案与抓落实，对人民法庭参与基层治理的要求和宣传更为超前和激进。

人民法庭在人、财、物方面的供给不足。人民法庭参与、融入基层治理保障机制供给不足。如有的法院人民法庭标配2个员额法官、1个司法雇员、1个法官助理。人均办理民初案件在260~330件之间，此外还包括人均100件的诉前调指导和司法确认工作，常年处于超负荷工作状态，与法院内部其他部门工作量对比，以及与司法所、检察室和派出所力量对比，力量配置存在严重不足。这样的力量配置无法担负为基层治理提供法治支撑的使命。从财物保障看，人民法庭没有与职责相匹配的财、物保障和支配权限，使人民法庭参与、融入基层治理工作心有余而力不足。

2. 人民法庭参与基层治理的制度机制供给不足。

一是沟通协调制度机制不足。调研发现，有的法院诉源治理工作举步维艰，基层党委政府没有系统化的制度和运行机制来承接人民法庭的参与、融入。“县委一乡一村”三级共同推进前端治理的意识的提高存在难度，有的地方党委没有迫切需求，导致协作机制不到位，只做组织架构，但是不实质运行。从法院的角度讲，法院在面上统筹是无法做到的，点上统筹有可能，但是成效不明显。党委领导下的多元解纷注重化解信访问题，而不是侧重预防预警，基层矛调中心存在空转和调解员没有解纷能力和解纷热情等问题。

二是宣传和引导机制存在不足。存在过度宣传和伪创新的情况，坚持和发展新时代“枫桥经验”创新不足带来的焦虑感，产生了大批没有生命力的伪创新和泡沫数据，例如有的对治理成果过度宣传，但是实际上并没有给基层政府和群众带来很好的体验感和获得感，反而带来内外负面情绪，影响人民法庭的公信力。

3. 人民法庭考评考核机制供给不足。

无论是内部考核体系还是外部考核体系，均没有将人民法庭内部的诉前调和外部参与诉源治理的工作纳入考评。长此以往，会导致最有热情和激情的群体慢慢丧失激情。人民法庭诉前调和参与诉源治理的工作量非常大，从需求看，应当建立人民法庭诉前调和参与诉源治理考核体系，而不是“适当建立”。矛盾纠纷源头预防、前端化解和多元解纷的诉源治理应当纳入人民法庭的考核指标。

（四）创建“枫桥式人民法庭（共享法庭）”的完善之路

党的二十大报告强调：“在社会基层坚持和发展新时代‘枫桥经验’，完善正确处理新形势下人民内部矛盾机制，加强和改进人民信访工作，畅通和规范群众诉求表达、利益协调、权益保障通道，完善网格化管理、精细化服务、信息化支撑的基层治理平台，健全城乡社区治理体系，及时把矛盾纠纷化解在基层、化解在萌芽状态。”这为创建“枫桥式人民法庭”指明了方向。

1. 加强与地方党委政府的沟通协作。

各级法院要积极主动向地方党委或基层治理部门汇报沟通，推动当地党委、人大、综治委出台有关多元纠纷解决机制建设的文件，建立健全制度机制，和党委政府联合发文，形成一套制度体系，形成党委全力支持、人大强力监督、政法委通力协作、社会积极参与的强大合力。在这个过程中，各级法院要善于结合实际拿出切实可行的具体方案、措施，以枫桥式人民法庭创建为中轴，提供司法审查经验、预判性的裁判规则、决策性的司法建议，以后党委重大事项先咨询法院，以“预防性司法 + 诉源治理”为突破口，得到党委的支持，通过能够感受到的、见到的实实在在的预期效果，引起地方党委政府的重视，促进形成党委政府的意图、决定、措施，推动工作落实。各级法院要积极争取地方党委、政府的支持，从构建矛盾纠纷多元化解工作和乡村振兴角度出发，将人民法庭建设经费纳入同级财政预算统筹安排，通过设立专项资金、政府购买服务、单独列入财政预算等方式，加强经费保障。

2. 结合自身特色推进人民法庭改革。

一是人民法庭改革要结合各个法庭的特点建立改革实施方案，让每个法庭的创建和体系建设都有自己的特色。改革人民法庭和共享法庭的立案、诉讼服务、案件管理流程，创建共治的流程和综合性预防的流程。二是法律服务方式的改革。要发挥行业组织和社会组织的力量。以开展点评类案和典型案例为主总结推广司法裁判规则，开展合规性审查，引领本地的法治建设。三是以品牌法官打造为着力点，改变司法形象。四是以党建为引领，调动基层党支部和基层党建联合建，尊重地方党委政府，使其在心理上产生认同。五是以一委一庭三所为平台，构建协同机制。六是以法庭为主阵地，培育法治专业化队伍。培养村里的法治带头人、乡贤、名人等，把他们组织起来去解决纠纷，尤其是要培养村支书和其助手的法治意识，抓住关键少数参与源头治理。

3. 促进红色司法基因和传统法治文化的现代化。

以红色基因传承的现代化为本色，在人民法庭工作机制中整体性地体现红色基因。红色资源需要进一步地深度挖掘，进行创造性的转化。例如，梁伯台的人民司法思想、依法治国理念、司法为民、反腐倡廉、司法干部培养、党政监督、法制监督、巡视监督、群众监督、舆论监督等方面的思想理念需要深度融入现代化人民法庭建设中；另外，将传统文化融入法庭工作和诉源治理中，如传统文化无讼理念、家规家训等需要深度融入法庭的诉源治理工作中。

4. 建立符合人民法庭工作规律和特点的考核机制。

通过设定科学的考核值对人民法庭工作进行全面考核，考核目标向诉前纠纷化解和参与诉源治理倾斜。所以人民法庭的工作需要建立两套考核指标体系：一是完善执法办案方面的传统考核体系，二是应当建立人民法庭参与诉前化解纠纷和基层治理的工作考核体系。依托信息技术建立量化管理机制，建立科学的诉调对接绩效考核机制，诉前纠纷化解工作计入工作量，将诉前法官调解、委托调解、指导调解等案件办理导入信息化系统，立案前纠纷化解情况分类逐项统计，计入诉调对接工作量，作为考核依据。将诉调对接工作纳入办案管理系统，依照诉调对接平台系统记入的工作量进行考核。诉前调解的绩效考核权重优于一般案件，对于实现无讼村乡镇的法庭给予立功授奖。建立诉源治理“在线”工作日志制度。录入数据要及时、准确，日志要清晰，记录好答复了多少咨询问题、诉前委托了多少纠纷、诉前调解了多少案件等，这就是日常工作量，为人民法庭建立科学、统一的考核体系打下基础。法庭工作做得好不好，一个重要的标准就是诉非衔接做得好不好，诉前调解是不是大幅增长，诉讼案件的数量是不是逐年下降，案件下降的法庭要给予奖励。诉前纠纷化解工作做得好，要立功表彰。另外，由人民法院参与评价其他部门纠纷化解绩效，并将该评价纳入党委对各部门的考核中，增强其他部门参与纠纷解决的积极性。

三、绍兴“枫桥式人民法庭/共享法庭”公共法律服务体系创建的价值追寻

2019年1月，习近平总书记在中央政法工作会议上提出“把非诉讼纠纷解决机制挺在前面”，最高人民法院出台了《关于推动新时代人民法庭工作高质量发展的意见》，提出“三个便于”①“三个服务”②“三个优化”③的发展目标。这为推动多元化纠纷解决体系建设，促进国家治理体系和治理能力现代化指明了方向，提供了总的遵循。绍兴“枫桥式人民法庭/共享法庭”公共法律服务体系创建增强了人民法院解决纠纷和服务群众的能力水平，构建了全方位的纠纷多元化解机制，推动了诉源治理，做到了法治的触角、法治的声音传递到每个乡镇、每个村，不断创新发展“枫桥经验”，在推进基层社会治理现代化中体现了民主、法治、公平、效率的价值观。

---

① 便于当事人诉讼、便于人民法院办案、便于人民群众及时感受到公平正义。
② 服务全面推进乡村振兴、服务基层社会治理、服务人民群众高品质生活需要。
③ 优化法庭布局、优化队伍结构、优化专业建设。

（一）在政治层面，服务党和国家工作大局

一方面，绍兴“枫桥式人民法庭/共享法庭”公共法律服务体系创建的价值目标是推动党中央的方针政策在基层落地生根。以党的二十大精神为指引，在法庭建设中注重社会治理共建共治共享，推进基层社会治理现代化和法治化；遵循社会主义核心价值观，综合运用法理、情理、事理解决邻里及家事纠纷。另一方面，是巩固基层政权，维护政权安全，对于人民内部的矛盾运用法治和德治相结合的方式解决，对于敌我矛盾运用专政的手段解决，就像董必武所说：“专政靠什么呢？就是军队、警察、法庭。”人民法庭在党委的领导下，围绕中心，服务大局，为改革、发展、稳定提供司法服务和保障，更好地发挥司法在基层社会治理中的引导、保障作用，服务乡村振兴战略实施。

（二）在法律层面，推动社会主义民主与法治建设

绍兴“枫桥式人民法庭/共享法庭”公共法律服务体系创建过程中吸收大量人民陪审员等化解纠纷，引导人民群众有序参与司法，群众在前面说理，法官在后面说法，形成司法的专业化与民主化相结合的模式，推动社会民主与法治的进程。人民法庭工作机制具有开放性，法庭与综治中心、派出所、司法所、人民调解组织建立协商性解决机制，注重合作和协商，以“对话”和“沟通”为基本结构，强调解决纠纷的“自主性”，体现纠纷解决中协商性民主。司法民主是司法公正的保证，法治追求公正与效率的统一，法庭改革为了实现公正与效率，建立了分层递进的纠纷解决机制，一般简单的家事邻里矛盾由人民调解员和陪审员在立案之前调解解决，就像董必武所说的：“根据政策、法律，尽可能地用调解、说服、批评教育的方法解决。”[①] 任建新认为：“群众依法自己解决自己的纠纷，把大量的矛盾化解在基层，消灭在萌芽状态。大大地减少了刑事犯罪，增强人民内部的团结，对于社会治安综合治理起到第一道防线的作用。”[②] 任建新指出，人民调解工作吸收人民群众参加，是实现司法群众化、民主化的有效步骤之一，是依靠群众办案的有效办法，调解能使办案迅速而正确，

---

① 《董必武法学文集》，法律出版社2001年版，第539页。

② 《一项平凡而又十分光荣的事业》，任建新在第三次全国人民调解暨表彰会议上的讲话。

在短期内大量处理案件，加强人民内部团结。[①]调解不成的矛盾，进入立案阶段通过诊断案件难易程度，再次进行繁简分流，简单案件运用简易程序快速解决，复杂案件进入诉讼程序，这样可以实现简案快办、繁案精审，在保证效率的同时维护公正。

（三）在社会层面，追求基层社会治理现代化和法治化

党的二十大提出："完善社会治理体系。健全共建共治共享的社会治理制度，提升社会治理效能。在社会基层坚持和发展新时代'枫桥经验'，完善正确处理新形势下人民内部矛盾机制，加强和改进人民信访工作，畅通和规范群众诉求表达、利益协调、权益保障通道，完善网格化管理、精细化服务、信息化支撑的基层治理平台，健全城乡社区治理体系，及时把矛盾纠纷化解在基层、化解在萌芽状态。"董必武也非常注重多部门联合解决矛盾，他说："一个地方不发生问题，不是只靠法院，法院可以起一部分作用，如通过审判活动教育群众，法制宣传，陪审员在群众中起作用等，但单靠公安或者三机关同样是做不到的。"[②]任建新曾指出："我们一定要发扬专门机关工作与群众路线相结合的优良传统，并不断创造依靠和发动群众的新经验，丰富和发展社会治安综合治理工作的新内容，使之在维护城乡社会治安中发挥更大的作用。"[③]实践表明，在社会矛盾纠纷综合治理的背景下，法院难以做到独善其身，协同合作是我们的必然选择。所以，绍兴"枫桥式人民法庭/共享法庭"公共法律服务体系创建将诉非衔接工作置于社会综合治理的大格局中进行思考，进行有益尝试，以人民为中心，追求善治，积极探索如何便利人民群众诉讼，如何使人民调解、司法调解、行政调解联动等问题，重新调整人民法庭功能，加强预防和化解社会矛盾机制建设，推动社会治理重心向基层下移，加强和创新社会治理，发挥群众组织作用，走专群结合之路，正确处理人民内部矛盾，促进了社会和谐，推动了基层社会治理的法治化和现代化。

---

① 参见《加强调解工作 实现司法群众化》，载《政法工作五十年——任建新文选》，人民法院出版社2005年版，第12~17页。

② 董必武：《当前司法工作的几个问题（一九五八年四月）》，载《党的文献》1996年第2期。

③《整治农村治安要处理好四个关系》，载《政法工作五十年——任建新文选》，人民法院出版社2005年版，第443页。

科技应用前沿与产品创新

数字化背景下公共法律服务平台支撑系统的设计与实施*

吴海涛　周伟强**

内容提要：现代公共法律服务数字化转型需要建构体系化的平台支撑系统，本文基于公共法律服务四个平台模块的系统设计，综合运用5G、大数据、云计算、人工智能等新技术，论述系统落地过程中实现云化租赁模式、三端合一服务模式、一体化资源管理等公共法律服务平台的数字化创新实践。探究经过相关技术应用实践，推进公共法律服务平台支撑系统设计及实施思路的现代化，切实有效推动省域范围内公共法律服务均衡发展，实质性促进公共法律服务创新提效。

关键词：公共法律服务；平台支撑系统；数字化

一、问题提出

党的二十大报告指出，要建设覆盖城乡的现代公共法律服务体系。公共法律服务体系如何在全面依法治国总体格局基本形成的背景下实现“覆盖城乡”和“现代”，成了新时代下推动公共法律服务由数量优势、规模优势向智能优势、质量优势转型升级的关键课题。随着人民群众在民主、法治、公平、

* 基金项目：本文系2021年度国家社科基金重大项目“民事司法程序现代化问题研究”（项目批准号：21&ZD205）的阶段性研究成果。

** 作者单位：广东省司法厅公共法律服务管理处、中移在线服务有限公司广东分公司。

正义、安全、环境等方面的需求日益增长，公共法律服务的需求呈现出多样化、个性化、复杂化、动态化的特点。在当前数字政府转型期间，为了更好满足人民日益增长的公共法律服务需求，破解现阶段公共法律服务体系建设中存在的问题，亟待以信息化系统的优化升级切实提升公共法律服务的质量与效率。

本文探索通过运用5G、大数据、云计算、人工智能等新技术应用，探索公共法律服务平台支撑系统设计与实施思路，实现新技术与公共法律服务实践的有机融合，进一步推动省域范围内公共法律服务均衡发展，全面提升服务质效。

二、公共法律服务体系数字化转型问题剖析及关键技术

（一）数字化转型背景

习近平总书记对公共法律服务工作多次作出重要指示，强调要加快建设“覆盖城乡、便捷高效、均等普惠”的现代公共法律服务体系，尽快建成覆盖“全业务、全时空”的法律服务网络，让人民群众切实感受到法律服务更加便捷。

随着信息技术深入发展，5G、人工智能、大数据、区块链、云服务等新一代信息技术逐步得到广泛应用，社会生活方式发生巨大变化，群众对公共法律服务有了更多和更高的需求，希望获得更深层次、个性化、更便捷的法律服务，服务方式也从线下面对面沟通逐步往网络化迁移。社会生产呈现生产方式智能化、产业形态数字化、产业组织平台化的新特征，线上化、智能化、云化成为千行百业数字化升级转型的三大共性需求。

（二）转型期间存在的问题

在数字化转型背景下，当前公共法律服务发展仍有所滞后，特别是以下关键问题亟待解决：

1. 初始供给模式与新时代背景下的法律需求不相匹配。随着大数据、云计算、互联网等信息化技术的广泛运用，群众的法律服务需求发生了比较明显的变化，线上法律服务需求必然日益增长。然而，由于缺乏政策支持与方向引导，

目前的公共法律服务供给模式仍然停留在初始的阶段，体制内的公共法律服务机构未能充分拥抱信息化时代带来的红利，未能完全适应人民群众日益多样化、多层次、高效率的公共法律服务需求。

2. 行政化管理模式与公共法律服务平台化组织模式不相适应。当前，公共法律服务发展仍处于初级阶段，主要表现为服务资源稀缺、分布不均，业务条线固化、融合困难，层级化的管理与扁平化的服务需求不适应，导致部分地区供需矛盾仍然突出。从各地实践看，仍有部分公共法律服务平台采取行政化管理模式，“重建设，轻运营”“重管理，轻服务”，进一步凸显了公共法律服务的供需矛盾。

3. 公共法律服务资源不均衡不充分的现象仍然存在。以广东为例，专业法律服务机构和人员大多集中在珠三角发达地区，扎堆现象使珍贵的法律服务资源整理利用率低，而欠发达地区的法律服务资源不足，不仅导致当地人民群众法律服务需求无法得到及时响应，也易造成法律服务市场竞争不充分带来服务质量不高的问题，对欠发达地区公共法律服务体系发展造成较大制约。另外，发达地区和欠发达地区的需求存在差异，发达地区针对自身特性有更多个性化、高层次需求，欠发达地区对覆盖率需求更强烈，虽然广东公共法律线上服务已经处于全国领先的水平，但仍难以兼顾满足新时代广东群众的实际需求。

4. 公共法律服务资源利用效率有待进一步提升。主要是线上线下平台之间服务资源难以流通导致资源利用效率偏低：线上平台方面，当前大部分省级 12348 法律服务热线集中于省会城市统一指挥运营，由省会城市律师每月按排班时间前往运营场地接听话务。由于物理距离限制，律师资源缺乏灵活调配机制，难以统筹全省尤其是省内其他发达地区的法律服务资源，更难以满足全省服务日益增长需求以及话务高峰波动。实体平台方面，虽然全国大部分地区已建成省、市、县、镇、村五级实体平台的基础建设，但实体渠道值班制度仅提供面对面接待的服务方式，服务范围仅辐射周边地区，资源利用率较低。如公证、鉴定等服务，公证、鉴定人员根据实际情况进驻省级平台、网络平台、各级不同的实体平台提供服务，但由于群众需求时间、地点具有不确定性，容易导致三大平台资源无法精准匹配，出现当前渠道资源空闲而其他渠道需求难以满足的情况。

综上，为打造“数字政府”、加快实现“两快”“两全”“覆盖城乡、便捷高效、均等普惠”的目标，需要积极探索云客服技术、大数据、5G智能化技术在公共法律服务中的应用，逐步建成顺应数字化转型的新型公共法律服务平台。

三、数字化背景下公共法律服务平台支撑系统的设计与实施

（一）支撑系统设计思路

为解决上述公共法律服务体系数字化转型问题，广东以整体优化、协同融合为导向，统筹公共法律服务体系建设供给的存量和增量，探索以一体化、大平台的理念建设公共法律服务新平台，平台借助5G信息技术力量，集线上化、智能化、云化、大数据应用于一体，实现全省资源统筹共享，最终形成“省中心—分中心”“集约管理+分散运营”的新发展模式。

1. 四大应用模块设计。

基于5G、人工智能、大数据、云客服等技术能力，构建包含四大应用模块的公共法律服务平台系统，包含多模式灵活接入的对外服务平台、全流程闭环优化的工作管理平台、支持省分中心统一管理的效能监管平台、大数据分析中心。四个平台模块相辅相成，共同组成公共法律服务平台系统，支撑服务提供者、运营管理者、领导决策者等多角色提高服务效率，提升监督管控水平。

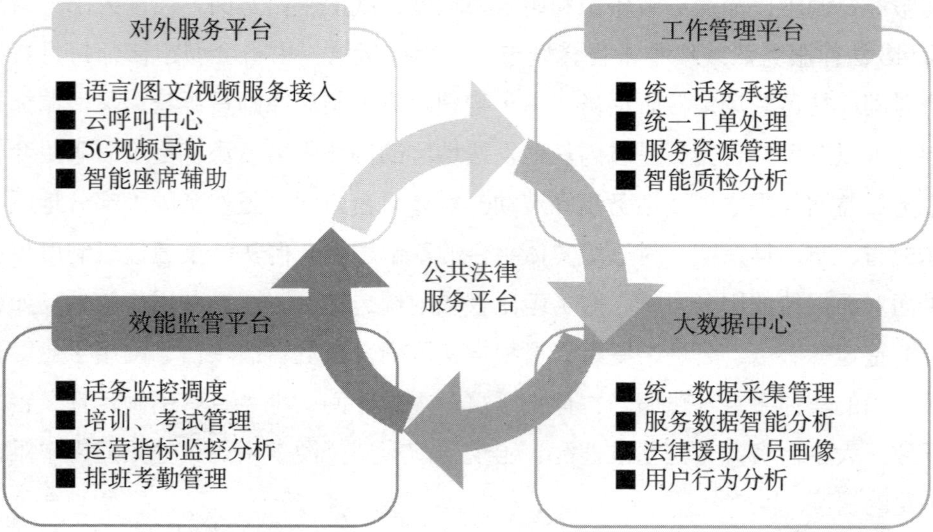

图1 四大功能平台概述

2. 具体模块设计。

（1）对外服务平台。对外服务平台基于语音、图文、视频服务三端合一的总体思路，以全渠道全业务为主线，推进各司法行政业务进驻公共法律服务中心，实现“一站式”公共法律服务。互联网公共法律服务云中心整合语音、图文、视频服务，打通互联网线上服务渠道，构建多媒体全渠道服务中心，统一对外服务，调动法律援助、公证服务、人民调解、司法鉴定、律师服务等业务，以模块化方式接入互联网公共法律服务云中心的各服务渠道，基于数字政府公共组件实现统一用户管理和单点登录。线下渠道作为线上服务载体的延伸，调动各公共法律服务机构及服务人员全面进驻，实现线上线下平台和资源有效联动、快速响应，不断提升公共法律服务的供给力。推动法律援助、公证服务、人民调解、司法鉴定、律师服务等业务接入统一服务工作台，实现业务一体化综合受理。使用智能语音、视频、图文坐席或远程工作台进行业务处理，机器人后台实时辅助，推荐最佳应答，坐席忙碌状态，自动推送表单供群众填写，不遗漏服务请求，减少服务人员压力，降低服务成本，提升了客户的体验感。逐步推进统一服务台账和工单系统，保障业务和数据统一。工单系统与各司法行政业务系统深度集成，生成任务工单自动在线推送派发，实现跨部门、跨层级的在线受理、在线转办、在线处理、在线反馈，工单全流程可视化管理，自动实时跟踪、推送服务事项办理进程和预警提示，实现服务全程留痕、实时监管、线上调度，实现服务事项跨平台、跨时空、跨业务协同办理，实现公共法律服务“一网通办”、服务事项“一网办结”，为人民群众提供优质、专业、普惠的公共法律服务。

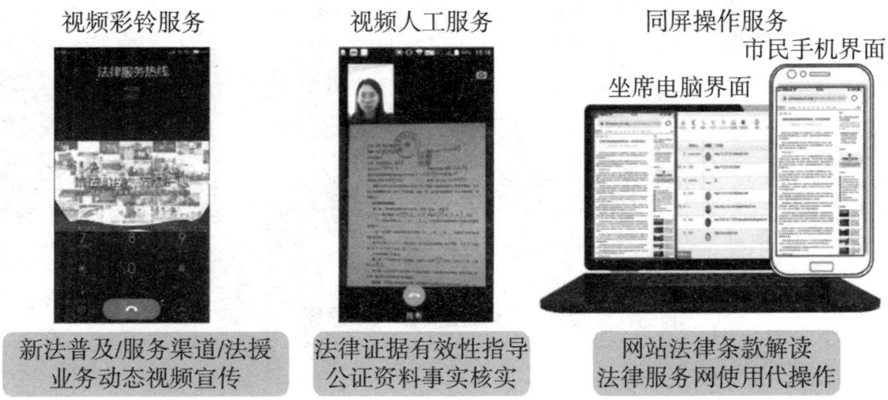

图2 5G视频客服在公共法律服务应用示意图

（2）工作管理平台。采用数字政府公共云服务组件，结合互联网、人工智能、大数据等前沿技术，打通语音、图文、视频等渠道底层技术平台，形成多端合一的一体化服务平台，具备更强的聚合能力。渠道扩展管理更灵活，支撑普法、公证、法援、律师等司法行政业务，以模块化的方式嵌入互联网公共法律服务云中心，丰富普法宣传推广渠道，扩展深化在线服务事项。平台提供统一智能服务入口，对接12348热线、12348微信公众号、“粤系列”微信小程序等服务渠道，提供全天候、多渠道智能自助服务，所有渠道统一控制管理，实现全渠道信息统一接入、统一路由、统一分配、统一排队、统一处理，通过智能化路由策略配置满足不同业务需要，提升数字化、智能化服务水平

结合云化架构设计，平台可实现提供中心集中坐席、分中心集中坐席、远程坐席等多种坐席并存的“集中 + 分散”服务运营，支持律师专家 / 咨询专员随时随地远程接入承接话务，以热线、互联网、5G视频客服丰富的渠道接入，支持一键调度的灵活资源配置，最大化提升资源利用率，实现降本增效。系统支持分层分级运营结构优化，提供集中调度监控平台，支持人工接通实时监控及坐席动态调配、支持全渠道集中监控调度及跨平台实时调度，可实现全省一键话务调度、资源快速扩容。

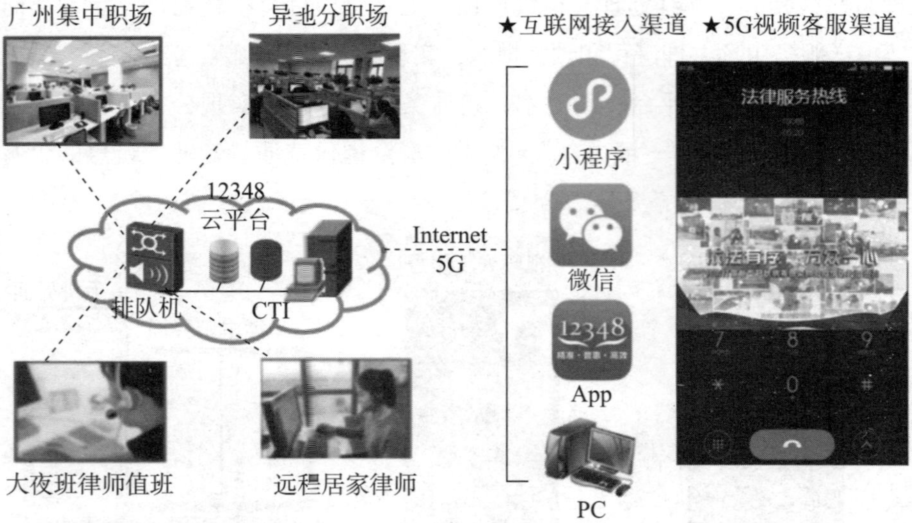

图3 远程坐席接入示意图

（3）效能监管平台。建设一体化效能监管平台，通过平台实现线上线下人力资源协作配合。线下平台人员空闲时，在授予权限范围内可接入线上坐席，充分发挥在实体平台线下服务经验，协助群众在线上完成业务办理。查看线下业务预约，及查询群众历史办事记录，可提前准备相应服务资源，提升服务质量和服务效率。线下平台作为线上服务平台的延伸和触点，为群众提供自助服务，实现普法宣传、法律法规、文书、服务机构人员查询、服务预约等事项办理，优化线下平台办事效率，丰富线下服务场景。聚焦不同人群、不同场景，优化村（社区）法律顾问服务模式，区分律师专业特长，进驻互联网公共法律服务云中心，提供线上＋线下的双线模式，实现服务端口下沉和全天候精准服务，进一步扩大城乡覆盖范围，根据不同地区特点，建立差异化管理制度，优化资源配置，让群众少走路，让数据多跑腿。针对高频业务服务场景，提供线上线下协同的专项专场服务，有效化解社会矛盾，防范风险，提升司法服务正能量，提升群众满意度。

健全完善“综合受理、统筹分配、分类处理”服务流程，实现服务需求信息在互联网公共法律服务平台和各司法行政业务系统之间有效流转，并对服务需求实行全流程、全方位跟踪处理，实现公共法律服务一网办结。推进跨部门、跨业务的业务流程整合与优化，突破传统烟囱式业务运作和单部门内循环的模式，基于统一的公共法律服务事项，对事项办理全流程进行科学设计和优化再造，推进业务流程数字化，以互联网公共法律服务云中心平台为核心，推进使用统一业务流程平台，基于灵活可配置的统一流程引擎来构建、整合各种业务流程，实现业务流程穿透，所有办理节点的实时在线可查询、可跟踪，可督办，实现流程的统一管理、统一审批、统一监控、统一分析，实现端到端的流程管理，突破管理上的壁垒，实现流程的高效流转。

（4）大数据中心。通过将各类法律服务数据信息进行汇聚，搭建公共法律服务大数据中心，沉淀法律服务相关的各类数据资源，提供可供司法厅决策、公众监管的实时法律服务大数据资源。基于大数据的挖掘和分析，有利于准确把握社会的公共法律服务需求，进而有效识别普遍性和趋势性问题，主动采取相关措施加以应对：一方面，通过对公众个体关注、搜索公共法律服务信息等数据情况的追踪，形成“个人需求画像”，通过精准识别、匹配和智能推送，实现个性化服务；另一方面，根据不同时期、地域、群体的需求，分阶段、分地域、分类别地提供公共法律服务，有效发挥各项业务职能，为群众提供“全时空、全业务”的公共法律服务；再一方面，在确保数据安全的前提下，最大程度地开放公共法律服务数据，促进数据关联应用，激发数据生产要素对经济社会的放大、叠加、倍增作用。

具体架构图如下：

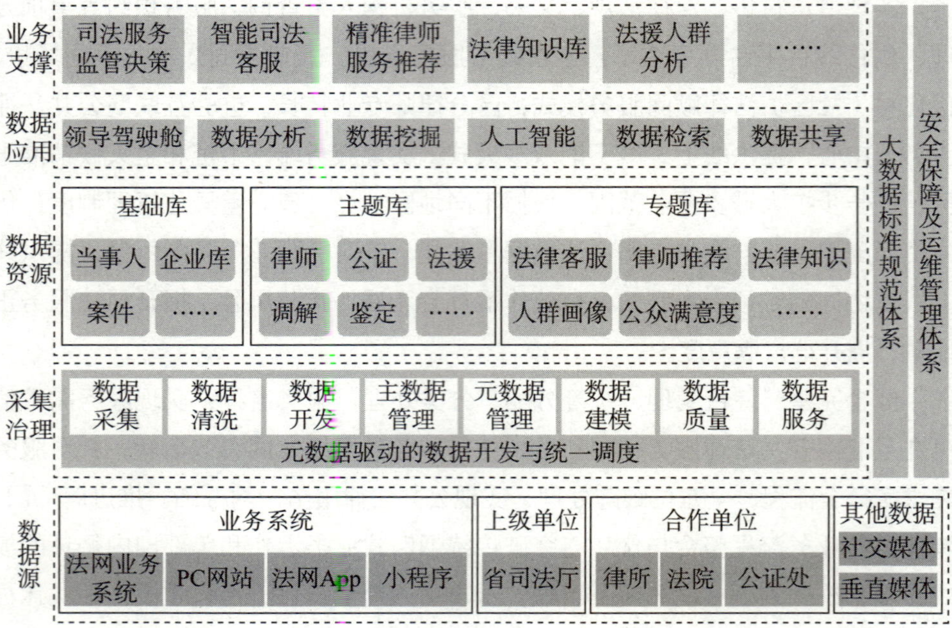

图4 公共法律服务大数据中心架构

在数据采集方面，将整合内部业务系统、上级主管单位、合作伙伴、互联网等多方渠道的数据源，实现法律服务相关的结构化数据、非结构化数据以及半结构数据的采集，形成统一的公共法律服务大数据资源池。

在数据管理方面，建立统一数据标准与管理规范，对采集的数据进行统一加工和处理，构建与法律相关大数据仓库，实现数据存储与管理，并形成企业的基础库、主题库、专题库等数据资产，为上层法律服务应用建设提供数据支撑服务。

在数据应用方面，提供公共法律服务大数据的数据分析及数据挖掘能力，支撑公共法律服务数据的快速检索与分析查询。提供主要业务的数据分析统计及可视化展现；提供法律援助人员的画像及用户行为分析，并结合律师专业能力及优势进行法律援助服务的精准推荐；提供法律客服数据的文本分析挖掘，实现法律服务案件关键信息的提取，为法律援助服务提供精细化管理决策支撑；构建法律案件案例知识图谱，提供法律案件聚合关联分析，为智能客服机器人、案件审理、辩护人服务提供数据决策支持，支持法律案件知识库的快速检索及查询能力。通过构建以数据驱动的法律服务流程与场景支撑能力，实现法律援助服务的数字化转型升级，提升法律援助服务的智能化。

（二）支撑系统实施探索

在探索公共法律服务平台支撑系统落地实施过程中，通过综合运用人工智能、5G 技术、人工智能等相关技术，为政府决策科学化、社会治理精准化、公共服务高效化、社会治理法治化提供有效路径和保障。

1. 搭好“架子”，支持灵活扩展接入。

为应对缓解经费有限的现状，平台采取云平台账号租赁服务模式，平台版权归属第三方，平台管理权责风险共担，以实际开通使用的账号量实施结算，提升了财政使用绩效。

公共法律服务平台基于云客服技术，通过数据专线 +VPN 专线可支持公共法律服务省中心职场、分中心职场、远程坐席等多种坐席并存的“集中 + 分散”服务运营，支持律师专家 / 咨询专员随时随地、一键远程接入承接话务，支持热线、互联网、5G 视频客服丰富的渠道接入，支持一键调度的灵活资源配置，云呼叫平台可快速扩充虚拟资源，高效应对话务压力，实现最大化资源利用。

2. 铺开“摊子”，打造三端合一的对外服务平台。

基于语音、图文、视频服务三端合一的总体思路，以公共法律服务平台为中心，打造一体化对外服务平台，将实体平台的深度服务、热线平台的方便快捷和网络平台的全时空性有效整合，推动三大服务平台服务、监管和保障融合。

平台支持打造线上线下融合的公共法律服务平台延展，实行统一规划部署、统一整合建设，形成统一数据标准、统一运行规范，实现平台互联互通、数据信息共享、投诉协同处理，实现三大平台线上线下融合，语音、图文、视频三大接入端融合统一工作台，实现“一网通办”。

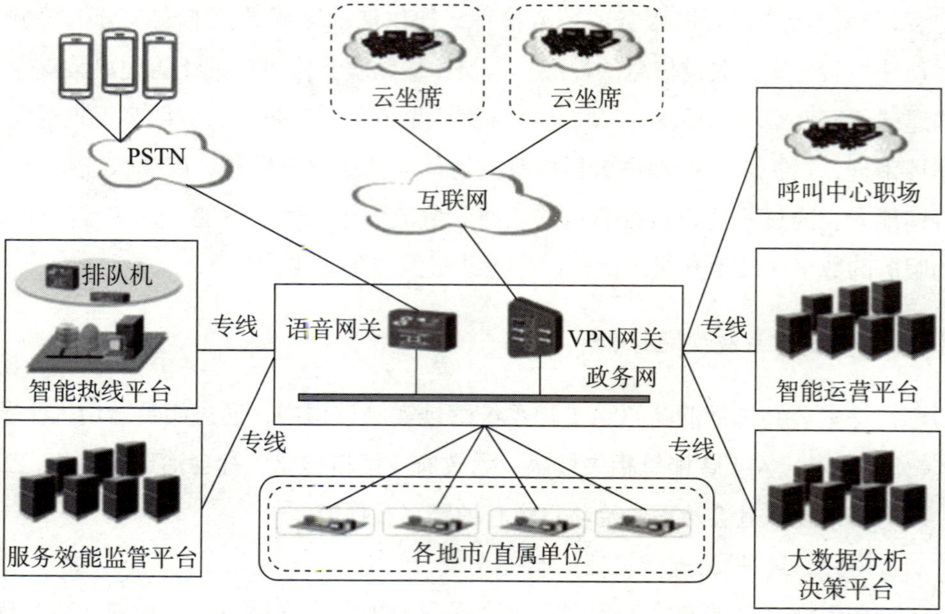

图5 组网设计图

平台支持不同模态的异构数据解析，实现热线、网络、实体三大平台数据融合，将语音、图文、视频三端媒体共融共通，形成统一数据标准、统一运行规范，实现平台互联互通、数据信息共享，打造八项统一的三大平台共融互通公共法律服务中心，实现公民法律服务一号通用、一网通办。通过触点信息采集、整合、触点信息共享，还原现场问题与历史状态借助公民唯一标识，进行用户画像，为前端触点提供公民在多平台、多渠道分散的业务办理信息、服务记录信息、工单信息等，建立公民画像，解决渠道触点数据不一致等问题，实现多渠道的历史接触记录共享，全面实现渠道协同，输出用户接触行为数据（例如全渠道接触轨迹数据、用户标签数据、统一身份标识数据等）。整合客户数据满足一站式需求，数据共享信息为公民提供线上线下多渠道协同服务，最终实现各市、多渠道、多触点协同联动，提供方便快捷、精准主动、连续一致的服务体验。

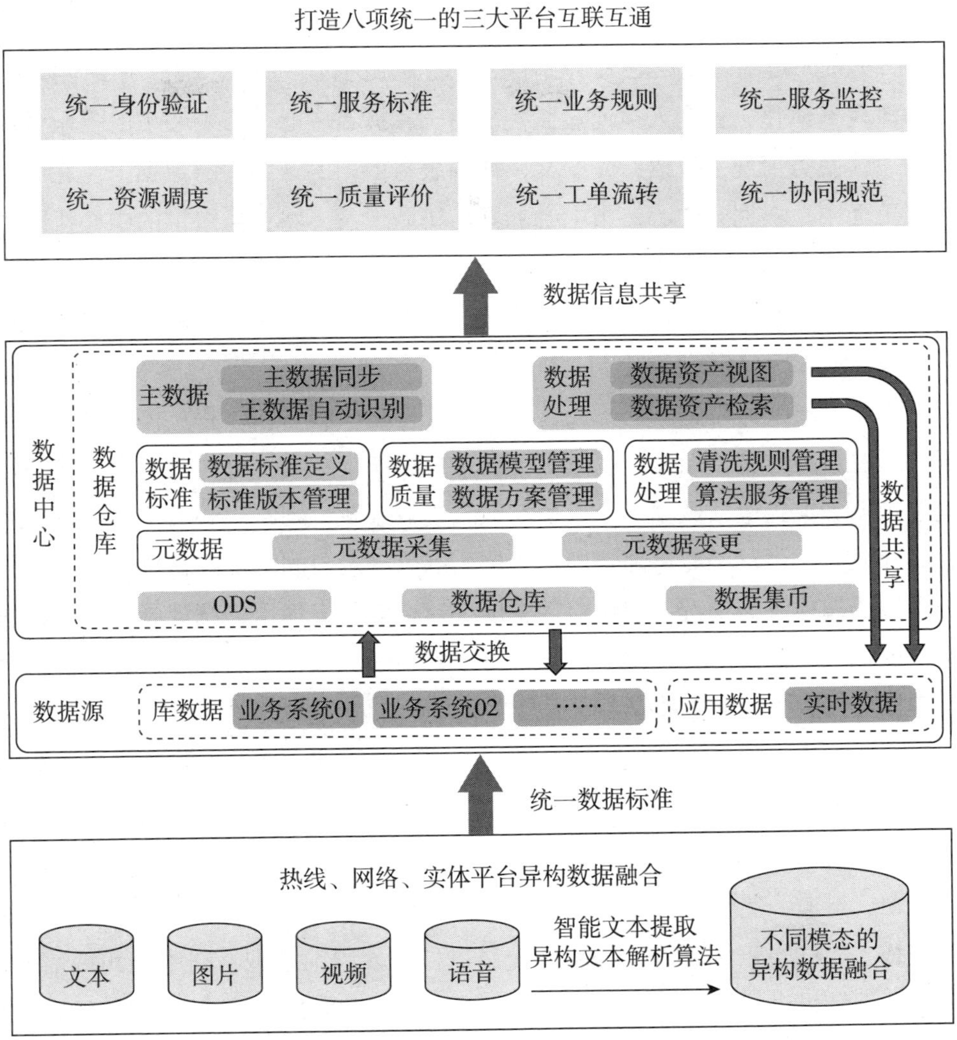

图 6　八项统一的三大平台共融互通

3. 打开"盒子"，多种管理手段并用。

平台提供"统一平台、统一路由服务、集中监控调度"运营支撑核心能力，支撑"集约管理 + 分散运营"全省资源一体化管理。通过云化服务全面提升综合运营管理能力，推进以省运营中心为主，区域运营分中心为辅的运营模式，建设一体化运营管理系统，支持各中心独立运作，差异化运营。强化 5G、大数据、AI 等技术应用，优化公共法律服务运营场地投入，探索形成云坐席为主、固定坐席为辅的运营中心新布局，精简压缩场地面积和坐席数量，提升场地使用效率。

（1）统一资源调度。三大平台融合实现资源配置一体化、指挥调度一体化、业务流程一体化。管理人员通过监控平台，掌握省中心（市中心）的各服务窗口的总体服务情况，及语音、图文、视频服务窗口的详细服务数据。可在服务监控页面中，根据省中心、市中心的渠道排队情况，将业务繁忙的中心排队溢出的人工服务请求，调度到业务较为空闲的中心进行承接，期间群众服务不中断。充分利用有限服务资源，支持线下服务提供者在业务空闲时段，申请承接线上服务请求，分担线上服务压力。

（2）统一服务监管。统一监管互联网公共法律服务中心和实体平台服务情况，通过查看语音、图文、视频服务的各维度统计数据，可对省分中心的整体运营数据、渠道运营数据、个人运营数据进行了解，判断中心的整体运营质量和潜在风险。运营中心可部署监控大屏，展示一定时间范围内省分中心的各服务窗口的总体服务情况，提供监控中屏在普通电脑上使用，统计展示语音、图文、视频服务窗口的详细服务数据，用于省中心、市中心的管理人员对日常运营数据进行监控，全面掌握当前运营情况。

（3）强化运营人员管理。规范运营人员日常管理，提升运营效率和运营质量。强化运营考勤管理，自动记录各中心服务人员签入签出系统的时间，筛选出最早上班时间、最晚下班时间，按照各中心上下班考勤要求，自动统计其是否缺勤、早退，便于管理人员考勤管理。强化运营培训管理，管理人员视场景创建线上、线下培训课程，为服务人员进行新人岗前培训、岗中新知识培训，并对培训结果进行检查，创建对应的考试内容，在培训课程结束时关联试卷自动进入考试，并对考试结果进行检查，通过对运营人员选、用、考、育、留的闭环管理，提高运营人员综合素质，提升公共法律服务满意度。

（4）支撑运营多中心管理。运营管理一体化平台支持以省运营中心为主、地市分中心为辅的运营新模式，在省中心、市中心运营过程中，管理人员通过对运营管理一体化平台配置管理，可以实现对本中心的组织架构、人员信息、队列信息等进行新增、修改，对12348热线IVR流程的提示语音、按键交互等业务逻辑按需维护，实现各中心的独立运作，差异化运营。

四、结论与展望

本文基于公共法律服务在数字化转型困境与机遇开展深入分析，并针对性探索公共法律服务四个平台模块的系统设计，综合运用5G、大数据、云计算、人工智能等新技术，论述系统落地过程中实现云化租赁模式、三端合一服务模式、一体化资源管理等创新实践。经过相关技术应用实践，公共法律服务平台支撑系统设计及实施思路切实有效，可助力推动省域范围内公共法律服务均衡发展，实质性促进公共法律服务创新提质增效。

新时代公共法律服务平台应用建设研究

——以“律兜”实践为例*

金为铠 江桔娴**

内容提要：公共法律服务是政府公共职能的重要组成部分，是保障和改善民生的重要举措，是全面依法治国的基础性、服务性和保障性工作。公共法律服务平台建设不仅是惠及城乡民生工程的组成部分，也是政府提供公共基本服务的重点内容。本文分析了目前全国公共法律服务平台存在的问题，并以“律兜”实践为案例，旨在为探索全国公共法律服务平台应用建设路径提供参考。

关键词：公共法律服务；公共法律服务平台；互联网

一、新时代公共法律服务平台应用建设背景

随着我国民主法治建设的推进、全面依法治国的深入、中国特色社会主义法治体系建设的进一步健全，以及乡民法治意识的提升，群众法律需求日益增长，对公共法律服务提出了更高的标准。然而在实践中，由于受城乡二元结构的影响，城乡间的资源配置不平衡明显，优质便捷的法律服务主要集中在经济发达区域的城区，这就造成区域间资源的不协调，导致了公共法律服务平台建

---

* 基金项目：本文系2021年度国家社科基金重大项目“民事司法程序现代化问题研究”（项目批准号：21&ZD205）的阶段性研究成果。

** 作者单位：律兜互联网法律服务平台、中国法学交流基金会智慧法务专项基金管理委员会、中山大学互联网与国家治理研究中心智库。

设与人民群众日益增长的法律服务需求之间产生了巨大落差。

党的十八大以来，党中央、国务院持续推进“放管服”改革，政府部门的角色正逐步由管理向服务转变，公共服务职责的重要性日益突出，公共服务也得到了更多群众的赞誉，为越来越多的人民群众所接受。法律服务作为公共服务的重要组成部分，也是近些年来党和政府全面深化改革工作的重点。

以习近平同志为核心的党中央高度重视我国公共法律服务平台建设，在2019年的中央政法工作会议上就公共法律服务工作提出“两快、两全”的发展方针，强调“加快整合律师、公证、司法鉴定、仲裁、司法所、人民调解等法律服务资源，尽快建成覆盖全业务、全时空的法律服务网络”。自党的十八届四中全会以来，党中央立足于促进公共服务均等化发展，相继作出“推进覆盖城乡居民的公共法律服务体系建设”和“坚持全面依法治国，全面推进覆盖城乡居民的公共法律服务体系建设，提升民生领域法律服务”的重要部署。到2019年，中共中央办公厅、国务院办公厅印发《关于加快推进公共法律服务体系建设的意见》，将公共法律服务平台建设推向了发展的新阶段。2020年，中共中央印发《法治社会建设实施纲要（2020—2025年）》，提出到2022年基本形成覆盖城乡、便捷高效、均等普惠的现代公共法律服务体系，保证人民群众获得及时有效的法律帮助。党的二十大报告对“建设覆盖城乡的现代公共法律服务体系”作出总体部署。我们要加快发展现代公共法律服务，提高公共法律服务供给能力、服务质量，以最大可能满足公众对公共法律服务的需求。

二、新时代公共法律服务平台应用建设存在的问题

公共法律服务平台是公共法律服务体系的一种具体载体，既连接公共法律服务供给侧，也连接着需求侧，是面向社会广大群众，专门从事公共法律服务的一种办事平台。2017年司法部发布的《关于推进公共法律服务平台建设的意见》中，指出要立足“法律事务咨询、矛盾纠纷化解、困难群众维权、法律服务指引和提供”的平台建设功能定位，打造公共法律服务实体、热线和网络三大平台。目前，这三大平台已在全国初步建成，但还存在以下几个方面的问题。

（一）网络平台建设不足，基层触达率低

首先，我国网络平台除了具有将法律服务资源进行整合的功能以外也具有融合三大平台的重要功能。目前我国大部分省市公共法律服务网络平台没有对使用主体进行区分，例如，群众、企业等，导致业务功能混乱。不仅造成使用主体无法真正享受到法律服务，也浪费了公共法律服务资源。其次，平台语言过于专业化，不够接地气，不能贴近普通群众的生活。最后，大部分网络平台没有将企业法律列为设置的对象。网络平台服务粗糙导致网络平台使用率不高。

网络平台与热线平台、实体平台最大的不同是对大数据、人工智能、云计算等互联网技术的要求比较高，将互联网高效、公开、便捷、透明的特点渗入法律服务中，这不仅能够缓解信息之间的不对称，也能突破时间与空间的限制。我国现有的公共法律服务网络平台技术没有充分将网络平台与“互联网+”技术相结合，以多数省级法网为例，多数省级法网没有结合大数据分析技术，将网络平台访问量、咨询情况、反馈状态、咨询问题种类等数据进行全方位的分析。此外，没有以整合资源实现视频咨询、留言咨询、电话咨询为一体的融合平台，实体、热线、网络平台之间的联动性较差。同时，由于缺乏宣传，偏远农村地区仍无法真正享受到高效的公共法律服务。

（二）实体法律服务平台“空心化”，基层矛盾无法化解

在基层地区，构建公共法律服务平台的重点是实体平台的完善。而实体平台的完善需要符合我国对基层社会治理的要求，不断完善对县区、乡镇街道村社区等基层地区的公共法律服务实体平台建设，让公共法律服务惠及每个基层群众。目前，在全国公共法律服务实体平台建设方面，城乡之间发展不平衡，法律资源分配不均。基层地区法律服务水平较低、专业法律服务人才稀缺。大部分专业法律人才聚集在经济发达的城市，农村地区严重缺乏专业法律人才。此外，虽然政府协调律师派驻到各个社区做基层的社会调解，但是服务欠缺及时性，律师坐班每周仅一天甚至半天，除了坐班时间有法律服务，其余时间群众的需求得不到响应。同时，律师的专业有限，无法解决群众所有的法律需求，例如，有群众需要找刑事辩护律师，有时候对接的却是民事专业的律师，经常出现需求和服务不匹配的情况，最终导致整体服务效能和及时性往往达不到要

求，农村地区成为基层社会治理的薄弱环节。在实体法律服务平台“空心化”的状态下，亟须加强基层人民群众对公共法律服务资源的弥补，满足基层群众对法律服务资源的需求，化解基层矛盾。

（三）热线服务平台供需不匹配，反馈机制缺乏

热线平台的作用是便利人民群众直接获得公共法律服务，在我国任何地方，人民群众只需要通过拨打“12348”公共法律服务热线就可以获取相应的法律服务。公共法律服务热线平台服务需要通过实体平台坐席量来解决问题。目前，部分地区热线平台坐席数量无法达到要求，针对实践中基层法律服务咨询量较多、咨询时间较长，无法满足基层群众需求，无论服务接通率还是满意率都有欠缺。另外，坐席服务人员专业能力不足也是实际存在的一大问题。法律服务咨询涵盖了诸如土地房产问题、婚姻家庭问题、债务债权纠纷、交通事故纠纷等常见的法律纠纷，但是接听热线的部分工作人员并非专业法律服务人员，在面对基层人民群众的法律问题时，往往无法提供令人满意的建议。

与此同时，缺乏反馈数据也是当下热线平台建设中的不足。热线平台的反馈数据可以显示出全省各市的热线接待数量、呼叫总数、热线坐席数、接听率、法律咨询服务种类、群众满意程度、咨询者年龄性别等详细情况，以便实时了解公共法律服务热线平台的数据。现阶段，大多数省市还未将热线平台的信息数据反馈到网络平台上，这对公众监督热线平台的运行和法律服务热线平台的推广造成了阻碍，使得基层地区无法充分利用公共法律服务热线平台的优势。法律服务主要的对象是群众，群众的需求是进一步优化公共法律服务的内容，而反馈机制对于公共法律热线平台工作改进具有重要的作用，尤其是群众满意度，可以切实反映群众使用热线平台时的问题及不足。

三、新时代公共法律服务平台应用建设实现路径

通过对全国公共法律服务平台进行分析，公共法律服务平台应用建设任重而道远。实际上，从律兜公共法律服务实践经验来看，公共法律服务平台的构建并不是“三大平台”简单的相加。为了更好地建设公共法律服务平台，满足群众需求，响应“互联网 +”新时代要求，解决法律服务资源短缺、分配不均

问题，我们需要对现有资源加以整合，引入反馈机制，提高公共法律服务认识度，提升公共法律整体服务水平。此外，还需要加强实体、网络、热线这三大平台间的联动与融通，依托数字信息技术，打造公共法律服务数据、业务信息共享的统一平台，使得整个服务体系做到统筹兼顾。这样，全国基层群众才能获得高效便捷的法律服务，才能更好地化解矛盾于基层。目前根据律兜参与公共法律服务建设的实践效果来看，以线上 + 线下的服务模式为基础，再结合“互联网无人律所”“村居法务助手”以及掌上平台的多方位结合，较好地解决当下公共法律服务平台建设的诸多短板和痛点，是公共法律服务平台建设的有效尝试。

（一）构建“互联网 + 法律”新生态，整合公共法律服务资源

随着互联网技术的不断发展，法律服务行业也在不断变革中。传统的法律服务模式已经无法满足现代社会的需求，而以科技赋能公共法律服务为关键词的新型法律服务平台应运而生。其中，律兜独创研发的法律科技产品“互联网无人律所”，开创了一种新的公共法律服务方式，它提供实时的、一对一的专业法律视频咨询服务，整合了全国 5 万名优秀律师，以根据用户的需求快速调度当地律师资源和全国专业律师资源，通过智能化的方式为其推荐合适的专家律师，并在 6 秒钟之内作出回应，从而大大提高了服务的便利性和精确性，使得法律服务“零见面”和“最多跑一次”成为可能。破解了法律资源匮乏的难题，也极大填补了律师数量不足的空缺，是解决法律服务资源不均衡问题的创新之举。从实践应用层面来看，目前“互联网无人律所”已经在全国 31 个省（自治区、直辖市）的近 600 个市县区落地部署超过 3800 多个点，服务覆盖群体超过 1 亿人，提供各类在线场景服务 510 余万人次，缓解了公共法律服务资源不均的现实问题。从效果层面来看，2022 年 9 月，中国法学交流基金会智慧法务专项基金向延安、遵义、井冈山等 21 个法律服务资源相对缺乏的红色老区捐赠了“互联网无人律所”。在对红安县、武乡县、井冈山等部分受捐老区“互联网无人律所”使用情况的回访中了解到，很多当地群众都是在“互联网无人律所”头一次实现了跟律师“对话”，体会到了通过法律途径解决问题化解纠纷的好处；很多基层的法治工作人员也借助“互联网无人律所”这种随时能跟律师建立视频对话的方式，更加顺利化解群众矛盾纠纷，体会到了智慧的力量为基层法治工作带来的前所未有的效率，缓解了法律资源不充足的问题，有

效为群体提供了普惠均等的法律服务，有力推动公共法律服务均等化、智能化、便捷化。

（二）开辟乡村公共法律服务新路径，开拓法律服务新模式

中国是在各地民族文化特点、空间地域格局、经济发展水平等各方面差异较为明显的国家，遍及全国城乡的公共法律服务模式不能采用相同路径，必须有所差异，必须开拓适用城乡各场域的新产品。在“乡村振兴，法治同行”战略下，律兜构建了乡村公共法律服务新途径，推出“村居法务助手”。它整合特定区域内所有村居法律顾问人员，把其提供服务的场景和形式，升级为线上线下相结合的模式，开展普法宣传、排查化解矛盾纠纷、提供法律咨询和代书等法律服务，可解决村居法律顾问人员提供服务途径、形式单一的问题。充分践行“枫桥经验”，努力将矛盾化解在基层、吸附在当地、消除在萌芽状态，确保法律服务不落一处、没有死角。例如，2022 年 6 月武汉东湖新技术开发区工委政法委与律兜深入基层一线，充分调研，广泛听取民意。在此基础上，2022 年 11 月，武汉东湖新技术开发区工委政法委在区公、检、法等政法单位，光谷政务中心，8 个街道办事处，12 个辖区派出所，部分园区办，核心商圈，109 个社区等处布设了“互联网无人律所”和“村居法务助手”服务，实现了各个应用场景的智慧法律服务终端的全覆盖，3 秒内帮助群众视频连线律师进行法律咨询，并提供律师在线调解和普法讲座等功能。有效解决了以下方面的问题:（1）以互联网、大数据等技术手段填补了市域内传统法律服务盲区与空白，成功地解决了法律服务力量短缺、资源分配不均以及信息流通不畅等问题；（2）创造了安全稳定的社会环境、公平公正的法治环境、优质高效的营商环境，全面提升政府社会治理的法治化、现代化、专业化水平；（3）打造了综合指挥调度中心的智慧法务大数据平台，实现了与综合社会治理管理“一中心四平台”的数据交互和共享。目前，“互联网无人律所”和“村居法务助手”已为武汉东湖各类群体解决近 5000 条法律问题，近 100 次的矛盾调处，群众服务满意率 98.8%，受到了企业、群众和相关使用单位的一致好评。

（三）加强各公共法律服务平台融合，完善公共法律服务平台功能设置

实体、热线和网络“三大平台”的融合关键是要实现这“三大平台”的有

效链接。这意味着网络平台应该整合实体平台、热线平台资源，建立公共法律服务任务工单管理系统，发挥网络平台的服务、管理、监督功能，以网络平台统领实体平台、热线平台，以“综合受理、统筹分配、分类处理”的服务流程，实现任一服务终端一次接收、三台通行，逐步实施网络全域智能分派，从而达到公共法律服务为人民群众服务的需求，推进公共法律服务体系跨越式的发展，实现数字法治全省“一张网”。为此，律兜联合多地政府打造了“云公共法律服务中心”系统，基层仅需“拨打一通电话、登录一个网站、使用一个实体终端”，就能享受全方位的公共法律服务，为维护社会和谐稳定构筑“第一道防线”。该系统可以对接联通“三大平台”的各业务系统，推进数据资源汇聚、充分共享，通过运用现代信息技术，可以不断提升公共法律服务平台建设的智能化、信息化、科技化水平。

“云公共法律服务中心”系统能够与法网、实体平台、12348热线相链接，整合调度区域内各类分散的律师、法律援助、基层法律服务、司法鉴定、公证、人民调解等若干领域公共法律服务资源上“云”，通过该系统可以集中承接并处理来自基层群众、政府、园区、中小微企业的法律需求，以服务分配的方式将需求协调给公共法律服务提供者，为其提供多元化的法律服务。此外“云公共法律服务中心”还负责跟踪和管理的工作，将服务过程中的留存数据统一管理，并有效实现服务质量监管、舆情监控预警、业务数据流转，达到全域覆盖、全景数据、全民建档的云公共法律服务建设成果（见图1）。

图1 律兜“云公共法律服务中心”

与此同时，实体、热线和网络“三大平台”的融合还需要完善各单独平台系统的功能设置。其中，我国网络平台建设比较晚，整体设计还存在一些缺陷，各级也缺乏专门的信息化人才，因此，在功能设置上还有所不足。网络平台可以区分不同使用人群，为其提供专业领域内的法律服务，并使网络平台服务界面全面、清晰、合理。例如，律兜参与运营的“12348 上海法网”(见图 2、图 3)，将企业服务和个人法律服务区分开来，为企业服务专门提供了一个窗口。在功能设置上，企业服务除了设置法律服务外，还提供了政策申报、融资对接、人力资源等一系列的服务，在提供公共法律服务的同时又优化法治营商环境。在个人服务上，以“我要查”“我要问”“我要约”“我要问”等大众喜闻乐见的语言形式提供了法律援助、法职考试、法律服务咨询、公证等各项服务。从技术实现角度看，上海法网以智能技术为依托，为社会公众提供丰富的智能查询服务和案例库推送，帮助群众在查询类似经典案例库的同时，形成对于自身法律问题解决的心理预期；具备强大的数据分析功能，能够对“法网”运行中产生的大数据进行挖掘，准确掌握上海公共法律服务的关键点及敏感领域。目前，律兜也已为江苏、重庆、上海、湖北、西藏在内的 6 个省级法网提供在线律师服务运营支持。

图 2　上海法网官网截图 1

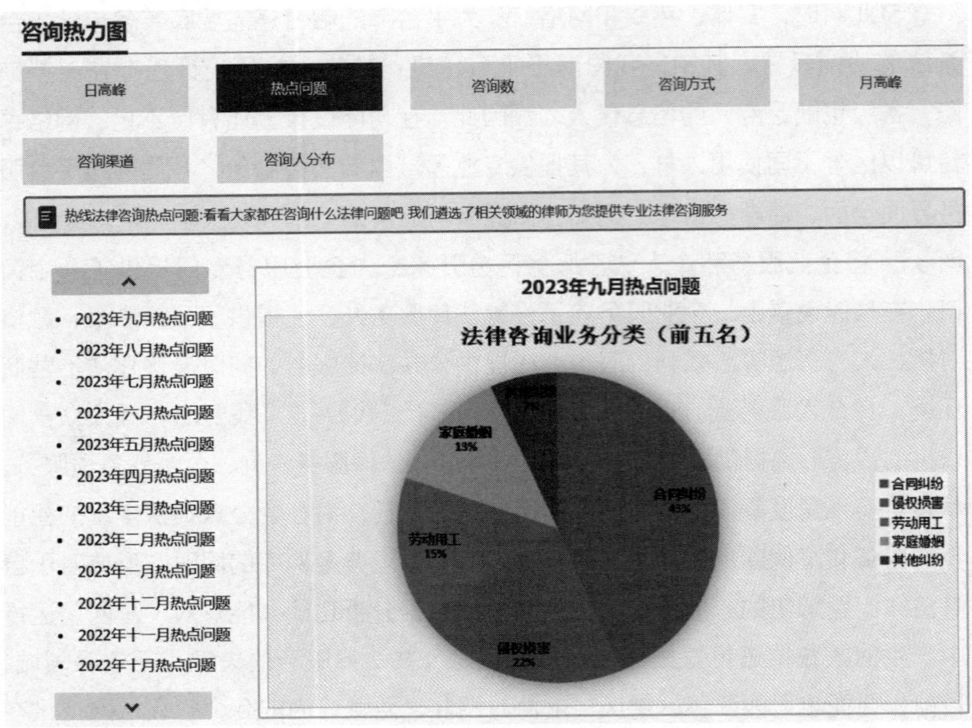

图3 上海法网官网截图2

结 语

总体而言，我国目前公共法律服务平台存在功能不全面、地区发展不平衡、公共法律服务资源不均衡、人才队伍建设不足等各类问题。这类问题导致基层触达率低，群众对公共法律服务知晓率低、利用程度低、使用效果不佳等情况。而造成以上问题的主要原因与各级各地部门对公共法律服务平台的作用认识不深、各地政策支持力度不够、建设运营资金不足等方面密切相关，这需要在未来的法治发展中逐步得以解决。律兜今后将继续探索公共法律服务平台的理论与实践方面的问题，以期为我国公共法律服务建设贡献绵薄之力。

公共法律服务与 AI 的融合之路*

王小强**

内容提要： AI 的不断进化，让法律服务变得触手可及。本文将围绕习近平法治思想，探讨现代公共法律服务体系建设，破解在深化运用 AI 打造“两全”公共法律服务中的难题，促进公共法律服务资源城乡均衡分布，提升公共法律服务质效。

关键词： 智能法律服务；公共法律服务整合 AI；现代化共法律服务体系建设

引　言

2023 年，法律服务与 AI 的融合之路在不断明朗。

首先，随着社会整体法治意识、法治素养的不断提升，公民对法律服务的需求量在快速提升；其次，语义识别、法律知识图谱、5G 等应用的不断成熟，让智能法律服务的普及具备技术基础；最后，习近平总书记在党的二十大报告中指出：“建设覆盖城乡的现代公共法律服务体系”，为深化运用 AI 技术构建现代公共法律服务体系指明了方向。

当前是最好的时机，将 AI 技术的强大力量融入公共法律服务管理和供给侧的建设工作中，为建设智能精准、普惠均等、高效便捷的现代公共法律服务体

* 基金项目：本文系 2021 年度国家社科基金重大项目“民事司法程序现代化问题研究”（项目批准号：21&ZD205）的阶段性研究成果。

** 作者单位：杭州识度科技有限公司。

系添砖加瓦。

一、现状

目前，AI 技术日趋成熟，其应用已深入各行各业，客服、新闻、互联网等都在积极探索如何利用 AI 技术来提供更好的服务。比如，ChatGPT 可模拟真实对话，实现与客户的互动；新华网的超写实数字主持人新欣，可代替人工主持节目；人工智能技术还被广泛应用于法律服务、医疗、教育、城市治理等方面。

AI 的一大特点就是可驱动机器 7×24 小时运转，取代人工低技能工作。这一特点恰好能够在法律服务行业中被充分利用。

法律服务是一个知识密集型行业，充斥着诸如法律咨询、文书代写等简单重复、数量巨大的工作。虽然我国拥有超过 60 万人的律师队伍，但每个律师平均仍需服务超过 2000 人，其中在公共法律服务体系中的律师队伍则更加稀少。而随着公民法治意识的逐步提升，法律服务需求将持续增加，法律服务的供给压力进一步增大。此外，我国法律服务资源主要集中在经济发达的沿海省份，以及内地各省的省会城市，城乡之间的差距十分明显。

因此，通过“AI 代人”“机器代人”等手段解决法律服务中简单重复、数量巨大的工作，促进法律服务资源向乡村倾斜，成为法律服务行业发展的必然选择。在笔者看来，法律服务与 AI 技术的结合势在必行。

二、AI 赋能法律服务

那么，法律服务行业发展面临哪些挑战呢？ AI 技术又能为法律服务行业作哪些赋能呢？

法律服务行业发展面临的挑战：（1）我国法律服务的用户基数大，法律服务的需求量大，需求类型多样，需求地域分布分散。用户愿意投入的经济能力呈现正态分布，即大部分用户经济投入能力是极低的，投入能力强和无投入能力的用户占极少数。（2）用户遇到的法律问题复杂度与数量成反比，主要体现为简单的法律问题普遍性存在，复杂问题的个性化极强。对于这些普遍存在的法律问题，对于法律服务主体来说，需要耗费大量的时间和精力来处理。（3）为将知识快速变现，法律服务资源主要集聚在经济发达地区，很难向经济欠发达地区自发地、有序地转移。

融合 AI 技术的能力，法律服务行业发展面临的挑战将迎刃而解。AI 技术向法律服务赋能：（1）AI 技术能够快速将法律条款进行解构，形成一张巨大的知识图谱，这张知识图谱的知识容量超越了任何一位律师所具备的法律知识。随着法律法规的推陈出新，深度学习算法可对知识图谱进行迭代升级，从而保障法律适用的准确性。（2）AI 像律师一样，具备咨询回应、内容撰写、思考总结等能力，甚至还能持续进化出新能力。在法律服务工作中，它虽然无法完全替代律师进行工作，但可胜任法律咨询、文书代写、内容纠错、法条查询等简单重复、低附加值的工作。（3）AI 可做到 7×24 小时工作，可通过“分身”在乡村服务村民，在牧区服务牧民，在社区服务居民，在市场服务市场主体，在工会服务工友，等等。

三、公共法律服务融合 AI 在浙江省的实践

在 2021 年世界互联网大会上，时任浙江省委书记车俊分享了一个故事：“一名乌镇居民因为遭遇交通事故，想找一位律师，帮忙起草一份事故民事起诉状，然而，这位居民对法律一窍不通，不知道怎么请律师，也不知道需要准备什么样的材料。在别人的建议下，他走入了乌镇全天候 24 小时的‘法超市’，通过法律服务智能机，这位居民查询到了交通事故赔偿的流程和需要准备的材料，计算出了赔偿金额，在现场扫码下载了一张起诉书，还视频连线了法律援助律师。他没有花费多少时间，没有花费多少精力，也没有花费钱，就办好了打官司所需要做的准备工作。”

公共法律服务是政府公共职能的重要组成部分，在法律服务行业中，具备极强的代表性。它既面临法律服务行业所面临的挑战，又面临在城乡基层社会治理中人力和资金双方面投入十分有限的难题。将人工智能法律服务应用在公共法律服务体系建设中大势所趋。

从 2018 年开始，浙江省率先将人工智能法律服务深化应用到现代公共法律服务体系建设中，通过与杭州识度科技有限公司的合作，建设智能公共法律服

务系统。浙江省坚持“大场景、小切口、快应用、大牵引”的建设思路，以科技研发为有力支撑，在构建公共法律服务硬件设备、移动端软件产品、大数据平台等智能化法律服务基础设施的同时，针对司法系统在打通数据的采集、处理、应用各环节壁垒等方面的需求，构建了集管理、服务、监测、保障“四位一体”的信息化运行管理系统，促进公共法律服务供给、需求、监管一体优化，形成资源共享、协调联动的工作机制。截至2022年智能公共法律服务体系在全省市、县（区、市）、乡镇（街道）、村（社区）四级实现了全覆盖。

浙江省的智能法律服务体系的核心是“识度智能法律服务平台”，该平台已在全国23个省（直辖市）3000余个政法单位投入使用，各项功能服务人次超过2000万，带来了良好的社会效益。它的典型功能有：

1. 智能咨询。系统收纳我国法律法规、地方法、司法解释等，并进行内容解构，构建起法律知识图谱。基于法律知识图谱与语义识别技术的结合，智能咨询能有效满足用户免费问、随时问的需要，同时，兼顾法律适用性正确的需要。基于半自动化闭环运维管理的多轮问答和情景咨询，让系统像律师一样，能够结合语境与用户进行互动，提供分析解答，呈现法律依据，剖析真实需求，推荐相关案例。一键语音输入、多种方言智能识别等能力更是满足了多类用户群体个性化需求。系统甚至还能根据与用户互动信息内容，智能生成法律咨询意见书，用户使用手机扫码即可带走。而法律咨询意见书中有情况分析、处理建议、法律依据、相关案例、适用文书模板以及风险提示等，内容十分全面。

2. 智能找律师。对于普通用户来说，避免“病急乱投医”，快速找到擅长领域与自己需要的靠谱的律师，才是最关心的事。系统根据律师执业年限、奖惩信息以及律师的判决文书数据，智能分析擅长领域并打标签。在用户需要找律师时，系统能够根据用户口述的法律问题，快速精准筛选，让用户一键获得推荐律师信息清单。

3. 律师视频咨询。为将公共法律服务站点的值班律师作用最大化，浙江省智慧公共法律服务系统采用识度科技的“分布式视频智能调度系统”。一方面，构筑起用户与律师沟通的视频通道；另一方面，用户视频咨询请求会在县、市、省三级公共法律服务中心智能调度，比如，在县公共法律服务中心律师忙碌时，用户视频咨询请求会调度到隔壁县的公共法律服务中心，若是县级公共法律服务中心均忙碌，则会调度到市级公共法律服务中心，以此保障用户的服务体验。

法律知识渊博，智能化程度高，可在城乡均衡部署，这样的现代公共法律服务体系既满足了用户所需，同时，也为法律服务行业发展破解了难题。

四、公共法律服务融合 AI 的前景与展望

经过多年的研究和实践，公共法律服务能够融合 AI 技术，使得公众能够方便迅速地获取法律服务。从智能咨询，到智能文书代写，再到基于大数据的法律建议，这些 AI 技术在公共法律服务领域的应用预示着法律服务行业革新时代的到来。

随着 AI 技术的发展以及在公共法律服务领域的深入应用，未来可能会有以下几大发展趋势：

高度个性化的法律咨询。通过 AI 技术，为公众提供定制化的法律咨询服务。与传统的一问一答式咨询不同，AI 可基于用户的历史数据、行为和需求进行深度分析，为其提供更具针对性的建议。

自动高效文档生成、分析与审核。无论是起诉状、合同草案还是其他法律文件，AI 都有能力快速生成、修改和分析。这不仅将显著提高效率，还能确保文档的法律准确性。文档审核是法律工作中最为耗时的环节之一，尤其在大型并购、知识产权案件或是合同谈判中。传统的文档审核依赖于律师的细致阅读和判断，但随着案件规模的增大，这一过程变得越来越低效。基于 AI 的文档审核工具可以自动识别关键条款、风险点和潜在的争议点，并对文档进行智能排序，让律师能够优先处理高风险文档。

争议预测与协助解决。通过大数据分析，AI 可以预测某一案件在法庭的胜率、可能的裁决结果等。通过对过去的案例数据进行深度分析，AI 工具可以预测某个特定法院或法官可能的裁决方向，或是某一法律论点在法庭上的成功概率。这种预测能力为律师提供了宝贵的策略建议，帮助他们更有针对性地准备案件，甚至提前与对方达成和解。

随着 AI 技术在法律领域的不断深化应用，我们有理由相信未来的公共法律服务将更加智慧、公正和高效，促进社会的正义与和谐。

省厅（局）特色经验展示

现代公共法律服务体系建设的实践与探索

——以四川省样本看中国式现代化公共法律服务高质量发展*

蒋兴清 黎洋丞**

公共法律服务作为一个社会治理法治化概念，自提出以来经历十余年的社会实践后，其已经发展成一种契合中国社会发展现实需要的法治现代化治理模式和体系。在2019年印发实施的《中共中央办公厅、国务院办公厅关于加快推进公共法律服务体系建设的意见》中，指出公共法律服务是政府公共职能的重要组成部分，是保障和改善民生的重要举措，是全面依法治国的基础性、服务性和保障性工作。从四川省公共法律服务体系建设实践，探究现代公共法律服务的高质量发展之路。

一、推动现代公共法律服务体系建设的内涵及必要性

（一）现代公共法律服务体系建设的内涵特征

为满足社会经济发展中人民群众日益增长的法律服务需求，弥补市场供

---

* 基金项目：本文系2021年度国家社科基金重大项目“民事司法程序现代化问题研究”（项目批准号：21&ZD205）的阶段性研究成果。

** 作者信息：蒋兴清，四川省司法厅公共法律服务管理处处长，华东政法大学公共法律服务研究院特聘研究员。黎洋丞，四川省司法厅公共法律服务管理处主任科员。

给不足、市场需求不畅和资源配置不均衡，实现社会公平正义与和谐稳定，由党委领导、政府主导、机关部门协同、社会力量参与，以保障公民、法人和其他组织法律需求的主要目的。在四川即将出台的《公共法律服务条例》中，对公共法律服务的内涵及外延作出了明确定义，即公共法律服务是指为保障公民、法人和其他组织在社会公共生活中的法律服务需求而提供的公共法律服务设施、服务产品、服务活动以及其他相关法律服务，包括政府免费提供的法治宣传、法律咨询、法律援助、人民调解、信息查询、法律事务办理指引等基本公共法律服务，以及律师、公证、司法鉴定、仲裁等多元化专业化公共法律服务。当然，公共法律服务是一个不断发展着的实践概念。从价值层面来看，公共法律服务是将法治国家、法治政府、法治社会一体化建设融为一体，促进依法治国、依法执政、依法行政的法治现代化新模式。在新时代背景下，公共法律服务体系建构是全面依法治国的重要内容，与全面依法治国的根本目的具有同一性。公共法律服务体系具有服务性、公平性以及人民性等诸多核心特征。

（二）现代公共法律服务体系建设的必要性与重要性

一是推进公共法律服务体系建设是贯彻全面依法治国决策部署的必然要求。党的十八届四中全会作出全面推进依法治国的决定，提出推进覆盖城乡居民的公共法律服务体系建设。党的二十大报告鲜明提出，建设覆盖城乡的现代公共法律服务体系。习近平总书记先后多次对推进公共法律服务体系建设作出重要指示，深刻阐释了深化公共法律服务体系建设与全面推进依法治国的内在关系；深化公共法律服务体系建设是深入贯彻党中央全面依法治国战略部署，强化依法执政、依法行政的重要举措。我国法治建设已经进入新的历史阶段，法治理念的革新是新时期法治建设不可或缺的观念基础。良法善治是贯穿习近平法治思想的一个重要主题，它既是中国全面推进依法治国伟大实践的智慧结晶，也是加快建设社会主义法治国家的基本价值追求。公共法律服务体系的提出与实践，本身便是对于良法善治理念的贯彻落实，公共法律服务质量直接影响全面推进依法治国的进程和效果，在推进依法治国过程中发挥着极其重要和独特的作用。

二是推进公共法律服务体系建设是建设人民满意的服务型政府的重要内容。

提供公共法律服务的关键主体是公权力机关，“公权力”是公共法律服务概念的一个核心因素，其在价值命题上的表现就是服务型政府理念在公共法律服务体系建构中的贯彻。服务型政府所坚持的“公民本位”和“社会本位”与公共法律服务体系概念命题的两个核心要素契合，在公共法律服务体系建构过程中秉持服务型政府理念，是对公权力机关的自我要求，也是公众对公共法律服务提供者的期待。公共法律服务作为与经济社会发展相适应，以社会主义法治理念为导向，以促进社会公平正义、维护社会和谐稳定为目标，以法治思维和法治方式保障公民基本生存权和发展权所必需的法律服务，坚持以人为本，以提供丰富完善的公共法律服务为使命，形塑政府与公众之间新型的公共法律服务互动关系，成为公共法律服务体系建构的应有之义，是服务型政府公共服务供给的重要组成部分，是司法行政系统为人民群众服务最直接、最集中的体现。

三是推进公共法律服务体系建设是更好发挥司法行政机关职能的重要抓手。司法行政工作点多、线长、面广，长期以来没有形成一个系统的体系和统一的整体，找准司法行政各业务条块内部联系，发挥司法行政机关综合效应十分重要。司法行政工作在法治建设、社会治理中作用独特、地位特殊，无时不与人民利益相关，无刻不同群众关系相连，无事不同社会治理相系。能将这些工作有机联系在一起，切实发挥司法行政体量大、资源广、类型全的优势，形成更有机、更融合、更持续的组合效应的就是公共法律服务。公共法律服务工作是司法行政服务经济社会发展、融入党委和政府中心工作的最直接体现，是司法行政系统对外的窗口和门面，需要强化公共法律服务综合工作效能，全面提升司法行政工作形象。

二、四川现代公共法律服务体系建设历程及经验

2014年出台的《中共中央关于全面推进依法治国若干重大问题的决定》开创性地宣告，全面推进依法治国需要建设全国范围内的体系完备、覆盖城乡居民的法律服务系统，为公共法律服务体系建构的发展完善提供了政治基础及理论环境。2017年国务院出台的《“十三五”推进基本公共服务均等化规划》确定基本公共服务的内容应囊括公共法律服务，其中基本公共服务的普惠性、保基本、均等化、可持续发展方向，也应成为公共法律服务工作的重点任务。

2019年中共中央办公厅、国务院办公厅共同出台了《关于加快推进公共法律服务体系建设的意见》，在原有规划的基础上进一步提出覆盖城乡、便捷高效、均等普惠的要求，明确了基本公共法律服务和多元化专业化的公共法律服务，并在提高管理效率、加大保障力度和加强组织领导方面作出指示。2020年12月，中共中央印发了《法治社会建设实施纲要（2020—2025年）》，将“为群众提供便捷高效的公共法律服务”列为加强公民权利保护的重要内容，将公共法律服务的供给实效明确为考察法治社会建设成效的重要指标。

四川现代公共法律服务体系建设大致经历了三个阶段。第一阶段（2014—2018年），四川公共法律服务体系建设积极探索，以推进公共法律服务实体、网络、热线三大平台为重点，以保障基本公共法律服务和提供多元专业公共法律服务为中心，持续推进法律服务体系向纵深推进，全国第一个以省委办公厅、省政府办公厅印发《关于推进公共法律服务体系建设的实施意见》，提出到2020年总体形成覆盖城乡、功能完备、便捷高效、线上线下相结合的公共法律服务体系，为人民群众提供普惠、公益、精准、便捷的公共法律服务，四川公共法律体系建设从无到有，初步解决了有没有的问题。第二阶段（2018—2022年），四川公共法律服务坚持以人民为中心，紧扣党委中心大局，以构建完备有效、精准覆盖的制度体系建设为重点，以建设“两全两快”的现代公共法律服务体系为目标，全国首批以省政府办公厅印发实施的《四川省“十四五”公共法律服务体系建设规划》，推动省委依法治省委员会印发《四川省公共法律服务体系建设三年行动方案》，推动将公共法律服务纳入公共服务目录清单，着力推进基本公共法律服务均衡发展，增强公共法律服务多元化专业化供给和公共法律服务体系建设的实施保障，四川公共法律服务持续发展壮大，初步解决了好不好的问题。第三阶段（2022年至今），四川公共法律以推进构建四川公共法律服务“四梁八柱”为牵引，坚持强基础促统筹、创特色优服务、抓创新求发展，高质量推进《四川公共法律服务条例》立法和现代公共法律服务体系国家标准化试点，将四川省公共法律服务体系建设好的经验做法、成果成效固化为法律法规和标准规范，全面推进实现了公共法律服务从“有没有”到“好不好”到“优不优”转变，四川由公共法律服务大省正在向公共法律服务强省跨越迈进。在2022年司法部组织开展的公共法律服务体系建设第三方评估中得到95分，仅次于北京、上海，位居全国第三，迈入全国一流方阵。

（一）平台网络基本健全

建成市、县两级公共法律服务中心216个，乡（镇、街道）公共法律服务站3116个，村（社区）公共法律服务室27710个，实现公共法律服务“省、市、县、乡、村”五级联通。“12348”热线和法网全天候24小时响应并与“12345”融合并转，实现公共法律服务“全时空、全业务”覆盖。全国率先在四川师范大学设立公共法律服务中心，设立“西部战区空军四川省司法厅法律服务中心”，深化推进42个监所公共法律服务工作站规范化建设，创新建立25个省外异地法律援助工作站，试点推行区域协同发展法律服务中心、军民融合法律服务工作站、退役军人公共法律服务工作站、“爱之家”禁毒防艾法律服务工作站，实现重点领域、行业公共法律服务精准供应。

（二）制度体系基本架构

全国第一个以省委、省政府“两办”名义制发《关于推进公共法律服务体系建设实施意见》，全国唯一省份开展现代公共法律服务体系建设国家标准化试点，全国第一批以省政府办公厅名义制发《四川省“十四五”公共法律服务体系建设规划》，以省委依法治省委员会名义印发《四川省公共法律服务体系建设行动方案》，发布《四川省基本公共法律服务实施标准（2020—2022年）》《四川省公共法律服务发展指标（2020—2022年）》，为规范和促进公共法律服务工作奠定了制度保障基础。

（三）服务供给基本满足

全国首创开展异地法律援助工作，全国首批开展法律援助负面清单试点，创新法律援助“零障碍申请、零缝隙审批、零等待指派、零距离援助”“四零”模式，年均办理法律援助案件6.35万件次。稳步推进电子律师、视频公证、在线调解、“智慧公共法律服务”平台试点工作，创新制定涵盖130项服务产品的自然人、企业全生命周期公共法律“两张清单”，刑事案件律师辩护全覆盖、律师调解、公证“最多跑一次”等改革试点取得良好成效。截至2022年，四川律所全国排名第5，律师排名全国第7，公证机构排名全国第1，公证员排名全国第2，业务量排名全国第2；司法鉴定机构排名全国第11，司法鉴定人排名全国第3，业务量排名全国第2；仲裁机构排名全国第3，仲裁员排名全国第7；省级法治宣传教育基地150家，乡镇（街道）人民调解组织3124个。

（四）特色亮点基本呈现

强化民族地区公共法律服务对口帮扶常态化制度化体系化，推动建立“一核三治”模式，推出“六手印记”“年画释法”“法治小院”“乡贤理事会”“村民说事室”“三能理念”“三书模式”“温小法”等创新理念，创新做法、创新产品持续涌现。全国率先开展司法鉴定诚信评估，全国领先推动公证、司法鉴定智慧化平台建设，建设公证“一中台三平台”，打通公证服务信息化服务“最后一米”；打造司法鉴定“一专区三平台”，得到司法部领导赞誉，入选2022年政法智能化建设智慧创新产品。紧扣夯实公共法律服务体系、创新公共法律服务产品供给、打造高能级公共法律服务业态、推进公共法律服务均衡发展等4大任务模块，探索“一域一特色”公共法律服务。全国首个省级层面推动建设天府中央法务区，改革创新经验被评为中国改革2021年度唯一省级特别案例。

三、四川现代公共法律服务体系建设不足

（一）法律服务资源布局还不均衡

四川是公共法律服务大省，但法律服务资源发展不平衡不充分情况尤为突出，全省公共法律服务资源60%以上集中在成都，80%以上集中在大中城市，贫困地区、民族地区公共法律服务资源供给不足，城乡间公共法律服务水平差异大，尤其是偏远农村、林区、牧区公共法律服务资源尤为缺乏。公共法律服务资源向城市集中、农村大幅度递减的分布格局尚未得到根本改变。以甘孜、阿坝、凉山三州为例，其面积占全省60%，人口约704万人，但仅有律师591人，按照全省平均每万人拥有2.6名律师的平均数计算，律师缺口达1240人，部分县域只有1家个人所，一名专职律师，法律服务资源严重短缺，特别是精通藏汉双语、彝汉双语的人才严重稀缺。加之部分地区政府财力有限，对公共法律服务经费扶持力度不够，除法律援助外，尚未形成政府购买公共法律服务产品的机制，公共法律服务中心、站、室工作人员少，任务重，同时肩负多项

行政职能，难以提供充分法律服务。

（二）法律服务供给还不充分

受制于供给等客观因素影响，导致全省公共法律服务在法律服务人才培养、便捷高效、普惠均等法律服务供给以及对口帮扶等方面存在真空地带和薄弱环节，人民群众对公共法律服务体系建设的认识还停留在法律咨询、人民调解、法律援助等基本公益性公共法律服务上，在适应新形势，推动由司法行政机关主导、社会各部门参与，充分整合各方资源，开发满足不同层次、不同人群法律需求新产品方面还有明显差距，公共法律服务的可持续发展水平不高。如甘孜、阿坝、凉山三州，气候自然条件较差、经济不发达、社会发育程度低，使本地法律服务人才“难留住”、外来人员“难养活”、外来人才“难引进”，律师、公证员、司法鉴定人等法律服务人才数量严重不足、青黄不接、年龄老化、业务水平较低等问题普遍存在。

（三）法律服务统筹还不全面

公共法律服务作为最贴近基层、服务群众最广泛的工作，在服务高质量发展，满足人民群众急难愁盼的法律服务需求，助力基层依法常态化治理，供应精准智能公共法律服务产品方面存在结构性矛盾，公共法律服务宣传矩阵构建，公共法律服务渠道优化畅通，公共法律服务机制建设规范等方面还有明显差距，人民群众对公共法律服务的知晓率、首选率、满意率还不够高。加之公共法律服务联席制度未建立或未实质运作，各级与公检法等政法部门沟通协调不足，未有效融入政法公共服务体系，对外融合、对内整合力度不够、效果不显，创新性不够，针对性不强，人民群众对公共法律服务满意率、首选率、认可率不高。

（四）法律服务抓手还不多元

全省公共法律服务围绕重大战略任务，紧扣党委政府中心工作，助推高质量发展、扩大公共法律服务影响力方面还不够。借助外力，形成合力手段不多，借助党委、政府政策部署，依托良好形势推进公共法律服务体系建设探索不足，借助专家学者智慧，推进公共法律服务理论和实践创新不够。公共法律服务督导抓手不实，日常督导、专项督导、综合督导机制建设不健全，促进公共法律服务体系建设的力度不足，效果不显。

四、推进现代公共法律服务体系高质量建设实施路径

（一）强力提升公共法律服务护航中心大局的能力水平

围绕中心、服务发展是司法行政工作的重大使命，也是公共法律服务体系建设的根本目标。一要服务重大战略。主动融入“一带一路”建设、长江经济带发展、新时代西部大开发、黄河流域生态保护和高质量发展、成渝地区双城经济圈建设等国家重大战略，整合公证、司法鉴定、仲裁、法律援助等法律服务资源，推进法律服务向产业链上下游延伸，向供应链资金链服务链拓展，为打通大动脉、畅通微循环提供专业化法律服务。二要服务领域拓展。深化拓展公共法律服务方式、范围，建立工业园区、外来企业投诉、自贸区等公共法律服务中心，大力实施“法企共建”行动，助推企业合规建设，增强企业发展韧劲，用法律服务为发展赋能。聚焦新技术、新产业、新业态、新模式，创新法律服务形式和产品，助力创新创造。三要服务效能提升。高质量落实“天府中央法务区”中期建设规划，加快推进重点项目落地，加速国内外顶尖法律服务机构招引入驻，推进国内外各类法务服务资源跨区域交流合作，推动全省公共法律服务区域布局整体优化、功能体系整体完善、发展能级整体提升。

（二）优化提升公共法律服务守护民生福祉的功能质效

公共法律服务作为最贴近基层、服务群众最广泛的工作，要让公共法律服务的温度直达社会神经末梢，全力守护人民幸福生活。一是要优化服务形式。探索“即时化”“视频化”“网络化”法律服务方式，聚焦农民工、新就业群体等重点群体权益保障，优化拓展老、弱、病、残、幼等弱势群体，军人军属等特殊群体法律援助服务，大力推进“互联网＋公共法律服务”“区块链＋公共法律服务”，实现法律服务“掌上办、指尖办”；全面推广“三能”服务理念，丰富服务形式，推动实现群众获取法律服务“抬头能见、举手能及、扫码能得”，让法律真正成为老百姓的依靠。二是要延伸服务链条。积极推进专业化示范公证

机构创建，推进司法鉴定机构规范化、专业化、品牌化建设，拓展国际商事、运输、投资等领域的民商事争议仲裁业务，全面构建全生命周期公共法律服务供给体系，为金融证券、国际贸易、企业并购、知识产权、产业孵化、大众创业等新领域新业态提供“菜单 + 订单式”法律服务。三是要提升服务效能。深化畅通法律援助“绿色通道”，深化开展困难群众和特殊群体法律援助咨询和案件代理服务，实现应援尽援、应援优援，确保刑事案件律师辩护全覆盖。整合公证、司法鉴定、仲裁、法律援助等法律服务资源，推进乡村振兴法律服务多元化专业化。持续推进公共法律服务与警务服务、诉讼服务、检察服务有机联动，打造基层“法治建设堡垒”和“法律服务联盟”，努力构建共建共治共享的社会治理新格局。

（三）着力提升公共法律服务构建制度体系的协同高效

推动公共法律服务由“物理聚集”转为“化合反应”，并体现“综合服务”优势，重点在于构建形成优化协同高效的制度体系。一是坚持标准先行。推动实施公共法律服务国家标准化试点，构建公共法律服务业务标准体系，依托编制完成的基础标准子体系、公共法律服务标准子体系、公共法律服务平台建设标准子体系、高能级业态公共法律服务标准子体系、特定领域公共法律服务标准子体系、公共法律服务保障标准子体系、公共法律服务质量控制与评价改进标准子体系等7个标准体系80余项具体工作标准，按照“标准化 + 制度化”“模块化 + 制度化”形式对涉及公共法律服务的法律服务咨询、法律援助、公证、人民调解、律师、仲裁、司法鉴定、法治宣传等业务工作落实标准化建模和应用化推广，推动实现公共法律服务业务工作标准化、模块化、体系化。二是健全工作体系。构建四川公共法律服务体系的“四梁八柱”（“四梁”即出台《四川省公共法律服务条例》，开展现代公共法律服务体系建设国家标准化试点，建设四川省级公共法律服务中心，实现实体、网络、热线三大平台融合；“八柱”即全面统筹律师、公证、司法鉴定、仲裁、法律援助、基层法律服务、法治宣传、人民调解等工作业务）。通过贯彻落实《四川省“十四五”公共法律服务规划》，推动建立健全省级公共法律服务体系建设工作联系协调机制，推动建立公共法律服务联席会议机制，强化司法行政内部统筹和政府各部门单位的外部协同，加大对跨区域、跨部门重大事项协调力度，研究推动重点任务、重大改革、重大项目，谋划推进具体工作事项。三是优化制度机制。深入推进法律服务供给侧结构性改革，着力构建省级跨区域法律服务资源统筹调度机制，拓展公共法律服务产品供给领域范围，全面优化提升法律服务供给能力水平。助力区域公共法律服务均衡发展，实现公共法律服务区域协同并进，打造具有全国影响力的区域性公共法律服务协作典范。建立健全公共法律服务事项清单和项目标准动态调整工作机制，确保服务事项及时适应经济社会发展和群众需求。建立健全公共法律服务质量评价机制、监督机制、失信惩戒机制，推行岗位责任制、服务承诺制、首问负责制、限时办结制、服务公开制等服务制度，提高服务质量。

（四）全面提升公共法律服务建设优质队伍的素质素养

公共法律服务工作队伍建设能力素养直接影响、制约公共法律服务供给质量与效率，需要下大力气纵深推进。一是推动队伍建设突出“优”。持续推进法律服务队伍革命化、正规化、专业化、职业化建设，引导广大法律服务工作者坚定政治信念，听党话、跟党走，做党和人民放心的法律服务工作者，建立健全公共法律服务工作者政治轮训、教育培训、职称评定、典型示范、人才引进、专业评价等工作制度机制、政策配套，充分发挥高等院校、科研院所、行业协会、专业机构作用，探索创新具有四川公共法律服务特色、行业特点、机构特征的公共法律服务人才培养模式，全面提升公共法律服务队伍思想素质和专业能力。二是推动队伍建设注重“实”。鼓励社会力量、志愿队伍、公共组织参与公共法律服务，着力构建党委领导、政府主导、司法行政机关牵头抓总、法律服务行业协会监督引导、法律服务机构具体执行的公共法律服务人才队伍培养发展、均衡发展、引领发展工作机制。探索公共法律服务志愿者培养、招募、管理、培训等制度，进一步畅通志愿者参与公共法律服务渠道。三要推动队伍建设体现“效”。坚持“输血”与“造血”相结合，加强对法律服务资源薄弱地区人才的培养力度，探索公共法律服务资源欠缺地区人才差异化招录政策和定向培养制度，大力发展基层法律服务工作者队伍，加大法律明白人培养力度，推动公共法律服务人才本地化。加强民族地区法治人才尤其是双语法治人才的培养、储备和使用。加强涉外法治人才队伍建设，着力培养一批熟悉“一带一路”沿线国家法律实务的高素质高层次涉外法律服务人才。

（五）持续提升公共法律服务保障综合能级的要素考评

提升公共法律服务保障水平是助推公共法律服务高质量发展的基础性工作，发挥着基础性作用。一是优化加强综合保障效能。公共法律服务体系建设顶层设计，推动建立党委领导、政府主导、部门协同、社会参与的公共法律服务管理体制和工作机制，深化完善政府购买基本公共法律服务制度，及时将公共法律服务体系建设纳入本地区经济社会发展总体规划、公共服务体系建设规划和综合考核体系，纳入乡村振兴实绩考核，把基本公共法律服务纳入政府基本公共服务范围和基本公共服务均等化规划，列入党委、政府为民办实事项目。二是健全完善要素保障机制。建立完善多渠道经费保障机制，积极协调地方政府将基本公共法律服务经费列入同级财政预算，将基本公共法律服务事项纳入政府购买服务指导性目录，不断拓宽公共法律服务资金筹集渠道，鼓励通过慈善捐款、依法设立公益基金会等方式，引导社会资金投向公共法律服务领域。加强部门协作，加大与民政、公安、人民法院、工会、团委等合作，推动信息共享、工作联动，努力形成公共法律服务工作合力。三是要全面提升绩效保障水平。要健全实施、优化推进公共法律服务体系建设绩效评估，定期开展公共法律服务体系建设监测评估，建立健全公共法律服务第三方评估制度机制，强化行政管理、行业监督、机构自律综合管理体系建设，以监督管理的高质量切实提升人民群众对公共法律服务的知晓率、首选率、满意率。

公共法律服务中心建设

服务实体经济　打造公共法律服务创新平台

——以成都时代公共法律服务创新与发展中心做法为例*

曹　帅**

一、涉企公共法律服务的重要意义及面临的问题与困境

我国的公共法律服务体系，是依托于最初的法律援助体系逐步建立起来的。虽然近年来公共法律服务体系建设不断完善，公共法律服务的深度和广度不断拓展，但公共法律服务的受众对象依然是以个人为主，而面向经济主体特别是广大中小企业的公共法律服务的类别和内容，仍然较为匮乏。成都时代公共法律服务创新与发展中心通过走访调研发现，广大中小企业有着广泛的涉法服务需求，但自身经济实力偏弱，面临市场化服务价格昂贵不愿接受、政府公服供给又无力覆盖的困境，导致很多中小企业在经营发展过程中寻求法律支持的意愿和意识淡薄，影响了实体经济特别是广大中小企业的抗风险能力和持续健康发展。如何加强和改善涉企公共法律服务，充分发挥法律服务保障职能，护航企业健康成长、行业良性发展、产业提质增效，特别是在当前较为严峻的经济形势下，具有特别重要的意义，也是法律服务行业值得研究和探索的重要课题。

*　基金项目：本文系2021年度国家社科基金重大项目“民事司法程序现代化问题研究”（项目批准号：21&ZD205）的阶段性研究成果。

**　作者单位：成都时代公共法律服务创新与发展中心、华东政法大学公共法律服务研究院。

目前，涉企公共法律服务仍然面临诸多问题与困境，需要解决和克服。其一，如前所述，我国公共法律服务体系覆盖的受众对象，仍主要是以个人为主，作为市场主体的企业，能够享受的公共法律服务事项较少（如人民调解等），特别是广大中小企业亟需的法律顾问、诉讼代理、公证、鉴定等企业常态法律服务需求，现有的公共法律服务体系尚无法有效覆盖。其二，相较于个人法律服务而言，企业法律服务更繁复，需投入的人力时间成本较高，但囿于现有公共法律服务体系涉企服务机制尚不完善，社会服务力量难以获得这方面的政府公共法律服务经费支持，导致社会力量参与涉企公共法律服务或公益服务的意愿不强、积极性不高。其三，政府主导下的公共法律服务，主要依托于各地司法系统的公共法律服务中心、各基层公共法律服务工作站等作为实体平台来开展，政府公共法律服务机构难以主动走出去，送服务到一线，广泛深入企业、深入园区、深入行业解决企业实际法律诉求。以上种种因素制约，影响了涉企公共法律服务的实效。

二、成都时代公共法律服务创新与发展中心的做法

成都时代公共法律服务创新与发展中心（以下简称时代公服中心）针对当前涉企公共法律服务的种种困局，立足公共法律服务理论研究和实践探索，深入思考破解之道。时代公服中心充分认识到，要保障涉企公共法律服务的高质量深入开展，仅凭政府公服平台是不够的，其覆盖性难以满足实体经济对公共法律服务的需求，需要社会力量更广泛、更深入地参与并充分调动其积极性，发挥社会服务力量的生力军作用。为此，时代公服中心作为致力于公共法律服务工作的社会组织、民间力量，探索创建了实体经济一站式公共法律服务的创新平台，聚合志愿参与的各方社会力量，专项开展涉企公共法律服务。

（一）时代公服中心及其实体经济一站式法律服务平台简介

时代公服中心成立于2018年10月，系成都市司法局主管的民办非企业社会组织。时代公服中心设立的初衷，是以推进公共法律服务体系建设为核心目标，研究解决公共法律服务体系建设存在的突出问题，探索公共法律服务工作创新与发展的实践道路。

时代公服中心在司法行政主管机关的指导下，积极响应和深入贯彻国家及省市地方关于促进民营经济发展、服务实体经济的重大决策部署，于2023年9月创设立了面向企业、服务于市场主体的一站式法律服务平台。平台的宗旨，是为了探索面向行业、企业的公共法律服务新路径，通过整合有志于参与涉企公共法律服务的专业人才资源，让广大企业特别是中小企业，能够享受到政府主导的各项公益惠民法律服务，提升企业在法治领域的获得感，为企业的持续健康发展，为构建和改善成都市法治化营商环境，提供助力。

（二）平台优势

1. 提供企业常态法律服务一站式综合性解决方案。实体经济一站式法律服务平台，充分发挥时代公服中心在公共法律服务领域的服务资源整合优势，汇集了一批有志于从事公益惠民法律服务的专业律师、人民调解员、公证员、会计师审计师、鉴定评估师、高校专家教授、志愿者等组成的服务团队，能够为广大企业提供包括法律咨询、法律顾问、案件代理、人民调解、知识产权保护、公证、鉴定、财会审计、资产评估等一站式综合性法律服务解决方案，服务贯穿于企业经营管理活动的全过程，实现企业常态涉法服务全覆盖，满足企业日益增长的多元化法律服务需求。

2. 提供公普惠性法律服务。政府主导、社会力量参与的公共法律服务，具有社会公共服务属性，其不以营利为目的。需要注意的是，除了法律明确规定服务须免费外（如人民调解、法律援助等），公共法律服务特别是涉企公共法律服务并不意味着只能是无偿供给。但平台开展的涉企公共法律服务又明显区别于市场化法律服务，其提供的助企惠企法律服务支持具有社会公共服务的公益普惠属性。目前，平台除法律咨询、人民调解服务系无偿服务外，对于其他有偿法律服务项目，将遵循惠民原则，综合考虑相关法律服务所涉人力、时间等必要服务成本，参照相关法律服务的市场公允价格给予显著优惠，收取适当服务费用。

基于此，平台相关涉企公共法律服务的经费来源，由企业在负担能力范围内承担一部分，社会服务力量自行消化一部分，为企业特别是广大中小企业尽力节约服务获得成本的同时，也能保障社会服务力量在人力、时间上的必要付出，提升社会服务力量的参与积极性，由此形成涉企公共法律服务人才保障和经费保障的长效运转机制。

3. 服务机制灵活，主动走出去深入企业、园区、行业，送服务到一线。区别于政府的公共法律服务机构，时代公服中心的实体经济一站式法律服务平台作为社会力量举办的公服平台，能充分发挥社会组织服务机制灵活的优势，能够主动走出去，上门对接服务需求企业，送服务到一线，有利于贴近掌握企业实际状况、精准衔接企业需求并针对性地提供优质法律服务；同时，时代公服中心也可主动深入各企业园区、逐步对接各行业协会达成合作，迅速高效地拓展涉企公共法律服务的深度和广度。

实体经济一站式法律服务平台仅设立一个月左右，时代公服中心就已与四川包装装潢印刷工业协会达成战略合作，辐射影响协会数千家会员企业，并已与多家行业重点企业成功签约，受聘提供公益法律顾问服务。

（三）平台服务对象

成都市范围内各行业企业，以广大中小企业为重点服务对象。

（四）平台服务项目

时代公服中心充分发挥资源整合优势，经平台统一受理企业服务需求后，组织、匹配各方专业人才资源，为企业提供以下五大类惠企法律服务支持，覆盖企业常态涉法服务需求，实现企业涉法服务需求的统一归集、一站式处理。

1. 免费法律咨询。指派专业律师通过电话、现场接待方式，为企业提供无偿法律咨询。

2. 公益性法律顾问服务。法律顾问服务内容包括：为企业日常经营管理中的涉法事务提供法律咨询；为企业重大经营决策提供法律论证；协助企业建章立制；各类法律文书的合规审查、草拟、修订；企业法治讲座培训等。

具有如下特点和优势：（1）中心广泛整合了律所和律师人才资源库，能够结合企业实际情况匹配并指派适合的专业律师，为企业提供专业、优质的法律服务。（2）企业与中心签订公益顾问服务合同，中心给予最大程度的服务优惠，以低于市场价格收取服务费。

3. 诉讼仲裁案件代理服务。企业如遇纠纷，中心可指引安排专业律师，为企业提供诉讼、商事仲裁、劳动争议仲裁案件的律师代理服务。

具有如下特点和优势:（1）中心根据企业需求，为企业匹配擅长纠纷领域的专业律师，最大限度地维护企业合法权益。（2）企业与律所直接签订委托代理合同，在中心的监督指导下，律所给予最大程度的服务优惠，以低于市场价格收取代理费。

4. 免费人民调解服务。中心协调安排相关人民调解组织和调解员，对于企业所涉经营纠纷、合同纠纷、劳资纠纷、消费纠纷等民事纠纷，提供人民调解（含人民调解协议司法确认）服务。

具有如下特点和优势:（1）人民调解化解纠纷，是政府倡导的矛盾纠纷多元化解机制的重要组成部分，方便快捷且全程免费。中心要求调解组织一般在半个月左右办结，调解组织不收取任何调解服务费。（2）达成的人民调解协议，可以依法向人民法院申请司法确认。经司法确认的人民调解协议，等同于法院民事调解书、判决书的效力。当事人不履行调解协议的，可直接申请人民法院强制执行。（3）人民调解协议司法确认程序，可为当事人进一步节约维权的金钱、时间成本。司法确认，人民法院依然不收取任何费用；经司法确认的人民调解协议可直接申请执行，省却了当事人诉讼一审、二审环节，不仅为当事人节省了诉讼审理的烦琐和时间，也极大节约了诉讼一审、二审的诉讼费用、律师费等维权成本。

5. 公证、鉴定、财会审计、资产评估服务。公证、鉴定、财会审计和资产评估事务，是企业经营过程中的常态需求，中心通过整合一批具有合法资质的公证处、司法鉴定所、会计师审计师事务所、资产评估机构等服务机构，为企业提供相关专业领域内的优质服务。

具有如下特点和优势:（1）与中心建立紧密合作关系的专业服务机构，均为具有合法资质且口碑良好的专业机构。（2）企业如有相关业务需求，由中心指引安排的专业机构可优先办理，提高企业办事效率，节约时间成本。（3）企业与专业服务机构直接签订服务合同，在中心的监督指导下，专业服务机构给予最大程度的服务优惠。

《中国公共法律服务》约稿函

党的二十大报告指出要“建设覆盖城乡的现代公共法律服务体系”。公共法律服务是全面依法治国的基础性、服务性和保障性工作，是当代中国社会治理实践和全面推进依法治国的进程中形成的一个全新法治概念和理论命题，亦是建构中国法学自主知识体系的生根点、增长点和重要支点。与此同时，公共法律服务学科的兴起与发展，因应了《关于加强新时代法学教育和法学理论研究的意见》中所提出的优化法学学科体系之要求。

为了推进公共法律服务学科建设和学术研究，为公共法律服务学科提供理论与实践相结合的、更加广泛融合的交流平台，依托司法部与华东政法大学部校共建“公共法律服务协同创新与数字治理研究基地”，由华东政法大学“经天学者”特聘教授、博士生导师、公共法律服务研究院院长杨凯担任主编，创办《中国公共法律服务》集刊，采用定期连续出版书籍形式，每年出版 4 辑，由人民法院出版社定期出版。

《中国公共法律服务》的宗旨是：聚焦中国式法治现代化的理论与实务热点问题，提炼公共法律服务理论命题，汇聚法律服务行业的整体力量，关注法律科技创新和产品研发应用前沿，聚力公共法律服务行业的数字化转型，推进公共法律服务行业和法律科技产业高质量发展，弘扬中国公共法律服务体系建设的发展理念、理论、思想和实践，从而将公共法律服务实证应用法学研究融入全面依法治国实践，适应法治建设新要求。

《中国公共法律服务》开设有特稿、融合发展理论、诉讼公共服务、线上线下结合、基层社会治理、法务区建设前瞻、公共服务新视野、第三方立法评价、新时代枫桥经验等栏目。来稿可以围绕中国公共法律服务的本土性概念和时代性功能展开理论探讨，可以对公共法律服务的针对性政策和体系性制度进行实证研究，可对当前公共法律服务的理论、规范与实践等维度的现状进行反思，亦可将公共法律服务与枫桥经验、诉源治理、基层社会治理、在线诉讼、在线调解等法学命题相结合展开融合思考、交叉研究。

本刊还特别设置了“省厅（局）特色经验展示、公共法律服务中心建设、科技应用前沿和产品创新”等特色栏目，尤其欢迎公共法律服务行业各条线的实务工作者和法律科技企业的研发人员提出实践问题，凝练实践经验和展现前沿法律服务产品。

一、稿件要求

（一）一般规定

1. 稿件应为尚未发表的原创作品，稿件需有中文内容提要和关键词。正文中的层次序号按照“一、”“（一）”“1.”“（1）”的顺序使用。

2. 文中注释一律采用脚注，每页重新编号，编号格式为：①②③等。

3. 来稿中请注明作者的单位、职称（或职务）和联系方式，作者简介信息注以星号上标。

4. 如果来稿系受基金项目资助的成果，请注明项目名称、类别和项目编号。

（二）注释范例

1. 专著

蔡虹：《中国民事诉讼法的鼎新逻辑》，法律出版社 2021 年版，第 XX 页。

[美]理查德·A. 波斯纳：《超越法律》，苏力译，中国政法大学出版社 2001 年版，第 XX 页。

2. 编著

张文显主编：《马克思主义法理学——理论与方法论》，吉林大学出版社 1993 年版，第 XX 页。

3. 期刊杂志

胡云腾：《论理解与践行“努力让人民群众在每一个司法案件中感受到公平正义”的几个问题》，载《中国青年社会科学》2020 年第 4 期。

张文显：《中国法治40年：历程、轨迹和经验》，载《吉林大学社会科学学报》2018年第5期。

4. 报纸

张文显：《统筹推进中国特色社会主义法治体系建设》，载《人民日报》2017年8月14日第7版。

二、投稿方式

本刊实行优稿优酬，肯定学术劳动价值，鼓励和扶持青年学者的研究成果。稿约常年有效，接受投稿采用线上电子邮件方式。

本刊唯一收稿邮箱：ZGGGFLFW2023@163.com

联系人：白蒙尼 15737128525、王璨璨 15622362050

《中国公共法律服务》编辑部

2023年10月28日